LAGNY. — TYPOGRAPHIE DE VIALAT et Cie

JOCELYN.

Quatrième époque

ŒUVRES COMPLÈTES

DE M. A. DE

LAMARTINE

NOUVELLE ÉDITION

ILLUSTRÉE DE 34 BELLES GRAVURES SUR ACIER

ET DU PORTRAIT DE L'AUTEUR

TOME TROISIÈME

PARIS
21, quai Malaquais

ÉDITEURS:

CHARLES GOSSELIN, FURNE ET Cie, PAGNERRE,
DUFOUR ET MULAT

1850
1851

JOCELYN.

ÉPISODE.

JOURNAL TROUVÉ CHEZ UN CURÉ DE VILLAGE.

Ψυχή.

A

MARIA-ANNA-ÉLIZA.

Janvier 1836.

Doux nom de mon bonheur, si je pouvais inscrire
Un chiffre ineffaçable au socle de ma lyre,
C'est le tien que mon cœur écrirait avant moi,
Ce nom où vit ma vie et qui double mon âme !
Mais pour lui conserver sa chaste ombre de femme,
  Je ne l'écrirais que pour toi.

Lit d'ombrage et de fleurs où l'onde de ma vie
Coule secrètement, coule à demi tarie,
Dont les bords trop souvent sont attristés par moi,
Si quelque pan du ciel par moment s'y dévoile,
Si quelque flot y chante en roulant une étoile,
  Que ce murmure monte à toi !

Abri dans la tourmente où l'arbre du poète
Sous un ciel déjà sombre obscurément végète,
Et d'où la sève monte et coule encore en moi,
Si quelque vert débris de ma pâle couronne
Refleurit aux rameaux et tombe aux vents d'automne,
  Que ces feuilles tombent sur toi !

AVERTISSEMENT

DE LA PREMIÈRE ÉDITION.

—

Les annonces insérées dans quelques journaux m'obligent à dire un mot au lecteur. Ces annonces ont pu lui donner une fausse idée de cet ouvrage. Ce n'est point un poëme, c'est un épisode.

Ces pages, trop nombreuses peut-être, ne sont cependant que des pages détachées d'une œuvre poétique qui a été la pensée de ma jeunesse, et qui serait celle de mon âge mûr si Dieu me donnait les années et le génie nécessaires pour la réaliser. Nous sentons tous, par instinct, comme par raisonnement, que le temps des épopées héroïques est passé. C'est la forme poétique de l'enfance des peuples, alors que la critique n'existant pas encore, il y a confusion entre l'histoire et la fable, entre l'imagination et la vérité, et que les poëtes sont les chroniqueurs merveilleux des nations. Alors aussi, les peuples qui, pour naître et pour grandir, ont besoin de la tutelle des grands hommes et des héros, attachent naturellement leur intérêt et leur reconnaissance à ces puissantes individualités qui les ont affranchis ou civilisés. Ils consacrent leurs mémoires dans les chants populaires qui, en s'écrivant, deviennent plus tard des poëmes, et l'épopée est individuelle et héroïque.

Mais plus tard, mais aujourd'hui, les individualités disparaissent, ou elles agissent avec toute leur vérité dans le drame de l'histoire. C'est là qu'on va les chercher. Le mouvement des choses est si rapide, ce drame de l'histoire appelle tant de personnages sur la scène, la critique exerce sur toutes ces figures du temps une si scrupuleuse sagacité, que le prestige de l'imagination est bientôt détruit, et qu'il ne reste aux grands hommes que le prestige de leur puissance ou de leur génie; celui de la poésie ne leur appartient plus. D'ailleurs, l'œil humain s'est élargi par l'effet même d'une civilisation plus haute et plus large, par l'influence des institutions qui appellent le concours d'un plus grand nombre ou de tous à l'œuvre sociale, par des religions et des philosophies qui ont enseigné à l'homme qu'il n'était qu'une partie imperceptible d'une immense et solidaire unité; que l'œuvre de son perfectionnement était une œuvre collective et éternelle. Les hommes ne s'intéressent plus tant aux individualités, ils les prennent pour ce qu'elles sont : des moyens ou des obstacles dans l'œuvre commune. L'intérêt du genre humain s'attache au genre humain lui-même. La poésie redevient sacrée par la vérité, comme elle le fut jadis par la fable; elle redevient religieuse par la raison, et populaire par la philosophie. L'épopée n'est plus nationale ni héroïque; elle est bien plus, elle est humanitaire.

Pénétré de bonne heure et par instinct de cette transformation de la poésie, aimant à écrire, cependant, dans cette langue accentuée du vers qui donne du son et de la couleur à l'idée, et qui vibre quelques jours de plus que la langue vulgaire dans la mémoire des hommes, je cherchai quel était le sujet épique approprié à l'époque, aux mœurs, à l'avenir, qui permît au poëte d'être à la fois local et universel, d'être merveilleux et d'être vrai, d'être immense et d'être un. Ce sujet, il s'offrait de lui-même, il n'y en a pas deux : c'est l'humanité; c'est la destinée de l'homme; ce sont les phases que l'esprit humain doit parcourir pour arriver à ses fins par les voies de Dieu.

Mais ce sujet si vaste, et dont chaque poëte, chaque siècle

peut-être, ne peuvent écrire qu'une page, il fallait lui trouver sa forme, son drame, ses types individuels. C'est ce que je tentai ; si jamais je l'achève, ou si, avant de mourir, je puis du moins en ébaucher un assez grand nombre de fragmens pour que le dessin en apparaisse dans sa variété et dans son unité, on jugera s'il y avait un germe de vie dans cette pensée, et d'autres poëtes plus puissans et plus complets viendront et la féconderont après moi.

L'ouvrage est immense. J'en ai exécuté plusieurs parties à diverses époques de ma vie; mécontent de quelques-unes, je les ai jetées au feu, d'autres sont conservées, d'autres n'attendent pour éclore que du loisir et de l'inspiration. Les distractions de la pensée, les voyages, la politique, le bruit des événemens extérieurs, m'ont souvent interrompu et m'interrompront sans doute encore. On ne doit donner à ces œuvres de complaisance de l'imagination que les heures laissées libres par les devoirs de la famille, de la patrie et du temps; ce sont les voluptés de la pensée; il ne faut pas en faire le pain quotidien d'une vie d'homme. Le poëte n'est pas tout l'homme, comme l'imagination et la sensibilité ne sont pas l'âme tout entière. Qu'est-ce qu'un homme qui, à la fin de sa vie, n'aurait fait que cadencer ses rêves poétiques, pendant que ses contemporains combattaient, avec toutes les armes, le grand combat de la patrie et de la civilisation, pendant que tout le monde moral se remuait autour de lui dans le terrible enfantement des idées ou des choses? Ce serait une espèce de baladin propre à divertir les hommes sérieux, et qu'on aurait dû renvoyer avec les bagages parmi les musiciens de l'armée ; — il y a, quoi qu'on en dise, une grande impuissance ou un grand égoïsme dans cet isolement contemplatif que l'on conseille aux hommes de pensée dans les temps de labeur ou de lutte. La pensée et l'action peuvent seules se compléter l'une l'autre. C'est là l'homme.

Quoi qu'il en soit, j'ai choisi, parmi les diverses scènes de mon drame épique déjà exécutées, une des scènes les plus locales et les plus contemporaines, pour la donner aujourd'hui au public, et pour interroger son jugement sur un genre de poésie que je n'avais pas encore soumis à sa critique. C'est un fragment d'épopée intime; ce n'est pas, comme on l'a cru, le type sacerdotal; le sacerdoce ici n'est que le cadre et non le sujet. Le prêtre moralement et poétiquement conçu a une autre dimension que Jocelyn. Jocelyn est un homme sensible et passionné que des circonstances et des vertus jettent dans le sanctuaire, et qui devient curé de village. Le curé de village est une des plus touchantes incarnations de l'Évangile, une des plus pittoresques figures de nos civilisations modernes. Je n'ai eu qu'à y coudre un prologue et un épilogue, pour faire de cet épisode une espèce de petit poëme ayant son commencement et sa fin.

Le lecteur se tromperait s'il voyait dans ce sujet autre chose que sa partie poétique. Il n'y a là ni intention cachée, ni système, ni controverse pour ou contre telle ou telle foi religieuse; il n'y a que le sentiment moral et religieux pris à cette région, où tout ce qui s'élève à Dieu se rencontre et se réunit, et non à celle où les spécialités, les systèmes et les controverses divisent les cœurs et les intelligences.

Or, cet épisode ne m'est point venu par hasard en pensée; ce n'est point une invention, c'est presque un récit. Il y a, dit le poëte, toujours quelque chose de vrai dans ce qu'on invente; ici, presque tout fut vrai; la langue seule est feinte. Que le lecteur substitue mon nom à celui du botaniste, et il sera bien près d'une aventure toute réelle, dont le poëte, ami de Jocelyn, n'a été que l'historien. Cette aventure est bien simple, et le style bien distinct de l'atmosphère d'idées qui nous enveloppe aujourd'hui. Cela ne s'adresse qu'à des imaginations très-jeunes. Cela doit être lu comme cela fut écrit. C'est un rêve d'un cœur de seize ans.

Si le public accueille avec intérêt et bienveillance ce fragment, j'en publierai d'autres successivement. S'il le laisse tomber et mourir, je n'en continuerai pas moins à travailler en silence à ce monument que je voudrais laisser, même inachevé, après moi. Mais je n'en produirai plus rien; et je me bornerai à demander de temps en temps au lecteur son indulgence pour quelques-unes de ces inspirations lyriques, que l'heure et la pensée font jaillir du cœur ou de l'intelligence du poëte, et qui n'ont pas la prétention de survivre à l'impression qui les a produites.

15 janvier 1836.

POST-SCRIPTUM

DES NOUVELLES ÉDITIONS.

Maintenant un mot sur des choses plus graves.

Quelques personnes ont cru voir dans *Jocelyn* deux intentions du livre sur lesquelles l'auteur doit s'expliquer : un plaidoyer contre le célibat des prêtres ; une attaque à la religion : ces personnes sont dans l'erreur. Quant au célibat des prêtres, quelles que puissent être, à cet égard, les opinions de l'auteur, opinions qui ne seraient pas même une hérésie, puisque l'Église romaine reconnaît le mariage des prêtres catholiques dans l'Orient ; l'idée de faire d'un poëme une controverse en vers pour ou contre tel ou tel point de discipline, n'est pas même entrée dans sa tête.

Quant à une attaque au christianisme catholique, ce serait méconnaître également et l'instinct du poëte et le tact moral de l'homme, que de supposer une intention de polémique hostile dans un ouvrage de poésie pure, dont l'unique mérite, s'il en avait un, serait le sentiment moral et religieux dont chaque vers est imbibé.

S'il y a quelque chose au monde de libre et d'inviolable, c'est la pensée et la conviction : l'auteur n'a point à faire ici profession de foi ; mais il fait profession de vénération, de reconnaissance et d'amour pour une religion qui a apporté ou résumé tout le mystère de l'humanité ; qui a incarné la raison divine dans la raison humaine, qui a fait un dogme de la morale et une législation de la vertu ; qui a donné pendant deux mille ans une âme, un corps, une voix, une loi, à l'instinct religieux de tant de milliards d'êtres humains, une langue à toutes les prières, un mobile à tous les dévouemens, une espérance à toutes les douleurs. Alors même qu'il pourrait différer sur le sens plus ou moins symbolique de tel ou tel dogme de cette grande communion des esprits, pourrait-il jamais, sans ingratitude et sans crime, être hostile à une religion qui fut le lait de son enfance, qui fut la religion de sa mère, qui lui a tout appris à lui-même des choses d'en-haut, et souiller de sable ou de gravier ce pain de vie dont se nourrissent et se fortifient tant de millions d'âmes et d'intelligences? Ce ne sera jamais sa pensée; ce ne fut pas sa pensée en écrivant ce livre. Il n'en a eu qu'une : inspirer l'adoration de Dieu, l'amour des hommes, et le goût du beau et de l'honnête à tous ceux qui sentent en eux ces nobles et divins instincts. Les controverses engendrent souvent les disputes, et l'intelligence aussi doit avoir sa charité.

Enfin on m'a accusé ou loué de panthéisme : j'aimerais autant qu'on m'accusât d'athéisme, cette grande cécité morale de quelques hommes privés, par je ne sais quelle affliction providentielle, du premier sens de l'humanité, du sens qui voit Dieu. Parce que le poëte voit Dieu partout, on a cru qu'il le voyait en tout. On a pris pour panthéisme aussi le mot de saint Paul, ce premier commentateur du christianisme : *In illo vivimus, movemur et sumus.* C'est le mien. Mais refuser l'individualité suprême, la conscience et la domination de soi-même à celui qui nous a donné l'individualité, la conscience de nous-mêmes et la liberté, c'est refuser la lumière au soleil et la goutte d'eau à l'Océan. Non : mon Dieu est le Dieu de l'Évangile, le *père qui est* AU CIEL, c'est-à-dire qui est partout.

Mais en voilà trop sur un si petit livre, qui ne doit rien soulever de si lourd, qui ne doit rien toucher de si haut.

Paris, 26 mars 1836.

NOUVELLE PRÉFACE*.

Saint-Point, le 24 septembre 1840.

Mon cher Éditeur,

Pourquoi vouloir une nouvelle préface à l'édition de *Jocelyn* que vous vous proposez d'offrir au public? Je n'ai plus rien à apprendre, plus rien à demander aux lecteurs de cet ouvrage. L'accueil qu'ils lui ont fait a dépassé de bien loin mes espérances. Je ne leur dois que des remercîmens. Je vous en dois beaucoup à vous-même; c'est grâce à vous et grâce aux artistes éminens dont vous empruntez la main, que les scènes champêtres de ce poëme vont se revêtir pour l'imagination de la poésie du pinceau. Vous l'avouerai-je, Monsieur? c'est le plus beau, le plus complet triomphe auquel j'osasse aspirer dans les rêves intimes de ma première jeunesse. Voir un jour peindre ou graver ma pensée écrite; voir les créations de mon imagination prendre un corps sous le burin poétique, et se vulgariser ainsi pour les yeux même de ceux qui ne lisent pas; avoir une créature de mon âme en circulation dans le monde des sens, une gravure d'un de mes poëmes tapissant les murs nus de quelque solitaire à la campagne : mes pensées les plus ambitieuses de gloire littéraire n'ont jamais été au delà. En effet, c'est là toute la gloire.

* Cette nouvelle préface a été placée en tête de l'édition illustrée de *Jocelyn*.

Quand on a obtenu cela, que veut-on de plus? Écrire c'est chercher à créer; quand l'imagination est devenue image, la pensée est devenue réalité, on a créé, et l'on se repose.

Je me souviendrai toujours des premières gravures de poëmes qui frappèrent mes regards d'enfant. C'étaient Paul et Virginie, Atala, René. La gravure n'était pas parvenue alors à ce degré de perfection qui la fait admirer aujourd'hui indépendamment du sujet. Ces images, tirées de ces charmans poëmes, étaient grossières et coloriées avec toute la rudesse des couleurs les plus heurtées. C'était de la poésie badigeonnée, mais c'était de la poésie ! Je ne me lassais pas de la contempler sur les murs du vieux curé de mon village et dans les salles d'auberges de campagne où les colporteurs avaient popularisé Bernardin et Chateaubriand. Je crois que le peu de poésie qui est entrée dans mon âme à cet âge, y est entrée par là. Je rêvais souvent et longtemps devant ces scènes d'amour, de solitude, de sainteté, et je me disais en moi-même : si je pouvais avoir seulement un jour un petit livre de moi de quelques pages qui restât sur les tablettes de la bibliothèque de famille, et dont une scène ou deux fussent attachées aux murailles pour la poésie de ceux qui ne lisent pas, je serais content, j'aurais vécu. Le ciel et vous, Monsieur, vous avez satisfait ce modeste et puéril désir. Ma petite destinée sous ce rapport est accomplie. Laurence sera encadrée quelquefois bien bas au-dessous de Virginie; et Jocelyn bien loin à côté du père Aubry. Mais je ne désire pas m'en rapprocher davantage. J'ai pour ces deux grands génies de la poésie moderne, M. de Saint-Pierre et M. de Chateaubriand, qui furent nos pères et non nos émules, le respect et le culte filial qui se glorifient même d'une plus humble infériorité. Être de leur famille, cela suffit à mon orgueil, comme cela suffisait alors à mon bonheur. Soyez-en donc remercié.

Que mes lecteurs bienveillans le soient aussi. *Jocelyn* est celui de tous mes ouvrages qui m'a valu les communications les plus intimes et les plus multipliées avec des inconnus de tout âge et de tout pays. Combien d'âmes que je n'aurais jamais devinées se sont ouvertes à moi depuis ce livre par ces correspondances signées ou anonymes qui pleuvent chaque jour sous ma main. Dans les pièces de Schiller, le brigand siffle, et du fond des forêts, de derrière chaque rocher, du creux de chaque tronc d'arbre, il sort un brigand tout armé qui répond à cet appel, et qui vient lui offrir son bras et sa vie. Dans ce monde charmant de l'intelligence et de l'amour que nous habitons jusqu'à trente ou quarante ans, le poëte chante, et des foules d'âmes sympathiques, des milliers de cœurs sonores, répondent à sa voix et viennent lui révéler leurs impressions. Les uns sont déjà graves et tristes comme des natures déplacées ici-bas, et dont la plante des pieds est trop délicate pour marcher sans douleur sur ce sol dur et froid des réalités; les autres sont encore dans l'ingénuité des premières heures de la vie et comme enivrés de ce premier regard, qui n'est si délicieux que parce qu'il n'analyse rien. D'autres enfin sont arrivés à cet âge où l'on retrouve le calme dans le découragement accepté, où l'on congédie toutes les chimères séduisantes de la vie, où l'on s'assied sur le seuil de sa porte, comme l'ouvrier à la fin du jour pour voir passer les autres, pensant à tous ceux qui sont déjà passés et à Dieu qui ne passe pas. Confident de tous ces états divers de l'âme, le poëte, du sein de sa solitude, devient ainsi le consolateur invisible de bien des peines et le confesseur de toutes les imaginations.

Je voudrais que vous pussiez assister quelquefois, Monsieur, à la réception du courrier et décacheter les lettres qui se sont accumulées quelques jours, pendant une absence ou une distraction de poëte. En voici un monceau de toutes les formes, de tous les timbres, de toutes les contrées. Les adresses seules sont un indice presque infaillible de ce qu'elles contiennent. En voici dont le papier jauni par le vinaigre, et percé par le couteau du lazaret annonce qu'elles ont traversé la peste, et qu'elles apportent quelques lointains et chers souvenirs d'Orient. Elles sont écrites en arabe, et il faut les envoyer à Paris ou à Marseille pour les faire traduire. En voilà dont la forme rectiligne, et dont le caractère sérieux annonce la grave et pensive Allemagne : c'est de la philosophie aussi éthérée que la poésie elle-même ; je les ouvre déjà avec recueillement. En voici de Rome, de Naples, de Florence : l'écriture en est mauvaise et indéchiffrable ; mais elles sont écrites dans cette langue sonore et musicale qui donne à la pensée ou au sentiment qu'elle exprime le retentissement éclatant et prolongé du métal. En général ce sont des vers lyriques échappés à quelques jeunes âmes fortes qui manquent d'air dans ces pays stagnans et qui viennent respirer au delà de nos Alpes. Celles-là viennent d'Angleterre ; les suscriptions ont toutes ce caractère rapide, cursif, uniforme, qui indique la multiplicité des rapports et la régularité de hiérarchie chez ce peuple. C'est de l'économie politique ou du méthodisme mystique ; de la poésie point, il n'en vient plus de là depuis quelque temps. Les Anglais ont trop à faire pour rêver : ils travaillent ou ils prient. Travail du corps, travail de l'âme, même chose, mais toujours travail. Enfin, celles-ci viennent de tous les points divers de la France, aussi variées dans leur format, aussi dissemblables dans leur caractère, et même dans le papier, que les provinces, les races d'hommes et les conditions sociales de ceux qui les ont écrites. On décachette. Quel chaos sur la table ! Langues, vers, prose, chiffres, tout se confond, tout se heurte ; on jette la main au hasard dans ce pêle-mêle d'idiomes, de faits, de sentimens ou d'idées. Les affaires d'abord, il faut se débarrasser de ce qui ennuie. Puis la politique ; elle occupe une place immense ; c'est l'œuvre de ce siècle : tout le monde y travaille ou y pense, même ceux qui affectent de la dédaigner. Ce sont des systèmes, des encouragemens, des enthousiasmes, des conseils, des reproches ; quelquefois des injures, le plus souvent des malentendus. On n'est pas là pour rectifier, pour expliquer, pour justifier sa pensée ou ses actes. Il faut se résoudre à être mal compris, mal jugé, calomnié même. C'est la condition de la vie publique et de la lutte des opinions; toute cette poussière ne retombe que quand on s'arrête. Allons toujours. La politique active c'est le coudoiement avec la foule dans un chemin difficile et obstrué : on y déchire ses flancs; mais cette foule ce sont les hommes, et ce chemin mène les peuples à Dieu.

On se console de tous ces mécomptes par quelques-unes de ces voix qui vous disent : Courage! nous vous aidons de cœur, et nous prions pour vous. On s'en console surtout en ouvrant bien vite quelques-unes de ces petites lettres d'amis qu'on a réservées pour la fin, comme pour s'embaumer les mains et l'âme de ce doux parfum d'affection cachée qui s'est allumé dans la jeunesse, et qui brûle toujours dans la même solitude éloignée, dans la même maison, dans le même cœur. Celles-là, on les savoure, et après les avoir lues et relues, on les sépare de la foule comme elles sont à part dans la pensée : ce sont les bénédictions de la journée, les oiseaux de bon augure qu'on a vus passer sous tant de nuages et parmi tant de feuilles sèches.

Enfin on ouvre les lettres d'inconnus. C'est un délicieux moment. J'écarte tristement celles qui sollicitent un crédit que je n'ai pas, et une fortune que je voudrais avoir encore. Je lis celles qui sont des émanations du cœur et de l'âme, et qui ne sont écrites que pour être lues. Quelles charmantes choses! que de trésors cachés! quel abîme de sensibilités et d'émotions intimes! quelle variété, quelle nouveauté, quel imprévu dans la manière de sentir la vie, la nature, l'art; quelles confidences touchantes de situations, d'impressions, d'affections, qu'on n'oserait faire à visage découvert! quelle prodigalité de dons, de grâces, de génie même dans la nature humaine!

Il y a bien des pages puériles, essayées par des mains d'enfans; mais aussi qu'il y a de pages ravissantes que l'on voudrait voir lues au grand jour! Que d'amour, de piété, de philosophie, de poésie! que de vers, ou tendres ou sublimes, qui meurent ainsi cachés entre celui qui les chante et celui qui les écoute, et qui seraient la richesse d'un livre ou la gloire d'un nom! Peu de ces compositions verront un autre jour que celui de ma lampe. Il y a des natures recueillies, et ce sont les meilleures, qui ont une sorte de pudeur de leur génie, qui croiraient le perdre en le dévoilant. Il y a de jeunes filles du peuple, comme celle qu'Hugo a si bien chantée, qui vivent de l'aiguille le jour, et le soir des plus fraîches inspirations de la pensée. Maintenant qu'elles savent lire elles s'essaient à imiter ce qu'elles ont lu; elles n'ont rien vu, elles écrivent leur âme, et il y a là des mystères de candeur et de naïveté qui n'avaient jamais été écrits. Il y a de pauvres ouvriers qui, après avoir limé le fer ou raboté le bois tout le jour, s'enferment la nuit dans leur mansarde, et sentent et pensent avec autant de nature et avec plus d'originalité que nous. Il y a des femmes exilées dans des provinces lointaines, au fond de vieux châteaux, dans des chaumières, dans de petites villes, dans tous les embarras, dans toutes les médiocrités d'une vie obscure et domestique, qui laissent échapper une voix d'ange, de ces voix qui font qu'on s'arrête le soir en passant sous les fenêtres d'une rue sombre, qu'on écoute longtemps en silence, et qu'on dit: il y a là un écho du ciel! Enfin il y a des malades, de pauvres jeunes gens disgraciés de la nature et de la fortune, dont les poëtes sont les seuls amis; de jeunes prêtres à peine sortis des séminaires, relégués, comme Jocelyn, dans quelque masure, sur une montagne ou dans un désert, à qui notre livre tombe par hasard des mains du colporteur ou du voisin, et qui mêlent leurs bonnes œuvres, leurs larmes, leurs prières à celles du jeune prêtre qui les a un moment consolés. Voilà nos lecteurs, nos amis, nos correspondans de tous les jours! ils ne s'épuisent pas, car chaque année les renouvelle, et quand l'un s'en va, l'autre arrive; quand l'un se tait, l'autre commence à parler: *Sibi lampada tradunt.* Il y a une incessante génération d'intelligences, un éternel rajeunissement d'impressions et de sentimens sur la terre. Le monde poétique finit et recommence tous les jours comme l'autre monde.

Ah! quand on est comme moi dans la confidence de ces multitudes infinies de jeunes âmes qui arrivent jour par jour à la vie active avec cette virginité d'émanations, ces élans de vertu, cette énergie de bons désirs, cette sainteté de volonté, cette séve de passions généreuses, dont je suis si souvent le témoin, on ne peut plus se décourager de l'espérance et de la confiance dans l'humanité. Ceux qui accusent leur âge ne le connaissent pas. Le flot qui arrive est plus pur que celui qui s'en va. Ne maudissez pas tant la vie et l'homme! Sans doute il y a de tristes dégradations : il y a des âmes qui se lassent et qui tombent pour se relever; il y en a qui tombent pour toujours; il y en a qui se vautrent dans la servilité et dans la corruption; mais à mesure qu'il en disparaît une, il en surgit dix autres pleines de séve et toutes en fleurs, pour purifier et rajeunir l'air vital que nous avons toujours à respirer. Sans cela l'homme mourrait, et il doit vivre. Celui qui désespère des hommes ne connaît pas Dieu ; car, dans les temps de lumière, il s'appelle Foi; et dans les temps de ténèbres, il s'appelle Espérance.

A. DE LAMARTINE.

JOCELYN.

ÉPISODE.

PROLOGUE.

J'étais le seul ami qu'il eût sur cette terre
Hors son pauvre troupeau ; je vins au presbytère
Comme j'avais coutume, à la Saint-Jean d'été,
A pied, par le sentier du chamois fréquenté,
Mon fusil sous le bras et mes deux chiens en laisse,
Montant, courbé, ces monts que chaque pas abaisse,
Mais songeant au plaisir que j'aurais vers le soir
A frapper à sa porte, à monter, à m'asseoir
Au coin de son foyer tout flamboyant d'érable,
A voir la blanche nappe étendue, et la table,
Couverte par ses mains de légume et de fruit,
Nous rassembler causant bien avant dans la nuit ;
Il me semble déjà dans mon oreille entendre
De sa touchante voix l'accent tremblant et tendre,
Et sentir à défaut de mots cherchés en vain,
Tout son cœur me parler d'un serrement de main ;
Car lorsque l'amitié n'a plus d'autre langage,
La main aide le cœur et lui rend témoignage.

Quand je fus au sommet d'où le libre horizon
Laissait apercevoir le toit de sa maison,
Je posai mon fusil sur une pierre grise,
Et j'essuyai mon front que vint sécher la brise ;
Puis regardant, je fus surpris de ne pas voir
D'arbre en arbre au verger errer son habit noir ;
Car c'était l'heure sainte où, libre et solitaire,
Au rayon du couchant il lisait son bréviaire,

Et plus surpris encor de ne pas voir monter,
Du toit où si souvent je la voyais flotter,
De son foyer du soir l'ordinaire fumée.
Mais voyant au soleil sa fenêtre fermée,
Une tristesse vague, une ombre de malheur,
Comme un frisson sur l'eau courut sur tout mon cœur,
Et sans donner de cause à ma terreur subite,
Je repris mon chemin et je marchai plus vite.

Mon œil cherchait quelqu'un qu'il pût interroger,
Mais dans les chants déserts, ni troupeau, ni berger :
Le mulet broutait seul l'herbe rare et poudreuse
Sur les bords de la route ; et dans le sol qu'il creuse
Le soc penché dormait à moitié d'un sillon ;
On n'entendait au loin que le cri du grillon
Au lieu du bruit vivant, des voix entremêlées
Qui montent tous les soirs du fond de ces vallées.
J'arrive et frappe en vain ; le gardien du foyer,
Son chien même à mes coups ne vient pas aboyer ;
Je presse le loquet d'un doigt lourd et rapide,
Et j'entre dans la cour, aussi muette et vide.
Vide ? hélas ! mon Dieu non ; au pied de l'escalier
Qui conduisait de l'aire au rustique palier,
Comme un pauvre accroupi sur le seuil d'une église,
Une figure noire était dans l'ombre assise,
Immobile, le front sur ses genoux couché,
Et dans son tablier le visage caché.
Elle ne proférait ni plainte ni murmure ;
Seulement du drap noir qui couvrait sa figure
Un mouvement léger, convulsif, continu,
Trahissait le sanglot dans son sein retenu ;
Je devinai la mort à ce muet emblème :
La servante pleurait le vieux maître qu'elle aime.
— « Marthe ! dis-je ; est-il vrai ?... » Se levant à ma voix
Et s'essuyant les yeux du revers de ses doigts,
— « Trop vrai ! Montez, Monsieur, on peut le voir encore,

PROLOGUE.

« On ne doit l'enterrer que demain à l'aurore ;
« Sa pauvre âme du moins s'en ira plus en paix
« Si vous l'accompagnez de vos derniers souhaits.
« Il a parlé de vous jusqu'à sa dernière heure :
« — Marthe, me disait-il, si Dieu veut que je meure,
« Dis-lui que son ami lui laisse tout son bien
« Pour avoir soin de toi, des oiseaux et du chien. —
« Son bien ? n'en point garder était toute sa gloire,
« Il ne remplirait pas le rayon d'une armoire.
« Le peu qui lui restait a passé sou par sou
« En linge, en alimens, ici, là, Dieu sait où.
« Tout le temps qu'a duré la grande maladie,
« Il leur a tout donné, Monsieur, jusqu'à sa vie,
« Car c'est en confessant, jour et nuit, tel et tel,
« Qu'il a gagné la mort. » — « Oui, lui dis-je, et le ciel ! »
Et je montai. La chambre était déserte et sombre,
Deux cierges seulement en éclaircissaient l'ombre,
Et mêlaient sur son front les funèbres reflets
Aux rayons d'or du soir qui perçaient les volets,
Comme luttent entre eux dans la sainte agonie,
L'immortelle espérance et la nuit de la vie.

Son visage était calme et doux à regarder ;
Ses traits pacifiés semblaient encor garder
La douce impression d'extases commencées ;
Il avait vu le ciel déjà dans ses pensées,
Et le bonheur de l'âme, en prenant son essor,
Dans son divin sourire était visible encor.
Un drap blanc recouvert de sa soutane noire,
Parait son lit de mort ; un crucifix d'ivoire
Reposait dans ses mains sur son sein endormi,
Comme un ami qui dort sur le cœur d'un ami ;
Et, couché sur les pieds du maître qu'il regarde,
Son chien blanc, inquiet d'une si longue garde,
Grondait au moindre bruit, et las de le veiller,
Écoutait si son souffle allait se réveiller.

Près du chevet du lit, selon le sacré rite,
Un rameau de buis sec trempait dans l'eau bénite;
Ma main avec respect le secoua trois fois,
En traçant sur le corps le signe de la croix.
Puis je baisai les pieds et les mains; le visage
De l'immortalité portait déjà l'image,
Et déjà sur ce front, où son signe était lu,
Mon œil respectueux ne voyait qu'un élu.
Puis, avec l'assistant disant les saints cantiques,
Je m'assis pour pleurer près des chères reliques,
Et priant et chantant et pleurant tour à tour,
Je consumai la nuit et vis poindre le jour.

Près du seuil de l'église, au coin du cimetière,
Dans la terre des morts nous couchâmes la bière;
Chacun des villageois jeta sur le cercueil
Un peu de terre sainte en signe de son deuil;
Tous pleuraient en passant, et regardaient la tombe
S'affaisser lentement sous la cendre qui tombe;
Chaque fois qu'en tombant la terre retentit,
De la foule muette un sourd sanglot sortit.
Quand ce fut à mon tour : — « O saint ami! » lui dis-je,
« Dors! ne n'est pas mon cœur, c'est mon œil qui s'afflige.
« En vain je vais fermer la couche où te voilà,
« Je sais qu'en ce moment mon ami n'est plus là...
« Il est où ses vertus ont allumé leur flamme!
« Il est où ses soupirs ont devancé son âme! »
Je dis; et tout le soir, attristant ces déserts,
Sa cloche en gémissant le pleura dans les airs,
Et, mêlant à ses glas des aboîmens funèbres,
Son chien, qui l'appelait, hurla dans les ténèbres.

Et moi, seul avec Marthe en ce morne séjour,
J'allais, je revenais du jardin à la cour,
Cherchant et retrouvant en chaque endroit sa trace,
Le voyant, lui parlant, et lui laissant sa place,

Feuilletant tout ouvert quelque livre pieux,
En lisant un passage et m'essuyant les yeux.
« — N'écrivait-il jamais ? » — « Quelquefois le dimanche, »
Me dit Marthe, « il veillait sur une page blanche,
« Et quand elle était noire, au fond d'un vieux panier
« Il la jetait, et moi, dans un coin du grenier
« Je balayais la feuille au retour de l'aurore.
« Ce qu'ont laissé les rats y peut bien être encore. »
J'y montai ; j'y trouvai ces pages où sa main
Avait ainsi couru sans ordre et sans dessein,
Semblables à ces mots qu'un rêveur solitaire
Du bout de son bâton écrit avec mystère,
Caractères battus par la pluie et les vents,
Et dont l'œil se fatigue à renouer le sens.
Bien des dates manquaient à ce journal sans suite,
Soit qu'il eût déchiré la page à peine écrite,
Ou soit que Marthe en eût allumé ses flambeaux,
Et les vents sur son toit dispersé les lambeaux.
Déplorant à mon cœur mainte feuille ravie,
Mon œil de ces débris recomposait sa vie,
Comme l'œil, éclairé d'un rayon de la nuit,
Et s'égarant au loin sur l'horizon qui fuit,
Voit les anneaux glissans d'un fleuve à l'eau brillante,
Dérouler flots à flots leur nappe étincelante,
Se perdre par moment sous quelque tertre obscur,
Dans la plaine plus bas reparaître plus pur,
Se briser de nouveau dans les prés qu'il arrose ;
Mais suivant du regard le sillon qu'il suppose,
Et sous les noirs coteaux devinant ses détours,
De mille anneaux rompus recompose un seul cours.
C'est ainsi qu'à travers de confuses images,
De ce journal brisé j'ai reconnu les pages.
Si d'une ombre souvent le texte est obscurci,
Complétez en lisant ces pages, les voici.

PREMIÈRE ÉPOQUE.

1ᵉʳ mai 1786.

Le jour s'est écoulé comme fond dans la bouche
Un fruit délicieux sous la dent qui le touche,
Ne laissant après lui que parfum et saveur.
O mon Dieu! que la terre est pleine de bonheur!
Aujourd'hui premier mai, date où mon cœur s'arrête,
Du hameau paternel c'était aussi la fête,
Et c'est aussi le jour où ma mère eut un fils;
Son baiser m'a sonné mes seize ans accomplis;
Seize ans! puissent longtemps ces doux anniversaires
Sonner tant de bonheur au clocher de mes pères!

Que ce jour s'est levé serein sur le vallon!
Chaque toit semblait vivre à son premier rayon,
Chaque volet ouvert à l'aube près d'éclore
Semblait comme un ami solliciter l'aurore;
On voyait la fumée en colonnes d'azur,
De chaque humble foyer monter dans un ciel pur;
Du pieux carillon les légères volées
Couraient en bondissant à travers les vallées;
Les filles du village, à ce refrain joyeux,
Entr'ouvraient leur fenêtre en se frottant les yeux,
Se saluaient de loin du sourire ou du geste,
Et sur les hauts balcons penchant leur front modeste,

Peignaient leurs longs cheveux qui pendaient en dehors,
Comme des écheveaux dont on lisse les bords;
Puis elles descendaient nu-pieds, demi-vêtues
De ces plis transparens qui collent aux statues,
Et cueillaient sur la haie ou dans l'étroit jardin
L'œillet ou le lilas tout baignés du matin;
Et les gouttes des fleurs, sur leurs seins découlées,
Y roulaient comme autant de perles défilées.
Tous les sentiers fleuris qui descendent des bois
Retentissaient de pas, de murmures, de voix;
On y voyait courir les blonds chapeaux de paille,
Et les corsets de pourpre enlacés à la taille.
Tous ces sentiers versaient d'heure en heure au hameau
Les groupes variés confondus sous l'ormeau :
Là, les embrassemens, les scènes de familles,
Les cheveux blancs touchant des fronts de jeunes filles,
Des amis retrouvés, des souvenirs lointains,
Des hôtes entraînés aux rustiques festins,
Des vierges à genoux autour de la chapelle,
Et les groupes pieux que la cloche rappelle,
Leur chapelet en main et le front incliné,
Allant offrir à Dieu le jour qu'il a donné.

Que de danses le soir égayaient la pelouse!
Plus le jour retirait sa lumière jalouse,
Plus elles s'animaient, comme pour ressaisir
Ce que l'heure fuyante enviait au plaisir.
Chaque arbre du verger avait son chœur champêtre,
Son orchestre élevé sur de vieux troncs de hêtre;
Le fifre aux cris aigus, le hautbois au son clair,
La musette vidant son outre pleine d'air,
L'un sautillant et gai, l'autre plaintive et tendre,
S'accordant, s'excitant, s'unissant pour répandre
Ensemble ou tour à tour, dans leurs divers accens,
Le délire ou l'ivresse à nos chœurs bondissans.
Tous les yeux se cherchaient, toutes les mains pressées,

Frémissaient de répondre aux notes cadencées.
Un tourbillon d'amour emportait deux à deux,
Dans sa sphère de bruit les couples amoureux ;
Les pieds, les yeux, les cœurs qu'un même instinct attire,
S'envolaient soulevés par le commun délire,
S'enchaînaient, se brisaient, pour s'enchaîner encor :
Tels quand un soir d'été darde ses rayons d'or,
Dans le sable échauffé qui brille sur la grève,
On voit des tourbillons d'atomes qu'il soulève,
Monter, descendre, errer, s'enlacer tour à tour,
Comme à l'attrait caché d'un invisible amour,
Dresser en tournoyant leur brillante colonne,
Et danser dans la sphère où le soleil rayonne.

Et plus tard quand l'archet, le fifre, le hautbois,
Commençaient à languir comme épuisés de voix,
Quand les cheveux mouillés, que la sueur dénoue,
Tombaient en tresse lisse et collaient à la joue,
Et que sur les gazons les groupes indolens
S'en allaient en causant à voix basse, à pas lents ;
De quels bruits enchanteurs l'oreille était frappée !
Adieux, regrets, baisers, parole entrecoupée,
Murmure que la nuit peut à peine assoupir,
D'un beau jour qui s'éteint, tendre et dernier soupir :
Mon âme s'en troublait, mon oreille ravie
Buvait languissamment ces prémices de vie ;
Je suivais des regards, et des pas, et du cœur,
Les danseuses passant l'œil chargé de langueur ;
Je rêvais au doux bruit de leurs robes de soie ;
Chacune en s'en allant m'emportait une joie.
Puis enfin, danse et bruit, tout avait disparu,
Sur la crête des monts la lune avait couru ;
A peine quelque amant, trop oublieux de l'heure,
Regagnait en rêvant sa lointaine demeure,
Ou, longtemps arrêtés au coude du chemin,
Quelques couples tardifs, une main dans la main,

Laissaient sonner deux fois l'heure avancée et sombre,
Et sous les châtaigniers disparaissaient dans l'ombre.

Maintenant je suis seul dans ma chambre. Il est nuit;
Tout dort dans la maison; plus de feux, plus de bruit;
Dormons! — mais je ne puis assoupir ma paupière.
Prions! — mais mon esprit n'entend pas ma prière.
Mon oreille est encor pleine des airs dansans,
Que les échos du jour rapportent à mes sens;
Je ferme en vain mes yeux, je vois toujours la fête;
La valse aux bonds rêveurs tourne encor dans ma tête;
Du bal, hélas! fini, fantômes gracieux,
Mille ombres de beautés dansent devant mes yeux;
Je vois luire un regard dans la nuit; il me semble
Sentir de douces mains presser ma main qui tremble;
De blonds cheveux jetés par le cercle mouvant
Sur ma peau qui frémit glissent comme un doux vent;
Je vois tomber des fronts mille roses flétries,
J'entends mon nom redit par des lèvres chéries.
Anna! Blanche! Lucie! oh! que me voulez-vous?
Qu'est-ce donc que l'amour si son rêve est si doux?

Mais l'amour sur ma vie est encor loin d'éclore,
C'est un astre de feu dont cette heure est l'aurore.
Ah! si jamais le ciel jetait entre mes bras
Un des songes vivans attachés à mes pas;
Si j'apportais ici, languissante et ravie,
Une vierge au cœur pur, premier rayon de vie,
Mon âme aurait vécu mille ans dans un seul jour,
Car je le sens ce soir, mon âme n'est qu'amour!

Non : chassons de mon cœur ces trop molles images :
De mes livres amis rouvrons les vieilles pages,
Les voici sur ma table incessamment ouverts;
Mais mon œil flotte en vain sur la prose et les vers.
Les mots inanimés tombent morts de la lyre,

Mon esprit ne lit pas et laisse mes yeux lire.
Un seul mot s'y retrace, et ce mot est de feu,
L'amour, rien que l'amour ; mon Dieu ! mon Dieu ! mon Dieu !
. . . .
. . . .
Parmi tant de beautés que ma sœur était belle !
Mais le soir en rentrant pourquoi donc pleurait-elle ?

6 mai 1786.

Ah ! j'ai donc le secret des larmes de ma sœur ;
Puisse mon sacrifice acheter son bonheur !

Tout à l'heure au jardin, pensif et solitaire,
Je traînais au hasard mes pas distraits à terre
Dans l'allée au couchant le long de la maison ;
Mon pied, qui s'imprimait sans bruit sur le gazon,
Ne retentissait pas dans l'herbe où je l'appuie,
Plus que l'oiseau qui pose, ou la goutte de pluie ;
Je tenais dans la main ce livre où tant de pleurs
Coulent du cœur de Paul et des yeux des lecteurs,
Quand, le canot parti, chaque coup de la rame
Emporte Virginie, arrache l'âme à l'âme ;
Je sentais tout mon cœur se fondre de pitié,
Et la page toujours restait lue à moitié.
Tout à coup quelques mots murmurés à voix basse,
Fixèrent ma pensée et mes pas sur la place.
Ce bruit inusité dans le muet enclos,
Ces sons entrecoupés de timides sanglots,
S'élevaient, s'abaissaient de distance en distance,
Puis mouraient étouffés dans un morne silence.

Inquiet, j'avançai d'un pas discret et sûr
Vers la fenêtre basse et sous l'angle du mur ;
J'écartai de la main les pampres de la treille,
Et de la jalousie approchant mon oreille,
Et plongeant un regard dans la nuit du boudoir,
J'entendis et je vis. Un seul rayon du soir,
Que brisaient les barreaux et les feuilles obscures,
Éclairait à demi la chambre et les figures.
Ma mère était au fond assise au bord du lit,
Les yeux sur un papier comme quelqu'un qui lit ;
L'ombre de ses cheveux me cachait son visage,
Mais j'entendais tomber des gouttes sur la page.
Ma sœur assise auprès, un de ses bras passé
Au cou de notre mère avec force embrassé,
Le front sur son épaule et noyé dans sa robe,
Pour cacher la rougeur que la pudeur dérobe,
S'efforçait vainement d'étouffer ses douleurs ;
Des mèches de cheveux, qui ruisselaient de pleurs,
Détachés de sa tête et collant sur sa joue,
Le mouvement d'un sein que le sanglot secoue,
Et le son de deux voix brisé, tout trahissait
Deux cœurs brisés eux-même, et des pleurs qu'on versait.
— « Julie ! il est donc vrai, » —disait ma mère ; « il t'aime !
« Et toi, tu le chéris aussi ? » —« Plus que moi-même ! »
—« Hélas ! je comprends trop ce tendre et triste aveu.
« Vous voir unis un jour était mon plus doux vœu ;
« Mais Dieu, qui de ses dons fut pour nous trop avare,
« Vous unit d'une main, de l'autre vous sépare ;
« Quand je te donnerais, ma fille, tout mon bien,
« Ta dot à peine encore égalerait le sien,
« Et tu le vois, un père inflexible à vos larmes,
« Compte pour rien son fils, son désespoir, tes charmes,
« Si tu n'apportes pas à sa famille encor,
« Avec tant d'innocence et tant d'amour, de l'or ;
« De l'or !... Ah ! si mes pleurs au moins pouvaient t'en faire,
« On verrait ce qu'il tient dans les yeux d'une mère ;

PREMIÈRE ÉPOQUE.

« Dieu le sait. Je voudrais acheter à ce prix
« Un époux pour ma fille, une femme à mon fils ;
« Mais, je n'ai que ce champ, trop étroit héritage,
« Qu'entre ton frère et toi ma tendresse partage ;
« Sachons donc, mon enfant, oublier et souffrir ! »
— « Oublier ! non jamais, ma mère, mais mourir ! »
Puis je n'entendis plus qu'à voix basse un mélange
De plaintes, de baisers ; puis la voix de quelque ange
Me parla dans le cœur ; et d'un pied suspendu,
Je m'éloignai pleurant et sans être entendu.

17 mai 1786.

Tout le jour dans mon sein j'ai roulé ma pensée,
Et de mon dévoûment l'agonie est passée.
. . . .
. . . .

18 mai 1786.

Voilà ce que j'ai dit à ma mère aujourd'hui :
« Je sens que Dieu me presse et qu'il m'appelle à lui ;
« La tendre piété, la foi vive et profonde,
« Cette divine soif des biens d'un meilleur monde,
« Dont vous me nourrissiez, enfant, sur vos genoux,
« Porte aujourd'hui son fruit peut-être amer pour vous,

« Amer à ma jeunesse aussi, mais doux à l'âme;
« L'ombre des saints parvis m'attire et me réclame;
« Je veux consacrer jeune à Dieu mes jours mortels,
« Comme un vase encor pur qu'on réserve aux autels.
« Rien de ce qui s'agite ici-bas ne me tente;
« Je ne veux pas dresser à tout ce vent ma tente,
« Je ne veux pas salir mes pieds dans ces chemins
« Où s'embourbe en marchant ce troupeau des humains;
« J'aime mieux, m'écartant des routes de la terre,
« Suivre dès le matin mon sentier solitaire.
« J'aime mieux m'abriter sous le mur du saint lieu,
« Et dès le premier pas me reposer en Dieu.
« Je ne me sens pas fait d'ailleurs pour la mêlée,
« Où bruit cette foule à tant de soins mêlée :
« J'apporterais une arme inégale au combat,
« Trop de pitié dans l'âme, un cœur qu'un souffle abat;
« Trop sensible ou trop fier je mourrais dans la lutte,
« Ou vainqueur du triomphe ou vaincu de la chute.
« A cette loterie où la vie est l'enjeu
« Mon cœur passionné mettrait trop ou trop peu;
« Et puis la vie est lourde, et dur est le voyage,
« Il vaut mieux la porter seule et sans ce bagage
« De chaînes, de fardeaux, de soins, d'ambitions.
« Amours, liens brisés, enfans, afflictions,
« Quel que soit vers le ciel le chemin que l'on suive,
« On arrive plus vite où Dieu veut qu'on arrive;
« Dans le lit de poussière on se couche moins tard;
« On a moins de soucis et de pleurs au départ.
« Oh! ne résistez pas, ma mère, à ma prière!
« Si vous réfléchissiez, un jour vous seriez fière
« De ce mot qui vous semble un douloureux adieu;
« A quoi renonce-t-on quand on se jette à Dieu?
« Que voulez-vous de mieux pour l'enfant qui vous prie
« Que la paix sur la terre et le ciel pour patrie?
« Humble est le nom de prêtre! oh! n'en rougissez pas,
« Ma mère, il n'en est point de plus noble ici-bas.

« Dieu, qui de ses desseins connaît seul le mystère,
« A partagé la tâche aux enfans de la terre :
« Aux uns le sol à fendre et des champs pour semer,
« Aux autres des enfans, des femmes pour aimer,
« A ceux-là le plaisir d'un monument qu'on fonde,
« A ceux-ci le grand bruit de leurs pas dans le monde;
« Mais il a dit aux cœurs de soupirs et de foi :
« Ne prenez rien ici, vous aurez tout en moi!
« Le prêtre est l'urne sainte au dôme suspendue,
« Où l'eau trouble du puits n'est jamais répandue,
« Que ne rougit jamais le nectar des humains,
« Qu'ils ne se passent pas pleine de mains en mains,
« Mais où l'herbe odorante, où l'encens de l'aurore
« Au feu du sacrifice en tout temps s'évapore ;
« Il est dans son silence au reste des mortels
« Ce qu'est aux instrumens l'orgue des saints autels :
« On n'entend pas sa voix profonde et solitaire
« Se mêler hors du temple aux vains bruits de la terre;
« Les vierges à ses sons n'enchaînent point leurs pas,
« Et le profane écho ne les répète pas;
« Mais il élève à Dieu dans l'ombre de l'église,
« Sa grande voix qui s'enfle et court comme une brise,
« Et porte, en saints élans, à la divinité,
« L'hymne de la nature et de l'humanité.

« Mais vous dites peut-être : il vit seul, et son âme,
« Que n'échauffe jamais le rayon de la femme,
« Dans cet isolement sèche et se rétrécit;
« Il n'a plus de famille, et son cœur se durcit.
« Dites plutôt qu'à l'homme il étend sa famille,
« Les pauvres sont pour lui, mère, enfans, femme et fille.
« Le Christ met dans son cœur son immense amitié;
« Tout ce qui souffre et pleure est à lui par pitié.
« Non, non, dans ma pensée heureuse et recueillie,
« Ne craignez pas surtout que mon amour s'oublie.
« Ah! le Dieu qui me veut n'est pas un Dieu jaloux;

« Ce vœu me donne à lui sans m'arracher à vous.
« Plus de sa charité l'océan nous inonde,
« Plus nous sommes à lui, plus nous sommes au monde,
« A ses pieux devoirs, à ses liens permis,
« Aux doux attachemens de parens et d'amis.
« Devant ce Dieu d'amour dont je serai l'apôtre,
« Aucun nom à l'autel n'effacera le vôtre ;
« Et chacun des soupirs du céleste entretien
« Y portera ce nom au ciel avec le mien !
« Ne fermez pas ainsi vos lèvres interdites,
« Ne me regardez pas si tristement ; mais dites :
« Que le désir de Dieu s'accomplisse sur toi !
« Dites comme Sara, mère, et bénissez-moi !
. . . .
. . . .

20 mai 1786.

Elle a pleuré sept jours, comme sur les montagnes
La fille de Jephté, que suivaient ses compagnes,
Demanda quelques nuits au Seigneur irrité
Pour pleurer ses printemps et sa virginité,
Puis, comme un doux agneau revient à sa nourrice,
Vint d'elle-même offrir sa gorge au sacrifice.
Ainsi pleurait ma mère, et puis elle a dit : Oui !
Mais un cœur sur la terre en sera réjoui.
Sitôt que de ma sœur j'aurai béni la joie,
Sans regarder derrière, entrons dans notre voie.

1er juin 1786.

Dieu m'a récompensé : ce fut hier le jour
Où le Seigneur bénit l'innocence et l'amour.
De ma sœur et d'Ernest cette sainte journée
A dans la main de Dieu mêlé la destinée.
Les voilà dans la paix se possédant tous deux!
Quel éclat de bonheur rayonnait autour d'eux!
On eût dit qu'à l'autel se dévoilant d'avance,
Tous les jours fortunés d'une longue existence,
Tous les chastes plaisirs d'une pure union,
Au flambeau de leur noce apportaient un rayon,
Et sur leurs fronts sereins concentrant leurs prémices,
Prodiguaient en un jour un siècle de délices.
Avant l'heure où blanchit le premier horizon
Quelle nouvelle vie animait la maison !
Tous les volets fermés, hélas! depuis cette heure
Où mon père en sortit pour une autre demeure,
Ces portes qui du maître encor gardaient le deuil,
Et dont les fleurs jonchaient dès le matin le seuil,
Semblaient, prenant une âme et sentant cet emblème,
Tressaillir sur leurs gonds et s'ouvrir d'elles-même
Pour accueillir, après un long exil rendu,
Le bonheur, comme un hôte au foyer attendu.
La musique élevant sa voix par intervalle,
Les pas des serviteurs courant de salle en salle;
Les parens, les amis, arrivant deux à deux,
Les mains pleines de dons et les cœurs pleins de vœux;
Des présens de l'époux les fragiles merveilles
Étalés sur le lit, débordant les corbeilles,

Les vierges pour les voir se pressant à l'entour,
Les touchant, les montrant, s'écriant tour à tour;
L'une ajustant le voile au front de la fiancée,
L'autre attachant la perle à ses cheveux tressée,
Et toutes, le front ceint de grâce et de rougeur,
Aimant à contempler les apprêts du bonheur,
A promener sur tout leurs doigts, leur fantaisie,
Comme on les voit toucher dans un écrin d'Asie
Les colliers, les anneaux, les secrets talismans
Dont on aime l'éclat sans comprendre le sens.
Puis les danses le soir sur l'herbe, puis la ronde
Dans son cercle qui roule entraînant tout le monde,
Tout le monde excepté la fiancée et l'époux,
Qui fuyaient nos plaisirs pour des plaisirs plus doux,
Impatiens du soir qui doit chasser la foule,
Comptant l'heure qui sonne et la nuit qui s'écoule,
Se cherchant, se trouvant, et le bras sous le bras
S'égarant d'arbre en arbre et se parlant plus bas;
Tant le bonheur parfait, qui fuit la multitude,
A besoin du silence et de la solitude.
Que ce bonheur perçait même dans leur tourment!
Comme tout trahissait leur vague enchantement,
Ces soupirs, ces regards qui plongeaient l'un dans l'autre,
Cette langue sans mots qui surpassait la nôtre,
Cette marche indolente, ou ce pas arrêté
Comme accablé du poids de leur félicité,
Cette fuite du monde et ce besoin d'eux-même,
Cette joie à nommer vingt fois le nom qu'on aime,
Tout leur réalisait ce rêve de l'amour
Qu'on fait toute la vie et qu'on savoure un jour!
Et moi seul et rêveur, glissant sans qu'on me voie,
Du regard et du cœur je poursuivais leur joie :
Tout le jour, en tout lieu, me trouvant sur leurs pas,
Me rencontrant partout, ils ne me voyaient pas;
Du bonheur des amans goûtant au moins l'image,
Dans leur félicité j'adorais mon ouvrage,

Et je disais tout bas dans mon cœur satisfait :
Ce bonheur est à moi, car c'est moi qui l'ai fait !

3 juin 1786.

Souvent hier au bal, au souper de famille,
En me montrant du doigt, plus d'une jeune fille
De celles dont j'aimais naguère l'entretien,
Et dont le doux regard faisait baisser le mien,
Disait : Lui jeune et beau, Dieu ! pourrait-on le croire,
Préfère à notre amour une soutane noire ;
Le monde lui fait peur ! hélas ! le pauvre enfant !
Puis, passant devant moi d'un coup d'œil triomphant,
M'écrasaient en disant : Ne sommes-nous plus belles ?
Et le rire étouffé circulait autour d'elles.
J'avais l'air insensible au sarcasme moqueur.
Vous cependant, mon Dieu, vous lisiez dans mon cœur !..

6 juin 1786.

Ce fut hier ; le jour mélancolique et sombre
Semblait de ma tristesse avoir revêtu l'ombre :
On eût dit qu'à son tour l'âme de ce beau lieu
Voulait sympathiser avec ce jour d'adieu,
Tant le ciel était gris, tant les vents sans haleine
Laissaient pencher la feuille et l'épi sur la plaine,

Tant le ruisseau dormait en retenant sa voix,
Tant les oiseaux cachés se taisaient dans les bois !
Tout se taisait aussi dans la maison fermée;
On n'osait regarder une figure aimée;
Quand on se rencontrait on n'osait se parler,
De peur qu'un son de voix ne vînt vous révéler
Le sanglot dérobé sous le tendre sourire,
Et ne fît éclater le cœur qu'un mot déchire.
On allait, on venait; mère, sœur, à l'écart,
Préparaient à genoux les apprêts d'un départ,
Et chacune, les mains dans le coffre enfoncées,
Cachait avec ses dons une de ses pensées,
On s'asseyait ensemble à table, mais en vain ;
Les pleurs se faisaient route et coulaient sur le pain.
Ainsi passa le jour; et quand la nuit suprême,
Nuit qui doit pour jamais séparer ce qui s'aime,
Eut jeté sur nos yeux des voiles plus épais,
— « Allez, dis-je à ma mère, et reposez en paix,
« Reposez votre cœur de soupirs et de larmes,
« Bénissez votre enfant, et dormez sans alarmes ;
« Que ce dernier sommeil que je fais près de vous,
« Descende sur vos yeux encor tranquille et doux;
« De notre long adieu n'anticipez pas l'heure.
« Hélas! trop tôt viendra ce long soir où l'on pleure;
« Mais l'esprit qui console et l'ange des adieux
« A ma prière alors viendront sécher vos yeux ;
« Vous me verrez entrer plus léger dans ma voie,
« Car ce qu'on donne à Dieu doit s'offrir dans la joie.
« Dormez! dès que le jour sur l'église aura lui,
« Au pied de votre lit je veux être avant lui ;
« Et si nos yeux alors ont quelque larme amère,
« Que Dieu nous la pardonne! homme, on n'a qu'une mère. »
Son baiser lentement sur mon front descendit,
Et je n'entendis pas ce qu'elle répondit;
Car le cœur plein des pleurs que cachait mon visage,
Et ne le pouvant pas retenir davantage,

J'étais déjà sorti de son appartement,
Et je cherchais la nuit pour pleurer librement.
Les brises de montagne, avec le soir venues,
Avaient blanchi le ciel et balayé les nues :
C'était une des nuits dont la sérénité
Parle à l'âme de paix, d'amour, d'éternité,
Où la lune arrondie et dans l'azur assise,
Répandant sur les bois sa lueur indécise,
Semble, en dessinant mieux chaque pâle contour,
Un souvenir muet de la vie et du jour.
Je m'enfonçai pleurant sous les sombres allées
Des traces de ma mère encor toutes peuplées ;
Je parcourais du pas tout le champêtre enclos,
Où, comme autant de fleurs, mes jours étaient éclos ;
J'écoutais chanter l'eau dans le bassin de marbre ;
Je touchais chaque mur, je parlais à chaque arbre,
J'allais d'un tronc à l'autre et je les embrassais,
Je leur prêtais le sens des pleurs que je versais,
Et je croyais sentir, tant notre âme a de force,
Un cœur ami du mien palpiter sous l'écorce.
Sur chaque banc de pierre où je m'étais assis,
Où j'avais vu ma mère assise avec son fils,
Je m'asseyais un peu ; je tournais mon visage
Vers la place où mes yeux retrouvaient son image,
Je lui parlais de l'âme ; elle me répondait ;
Sa voix, sa propre voix dans mon cœur s'entendait,
Et je fuyais ainsi du hêtre au sycomore,
Réveillant mon passé pour le pleurer encore.
Du nid de la colombe à la loge du chien,
Je revisitais tout et je n'oubliais rien,
Et je disais à tout un adieu sympathique,
Et, de tout emportant quelque chère relique,
Je remplissais mon sein de feuillage roulé,
Du sable de la cour par ma mère foulé,
De la mousse enlevée aux murs verts des tourelles,
Et du duvet tombé du toit des tourterelles ;

Puis quand j'eus complété mon douloureux trésor,
Pour consumer la nuit qui me restait encor,
J'allai dans le parterre, au pied de la fenêtre
De la chambre où ma mère aussi veillait peut-être,
Près du bassin d'eau vive où tremble le bouleau,
Le corps sur le gazon, le front penché sur l'eau,
Sur l'eau que j'écoutais sangloter dans sa fuite,
Comme un pas décroissant d'un ami qui nous quitte;
Et là, prenant la terre et l'herbe à pleine main,
Collant ma lèvre au sol que j'allais fuir demain,
J'embrassai cette terre où j'avais pris racine,
D'où m'arrachait si tendre une force divine;
J'ouvris mon cœur trop plein et j'en laissai couler
Ce long torrent de pleurs qui voulait s'y mêler.

Je ne sais pas combien d'heures ainsi coulèrent,
Ni quels mille pensers dans ma tête roulèrent;
De son œil infini Dieu seul peut les compter,
Et le cœur dans sa langue au cœur les raconter.
Il est des nuits d'orage où le flot des idées,
Comme un fleuve trop plein aux ondes débordées
Roule avec trop de pente et trop d'emportement,
Pour que notre âme même en ait le sentiment;
Un vertige confus bouillonne dans la tête,
Et prêt à se briser, le cœur même s'arrête;
J'étais dans cet état, sans entendre, sans voir,
Anéantissement, sommeil du désespoir;
Seulement par momens mes pleurs, pleuvant encore,
M'éveillaient en tombant dans le bassin sonore.
L'aube enfin colora sa barre au bord des cieux,
Comme un flambeau soudain qui vient blesser les yeux.
Je voulus, sans revoir un visage de femme,
Dire à ma mère un mot qui lui laissât mon âme;
Sur mes genoux tremblans du seuil je m'approchai;
De mon front prosterné, muet, je le touchai;
J'entrelaçai mes doigts aux barreaux des persiennes;

Je crus sentir des mains qui rencontraient les miennes.
Adieu! criai-je; en vain j'y voulus joindre un mot,
Mon cœur noyé d'angoisse eut à peine un sanglot,
Et je m'enfuis courant et sans tourner la tête,
Comme un homme qui craint qu'un remords ne l'arrête.

Je marchai devant moi par des champs sans chemin,
De peur de rencontrer, d'entendre un être humain,
Jusqu'au sommet aride où la sombre montagne
S'affaisse et redescend vers une autre campagne.
Sur une roche grise une croix de granit,
Que la mousse tapisse, où l'aigle fait son nid,
S'élève pour bénir à la fois les deux faîtes,
Comme un homme étendant ses deux bras sur deux têtes.
Là je me retournai pour la première fois,
Et m'assis sur la pierre au pied de cette croix;
Je vis se dérouler sous moi le paysage,
Le jardin verdoyer sous les murs du village,
La colombe blanchir les toits, et la maison
Retirer lentement son ombre du gazon.
Je vis blanchir dans l'air sa première fumée,
Une main entr'ouvrir la fenêtre fermée.
Un soupir emporta mon âme à ce doux lieu,
Et sur l'herbe, à genoux, je m'écriai : Mon Dieu!
Vous qui prenez le fils, restez avec la mère,
Que l'heure du départ n'y soit pas même amère!
Je ne quitte, ô mon Dieu, ces cœurs et ce séjour,
Qu'afin de leur laisser plus de paix et d'amour;
Que l'amour et la paix y restent à ma place,
Et que le sacrifice attire au moins la grâce.
Veillez au lieu de moi sur ses chers habitans;
Bénissez nuit et jour leur route et leurs instans;
Soyez vous-même, ô Dieu! vous, ô céleste père!
Pour la mère le fils et pour la sœur le frère,
Comblez-les de vos dons, menez-les par la main,
Par une longue vie et par un doux chemin,

Au terme où nous devons vous rendre grâce ensemble,
Et que dès ici-bas votre sein nous rassemble !
Je dis, et sous les bois de ces derniers sommets !
L'horizon paternel s'abaissa pour jamais.

DEUXIÈME ÉPOQUE.

Séminaire de ***, 1er janvier 1793.

Six ans sont retranchés des jours de mon jeune âge,
Sans qu'une seule trace ait marqué leur passage.
Nuits, jours, matin et soir, veilles et lendemain,
Furent des pas égaux dans un même chemin ;
Je n'ai senti ces jours qu'en calculant leur nombre.
Le cloître aux noirs piliers m'a caché dans son ombre ;
De ma haute cellule au chœur mélodieux
Les dalles ont compté mes pas silencieux ;
La méditation, la prière et l'étude,
Ont engourdi mes sens dans leur froide habitude ;
Ces corridors obscurs, ces nefs, ces murs épais
Ont versé sur mon front leur silence et leur paix ;
Les souvenirs cuisans, les regrets, les images
De liberté, d'amour, de rians paysages,
A peine ont jusqu'ici dans mes nuits pénétré ;
De la paix du Seigneur tout s'y peint par degré,
Comme, par les vitraux que le pinceau colore,
Se teignent dans la nef les clartés de l'aurore.
Qu'il est doux dans son Dieu de renfermer son cœur,
Comme un parfum dans l'or pour en garder l'odeur,
D'avoir son but si haut, et sa route tracée,
Et de vivre six ans d'une même pensée !

Aussi, blanche est la page où je notai mes jours.
Qu'aurais-je écrit? ce Dieu que je servis toujours,
Le soin de ses autels, le goût de ses demeures,
Ont du même aliment nourri toutes mes heures,
Et sa main, à ma main ouverte constamment,
M'a dirigé sans chute et sans événement.
Ah! grâce aux passions que mon cœur se retranche,
Puisse toute ma vie être une page blanche !

Février 1793.

Souvent lorsque des nuits l'ombre que l'on voit croître
De piliers en piliers s'étend le long du cloître,
Quand, après l'angélus et le repas du soir,
Les lévites épars sur les bancs vont s'asseoir,
Et que chacun cherchant son ami dans le nombre,
On épanche son cœur à voix basse et dans l'ombre ;
Moi qui n'ai point encore entre eux trouvé d'ami,
Parce qu'un cœur trop plein n'aime rien à demi,
Je m'échappe, et cherchant ce confident suprême
Dont l'amour est toujours égal à ce qu'il aime,
Par la porte secrète en son temple introduit,
Je répands à ses pieds mon âme dans la nuit.

Ossian! Ossian! lorsque plus jeune encore
Je rêvais des brouillards et des monts d'Inistore ;
Quand, tes vers dans le cœur et ta harpe à la main,
Je m'enfonçais l'hiver dans des bois sans chemin,
Que j'écoutais siffler dans la bruyère grise,
Comme l'âme des morts, le souffle de la bise,

Que mes cheveux fouettaient mon front, que les torrens,
Hurlant d'horreur aux bords des gouffres dévorans,
Précipités du ciel sur le rocher qui fume,
Jetaient jusqu'à mon front leurs cris et leur écume;
Quand les troncs des sapins tremblaient comme un roseau
Et secouaient leur neige où planait le corbeau,
Et qu'un brouillard glacé, rasant ses pics sauvages,
Comme un fils de Morven me vêtissait d'orages,
Si, quelque éclair soudain déchirant le brouillard,
Le soleil ravivé me lançait un regard,
Et d'un rayon mouillé, qui lutte et qui s'efface,
Éclairait sous mes pieds l'abîme de l'espace,
Tous mes sens exaltés par l'air pur des hauts lieux,
Par cette solitude et cette nuit des cieux,
Par ces sourds roulemens des pins sous la tempête,
Par ces frimas glacés qui blanchissaient ma tête,
Montaient mon âme au ton d'un sonore instrument
Qui ne rendait qu'extase et que ravissement,
Et mon cœur à l'étroit battait dans ma poitrine,
Et mes larmes tombaient d'une source divine,
Et je prêtais l'oreille et je tendais les bras,
Et comme un insensé je marchais à grands pas,
Et je croyais saisir dans l'ombre du nuage,
L'ombre de Jéhova qui passait dans l'orage,
Et je croyais dans l'air entendre en longs échos
Sa voix que la tempête emportait au chaos,
Et de joie et d'amour noyé par chaque pore,
Pour mieux voir la nature et mieux m'y fondre encore,
J'aurais voulu trouver une âme et des accens,
Et pour d'autres transports me créer d'autres sens!

Ce sont de ces momens d'ineffables délices
Dont Dieu ne laisse pas épuiser les calices,
Des éclairs de lumière et de félicité
Qui confondent la vie avec l'éternité.
Notre âme s'en souvient comme d'une pensée

Rapide, dont en songe elle fut traversée.
Ah! quand je les goûtais, je ne me doutais pas
Qu'une source éternelle en coulait ici-bas !

Eh bien! quand j'ai franchi le seuil du temple sombre
Dont la seconde nuit m'ensevelit dans l'ombre ;
Quand je vois s'élever entre la foule et moi
Ces larges murs pétris de siècles et de foi,
Quand j'erre à pas muets dans ce profond asile,
Solitude de pierre, immuable, immobile,
Image du séjour par Dieu même habité,
Où tout est profondeur, mystère, éternité ;
Quand les rayons du soir que l'occident rappelle
Éteignent aux vitraux leur dernière étincelle,
Qu'au fond du sanctuaire un feu flottant qui luit
Scintille comme un œil ouvert sur cette nuit,
Que la voix du clocher en son doux s'évapore,
Que le front appuyé contre un pilier sonore,
Je le sens, tout ému du retentissement,
Vibrer comme une clé d'un céleste instrument,
Et que du faîte au sol l'immense cathédrale,
Avec ses murs, ses tours, sa cave sépulcrale,
Tel qu'un être animé, semble à la voix qui sort,
Tressaillir et répondre en un commun transport ;
Et quand, portant mes yeux des pavés à la voûte,
Je sens que dans ce vide une oreille m'écoute,
Qu'un invisible ami, dans la nef répandu,
M'attire à lui, me parle un langage entendu,
Se communique à moi dans un silence intime,
Et dans son vaste sein m'enveloppe et m'abîme ;
Alors mes deux genoux pliés sur le carreau,
Ramenant sur mes yeux un pan de mon manteau,
Comme un homme surpris par l'orage de l'âme,
Les yeux tout éblouis de mille éclairs de flamme,
Je m'abrite muet dans le sein du Seigneur,
Et l'écoute et l'entends voix à voix, cœur à cœur :

Ce qui se passe alors dans ce pieux délire,
Les langues d'ici-bas n'ont plus rien pour le dire;
L'âme éprouve un instant ce qu'éprouve notre œil
Quand, plongeant sur les bords des mers près d'un écueil,
Il s'essaie à compter les lames dont l'écume
Étincelle au soleil, croule, jaillit et fume,
Et qu'aveugle d'éclairs et de bouillonnement,
Il ne voit plus que flots, lumière et mouvement;
Ou bien ce que l'oreille éprouve auprès d'une onde
Qui des pics du mont Blanc s'épanche, roule et gronde
Quand s'efforçant en vain, dans cet immense bruit,
De distinguer un son d'avec le son qui suit,
Dans les chocs successifs qui font trembler la terre,
Elle n'entend vibrer qu'un éternel tonnerre.

Et puis ce bruit s'apaise, et l'âme qui s'endort
Nage dans l'infini sans aile, sans effort,
Sans soutenir son vol sur aucune pensée,
Mais immobile et morte et vaguement bercée,
Avec ce sentiment qu'on éprouve en rêvant
Qu'un tourbillon d'été vous porte, et que le vent
Vous prêtant un moment ses impalpables ailes,
Vous planez dans l'Éther tout semé d'étincelles,
Et vous vous réchauffez, sous des rayons plus doux,
Au foyer des soleils qui s'approchent de vous.
Ainsi la nuit en vain sonne l'heure après l'heure,
Et quand on vient fermer la divine demeure,
Quand sur les gonds sacrés les lourds battans d'airain
Tournent en ébranlant le caveau souterrain,
Je m'éloigne à pas lents, et ma main froide essuie
La goutte tiède encor de la céleste pluie!...

Séminaire de ***, 15 février 1793.

Tandis que nous vivons au fond d'un monde à part,
En Dieu seul, pour Dieu seul, et sous son seul regard,
L'autre monde animé d'un autre esprit de vie,
Ou d'un souffle de mort, de colère et d'envie,
Mugit autour de nous, et jusqu'en ce saint lieu
Poursuit de ses fureurs les serviteurs de Dieu;
Un grand peuple agité par l'esprit de ruine,
Fait écrouler sur lui tout ce qui le domine;
Il veut renouveler trône, autels, mœurs et lois;
Dans la poudre et le sang tout s'abîme à la fois.
Oh! pourquoi suis-je né dans ces jours de tempête
Où l'homme ne sait pas où reposer sa tête,
Où la route finit, où l'esprit des humains
Cherche, tâtonne, hésite entre mille chemins,
Ne pouvant ni rester sous un passé qui croule,
Ni jeter d'un seul jet l'avenir dans son moule?
Métal extravasé qui bouillonne et qui fuit,
Court, ravage et renverse, et dévore et détruit,
Et consumant la main qui touche à son cratère,
Déracine le siècle et l'homme de la terre!
Heureux, du moins, heureux que la lueur de foi
Vive encor dans mon œil et marche devant moi,
Et, séparant mes pas de la foule élancée,
Trace une route à part à ma pauvre pensée,
Route qui mène ailleurs que celle d'ici-bas,
Et que Dieu même éclaire et qui ne finit pas.

On dit que le pouvoir aux mains du roi se brise,
Et qu'en mille lambeaux le peuple le divise;

DEUXIÈME ÉPOQUE.

Le peuple, enfant cruel qui rit en détruisant,
Qui n'éprouve jamais sa force qu'en brisant,
Et qui, suivant l'instinct de son brutal génie,
Ne comprend le pouvoir que par la tyrannie!
Force aveugle que Dieu lâche de temps en temps,
Ainsi que l'avalanche, ainsi que les autans,
Pour donner à l'Éther un courant plus rapide,
Pour frapper un grand coup et pour faire un grand vide!

23 février 1793.

O jours! jours de douleur, de silence et d'effroi!
La terre du royaume a bu le sang du roi,
Et le sang des sujets massacrés par centaines,
Coule dans les ruisseaux comme l'eau des fontaines!
Tout ce qui porte un nom, ou génie ou vertu,
Sous le niveau du crime est soudain abattu;
Le doigt du délateur au bourreau fait un signe,
La seule loi du peuple est la mort au plus digne!
Sa hache aime le juste et choisit l'innocent!
L'innocence est son crime! O peuple ivre de sang,
Tu détruis de tes mains l'erreur qui nous abuse,
Et de tous tes tyrans ton exemple est l'excuse!

28 février 1793.

Je creuse nuit et jour dans mes réflexions
Cet abîme sanglant des révolutions,
Du grand corps social remède ou maladie
Qui brise ou rajeunit la machine engourdie ;
De la nature humaine incalculable effort,
Qui fait lutter en elle et la vie et la mort.

Pour tenir les bassins égaux de la balance
Où l'on veut les peser, il faut un grand silence
Des passions du siècle et de ses intérêts ;
La main tremble à qui veut les juger de trop près ;
Comme au juge placé trop bas dans la carrière,
Le but est trop souvent caché par la poussière.
Mais jeune, enseveli dans l'ombre du saint lieu,
Hors du siècle, et voyant tout au seul jour de Dieu,
Peut-être juge-t-on de plus haut ce problème,
Ce procès éternel du temps contre lui-même,
Cette lutte fatale où le passé vaincu
Dit pour toute raison de vivre : J'ai vécu.
Qui peut sonder de Dieu l'insondable pensée ?
Qui peut dire où finit son œuvre commencée ?
Des mondes à venir lui dérober le soin ?
Lui dire comme aux flots : Tu n'iras pas plus loin !
Devant cet océan placer son grain de sable ?
Et tarir d'un seul mot l'abîme intarissable ?
Moins insensé celui qui dirait au soleil :
Prends mon heure ! attends-moi pour luire à mon réveil,
Borne à mon horizon ta lumière féconde,
Et quand mon œil se ferme, éteins-toi pour le monde !

Non : Dieu n'a dit son mot à personne ici-bas ;
La nature et le temps ne le comprennent pas,
Et si de son mystère il perce quelque chose,
Ne le cherchons qu'en lui, c'est là que tout repose !
C'est là qu'à nos esprits, dans le doute noyés,
Lui seul soulève un coin du voile et dit : Voyez !
Qu'annonce la nature en sa marche éternelle ?
Où s'arrête sa course ? où se repose-t-elle ?
De ces mille soleils tournant sous l'œil de Dieu,
Rayons étincelans de son céleste essieu,
Lequel dort au milieu de sa courbe enflammée ?
Quelle route du ciel devant eux s'est fermée ?
Quelle vague des airs croupit dans son repos ?
Quelle goutte des mers dort dans le lit des flots ?
Quel océan couché dans d'éternels rivages
Cesse de dévorer ou d'enfanter des plages ?
Quels monts ont étouffé leur creuset souterrain ?
Quoi donc était hier ce qu'il sera demain ?
Et du sable au rocher, de l'âme à la matière,
De l'abîme des cieux jusqu'au grain de poussière,
Quel autre que Dieu seul peut dans ce mouvement
Reconnaître une forme, un être, un élément ?
On sent à ce travail qui change, brise, enfante,
Qu'un éternel levain dans l'univers fermente,
Que la main créatrice à son œuvre est toujours,
Que de l'Être éternel, éternel est le cours,
Que le temps naît du temps, la chose de la chose,
Qu'une forme périt afin qu'une autre éclose ;
Qu'à tout être la fin n'est que commencement ;
La souffrance, travail ; la mort, enfantement !

En vain l'homme orgueilleux de ce néant qu'il fonde,
Croit échapper lui seul à cette loi du monde,
Clôt son symbole, et dit, pour la millième fois :
Ce Dieu sera ton Dieu, ces lois seront tes lois !
A chaque éternité que sa bouche prononce,

Le bruit de quelque chute est soudain la réponse,
Et le temps, qu'il ne peut fixer ni ralentir,
Est là pour le confondre et pour le démentir;
Chaque siècle, chaque heure, en poussière il entraîne
Ces fragiles abris de la sagesse humaine,
Empires, lois, autels, dieux, législations,
Tentes que pour un jour dressent les nations,
Et que les nations qui viennent après elles
Foulent pour faire place à des tentes nouvelles,
Bagage qu'en fuyant nous laissons sur nos pas,
Que l'avenir méprise et ne ramasse pas.

Depuis ces jours obscurs dont la tardive histoire
A jusqu'à nos momens traîné quelque mémoire,
Avec combien de cieux le temps s'est-il joué?
Combien de fois la terre a-t-elle secoué,
Comme l'arbre au printemps ses arides feuillages,
Les croyances, les lois, les dieux des autres âges?
C'est demander combien de feuillages flétris
Ont engraissé le sol formé de leurs débris,
Ou combien de ruisseaux ou de gouttes d'orages
Ont fait enfler les mers sans fond et sans rivages?

Oui, l'esprit du Seigneur travaille incessamment
Par l'esprit des mortels, son aveugle instrument;
Il a donné pour vie à la pensée humaine
Ce flux et ce reflux qui l'apporte et l'entraîne;
S'il cessait de tourner dans ce cercle divin,
S'il s'arrêtait un jour, ce jour serait sa fin.
Mais pour lui, sur la route à ses pas accordée,
Une idée est toujours en avant d'une idée;
Il s'élance, il l'atteint au terme d'un sentier;
Il crée à son image un monde tout entier;
Puis à peine entre-t-il dans l'œuvre commencée,
Qu'il demande à courir vers une autre pensée,
La réalise et passe, et, d'essor en essor,

DEUXIÈME ÉPOQUE.

Gagne un autre horizon pour le franchir encor.
Ainsi de siècle en siècle il lègue ses chimères ;
De vérités pour lui les vérités sont mères,
Et Dieu les lui montrant jour à jour, pas à pas,
Le mène jusqu'où Dieu veut qu'il aille ici-bas,
Terme qu'il a lui seul posé dans sa sagesse,
Et qu'on n'atteint jamais en approchant sans cesse.

Mais si l'esprit de Dieu, travaillant par nos mains,
A ces renversemens condamne les humains,
Comment donc marque-t-il du sang pur des victimes
Les révolutions, ce solstice des crimes ?
Comment l'esprit d'amour, de justice, de paix,
Sert-il l'iniquité, la haine et les forfaits ?
Ah ! c'est que dans son œuvre il agit avec l'homme ;
La vertu les conçoit, le crime les consomme ;
L'ouvrier est divin, l'instrument est mortel ;
L'un veut changer le Dieu, l'autre brise l'autel ;
L'un sur la liberté veut fonder la justice,
L'autre sur tous les droits fait crouler l'édifice ;
Puis vient la nuit fatale où l'esprit combattu
Ne sait plus où trouver le crime et la vertu ;
Chaque parti s'en fait d'horribles représailles ;
Les révolutions sont des champs de batailles
Où deux droits violés se heurtent dans le temps ;
Quel que soit le vainqueur, malheur aux combattans !
L'un possesseur jaloux d'un héritage inique,
Se fait un titre saint d'une injustice antique,
Veut que l'oppression consacre l'oppresseur,
Et croit venger le ciel en défendant l'erreur ;
L'autre, le cœur aigri par une vieille offense,
Dans la raison qui luit ne voit qu'une vengeance,
Et, s'armant à sa voix d'un droit ensanglanté,
Brûle, pille et massacre à coups de vérité ;
Ainsi l'abîme appelle un plus profond abîme ;
Qu'y faire ? la raison n'a que le choix du crime ;

Faut-il que le bien cède et recule à jamais?
Faut-il vaincre le mal à force de forfaits?
Devant ces changemens le cœur du juste hésite;
Malheur à qui les fait, heureux qui les hérite!

Séminaire de ***, 2 mars 1793.

Ma pauvre mère, hélas! ma pauvre sœur, mon Dieu!
Quoi! la tempête aussi descend en si bas lieu?
Quoi! la maison de paix, de prière et d'aumône,
Où la charité seule avait son humble trône,
N'a pas pu trouver grâce aux yeux des factions?
Ce toit qu'avaient couvert leurs bénédictions,
Ce seuil où leur misère était sans cesse assise,
Où la veuve et l'enfant entraient comme à l'église,
Cette chambre où ma mère, avec sa douce main,
Pansait leurs pieds meurtris et leur rompait le pain;
Ils l'ont brûlée. Ils ont chassé leur providence,
Autour des murs fumans mené l'horrible danse,
Tandis qu'à la lueur qui montait de ces toits,
Ma mère et ses enfans s'enfuyaient dans les bois!
Ainsi tout ce que j'aime est arraché de terre;
Ainsi, si je cherchais la maison de mon père,
Mes yeux ne verraient plus qu'un pan de mur noirci,
Et le mendiant seul dirait : C'était ici!
Ah! je sens en moi-même, à cette horrible image
De ma mère fuyant les torches du village,
Qu'un Dieu seul peut donner le pardon aux humains;
Et si je ne brisais mon cœur entre ses mains,
A ma soif de vengeance ou plutôt de justice
Je ferais de mes jours cent fois le sacrifice,

Je me consacrerais pour punir ces bourreaux,
Deux poignards dans les mains, à des dieux infernaux ;
Et j'irais, de ce toit vengeant chaque parcelle,
D'une goutte de sang payer chaque étincelle !

Séminaire de ***, 6 mars 1793.

Pardonnez-moi, mon Dieu, la vengeance est à vous !
Ah ! pour la désarmer je tombe à vos genoux.
Que la faute et l'horreur de ces jours de tempêtes
Retombent sur le temps et non pas sur leurs têtes !

Séminaire de ***, 8 mars 1793.

Ce soir un inconnu m'a glissé dans la main
Un rouleau recouvert d'un pli de parchemin ;
Mes yeux en ont soudain reconnu l'écriture,
Bien qu'une larme seule en fût la signature,
Et tout en la lisant je baisais mille fois,
O ma mère, ces mots où j'ajoutais ta voix,
Et ces douze louis, ta dernière ressource,
Que ta main pour adieu jette encor dans ma bourse.
Oh ! que cet or sacré ne la quitte jamais,
Ou donné par l'amour n'en sorte qu'en bienfaits !

Séminaire de ***, 9 mars 1793.

Ainsi me voilà seul, orphelin dans ce monde!
Ma mère avec ma sœur est errante sur l'onde,
Elles vont, au hasard des vents et de la mer,
D'un parent inconnu chercher le pain amer,
Et sur un continent peuplé de solitudes,
Changer de ciel, d'amis, de cœur et d'habitudes!
« Fuis, pars, viens, mon enfant, dit ma mère, que Dieu
« Te porte tout l'amour qui brûle en cet adieu;
« Je n'aurai pas un jour de paix en ton absence;
« Quitte un sol dévorant qui proscrit l'innocence,
« Où la prière même est un crime mortel.
« Qu'est-il besoin de prêtre à qui n'a plus d'autel?... »
Ah! ma mère, pour moi ta tendresse t'égare;
L'esprit souffle-t-il moins quand l'étincelle est rare?
N'en eussions-nous plus qu'une à rallumer ici,
Qu'une larme à sécher dans un œil obscurci,
Ah! c'en serait assez pour garder à la terre,
Pour couver dans nos seins le feu du sanctuaire,
Pour rester dans le temple, et pour y revêtir
La robe du lévite ou celle du martyr.
Je resterai...

De la Grotte des Aigles, au sommet des Alpes
du Dauphiné, 15 avril 1793.

Gravons au moins pour ma mémoire,
De ces deux mois, si pleins, l'épouvantable histoire.

Le peuple, soulevé sur la foi d'un faux bruit,
Force le seuil sacré, nous frappe et nous poursuit;
Il s'enivre de vin dans l'or des saints calices,
Hurle en dérision les chants des sacrifices,
Et comme s'il n'osait vierge encor le frapper,
Il viole l'autel avant de le saper.
Les prêtres, n'élevant contre eux que la prière,
Sont par leurs cheveux blancs traînés dans la poussière,
Les uns de leur vieux sang teignent ces chers pavés,
Au couteau solennel d'autres sont réservés;
Quelques-uns comme moi, sauvés par leur jeunesse,
Par un front de vingt ans dont la grâce intéresse,
S'échappent dispersés sous les coups de fusil,
Et vont chercher plus loin le supplice ou l'exil;
Une femme me prend par la main dans le nombre,
Me guide hors des murs à la faveur de l'ombre,
Me montre ces sommets brillant dans le lointain,
Et me dit : Mon enfant, fuyez, voici du pain.
Je fuis pendant sept nuits à travers les campagnes,
En dirigeant toujours mes pas sur les montagnes;
Le jour pour sommeiller me couchant sous les blés,
La nuit loin des sentiers hâtant mes pas troublés,
J'arrive au pied des monts, je traverse à la nage
Des torrens dont le flot me jette à l'autre plage.

Un chasseur me découvre à la voix de ses chiens,
Il change par pitié ses habits pour les miens.
Je commence à gravir ces gradins de collines
Où les Alpes du nord enfoncent leurs racines,
Immense piédestal par sa base abaissé,
Qui sous le poids des monts semble s'être affaissé,
Et dans l'encaissement des roches éboulées
Cache les lacs profonds et les noires vallées.
Je remonte le cours de leurs mille ruisseaux
Qui passent en lançant leur fumée au lieu d'eaux;
J'avance en frissonnant sous l'arche des cascades;
Les pins m'ouvrent plus loin leurs hautes colonnades,
Je les franchis; j'arrive à ces prés suspendus
Sur la croupe des monts, verts tapis étendus,
Où les chalets, des bois bordent les précipices.
Un vieux pâtre y gardait un troupeau de génisses;
Les yeux vers le soleil couchant, entre ses doigts
Il roulait sans me voir un rosaire de bois.
Cet aspect rend l'audace à mon âme attendrie,
Je suis sûr d'un ami dans tout homme qui prie.
Je l'aborde soudain, sans crainte, au nom de Dieu;
Il se trouble en voyant un vivant en ce lieu :
Il croit voir un coupable en moi, je le rassure,
Il écoute en pleurant ma touchante aventure,
Étend la feuille morte en lit sous le chalet,
Et partage avec moi son pain noir et son lait.
Le lendemain matin il dit : — « Soyez en joie :
« Je ne renverrai pas celui que Dieu m'envoie.
« Voyageant suivant l'herbe et suivant la saison,
« Mes vaches ont fini de paître ce gazon;
« Demain je vais chercher d'autres vertes montagnes,
« Mais lorsqu'après l'hiver nous montons des campagnes,
« On nous donne en partant du pain pour tout l'été;
« Tout ce pain est à vous, car vous l'avez goûté.
« Les bergers dont souvent j'ai nourri la détresse
« Remplaceront pour moi celui que je vous laisse;

DEUXIÈME ÉPOQUE.

« Mais vous ne pouvez pas me suivre au milieu d'eux,
« Ils se demanderaient pourquoi nous sommes deux?
« Vos blonds cheveux n'ont pas durci dans les tempêtes ;
« La blancheur de vos mains leur dirait qui vous êtes ;
« Vous ne pouvez non plus rester sous ce chalet,
« On le voit de trop loin fumer sur la forêt ;
« Des soldats du bourreau ces routes sont connues,
« Ils montent quelquefois jusque parmi ces nues
« Pour aller de plus haut, sous leurs serres surpris,
« Comme l'oiseau de proie, épier les proscrits.
« Mais venez, je connais une grotte profonde
« Qu'aucun autre que moi ne connaît dans le monde.
« Rien n'y peut parvenir que l'éclair et le vent,
« Et l'aigle que j'allais y dénicher souvent,
« Quand, dans mon jeune temps, le suivant sur ces cimes,
« Mon pied comme mon œil se jouait des abîmes.
« J'y puis monter encor avec l'aide de Dieu ;
« C'est pour vous que sa main m'a découvert ce lieu ;
« Vous y vivrez de peu, mais sans inquiétude,
« Si votre ange suffit à votre solitude.
« On y peut puiser l'eau dans le creux de sa main,
« Et quand je penserai que vous manquez de pain,
« Tous les deux ou trois mois, sans qu'on puisse me suivre,
« J'apporterai de loin ce qu'il vous faut pour vivre.
« Remarquez bien la gueule ouverte à ce rocher ;
« Venez de temps en temps sous la brume y chercher ;
« Car lorsque je viendrai vous porter votre vie,
« Je n'irai pas plus loin, de peur qu'on ne m'épie. »

Nous partons, nous posons nos pieds audacieux
Où le chasseur des monts n'ose poser ses yeux ;
Nous enlaçons nos doigts crispés aux fils du lierre,
Aux cheveux de la plante, aux angles de la pierre ;
Du rocher chancelant qui s'enfuit sous nos pas,
Le bruit sourd et profond monte à peine d'en bas,
Et des eaux du glacier dont la poudre s'élève,

Le vent nous frappe au front comme le froid d'un glaive ;
Devant l'abîme ouvert que ces eaux ont fendu,
Mon pied cloué d'horreur s'arrête suspendu ;
Du noir pilier des monts la colonne d'écume
Tombe en rejaillissant dans le gouffre qui fume,
Hurle dans sa ruine avec tous ses ruisseaux,
Remonte en blancs flocons, retombe en verts lambeaux,
Et remplit tout le vide, où flotte en bas sa foudre,
De vent, de bruit, de flots, de vertige et de poudre ;
Un seul débris de roc que le fleuve a broyé,
Tremblant aux coups de l'onde, et d'écume noyé,
Comme un vaste arc-en-ciel appuyé sur deux cimes,
Se dresse en voûte immense et franchit ses abîmes ;
Mon guide fait sur lui le signe de la croix,
Tâte d'un pied douteux les fragiles parois,
S'élance ; je le suis ; sous cette arche profonde,
Nous voyons à cent pieds cet ouragan de l'onde
Passer comme le trait qu'un regard ne suit pas ;
Le pont miné, tremblant, résonne sous nos pas ;
Notre œil tourne, nos mains cherchent, notre pied glisse ;
Mais notre ange à nos yeux voile le précipice,
Et déjà nous foulons sur le bord opposé
Un vallon d'herbe en fleur par l'écume arrosé.

La nature en ce lieu plus amie et plus douce
Festonne les rochers d'arbustes et de mousse ;
D'un pas moins essoufflé nous montons ses remparts ;
Un horizon nouveau s'ouvre sous nos regards,
Et nous redescendons des pentes qu'elle incline,
De coteaux en coteaux, de colline en colline,
Jusqu'à ce creux vallon qu'elle arrondit exprès
Pour n'étaler qu'à Dieu ses plus divins attraits.
Là, mon guide s'arrête, et me montre l'asile
Qu'offre la Providence à ceux que l'homme exile ;
Me découvre à son bruit la source sous le bois,
M'enseigne à façonner le hêtre où je la bois,

DEUXIÈME ÉPOQUE.

A sécher au soleil les mousses pour ma couche,
A juger la saveur des fruits sains pour ma bouche,
A dérober tout chaud, dans le creux du rocher,
L'œuf pondu du matin que l'aigle y va cacher,
A nourrir un feu lent qui couve dans l'écorce,
A voiler aux oiseaux le piége sous l'amorce,
A lancer dans le lac le fil de l'hameçon
Qui fait frissonner l'onde au contact du poisson ;
A surprendre à son nid le faon qui vient d'éclore ;
A ravir le chevreau pendant qu'il tette encore,
Pour que sa mère aussi vienne, au cri de sa faim,
Tendre pour le nourrir sa mamelle à la main ;
Puis me recommandant à cette Providence
Qui nourrit sans travail et garde sans prudence :
« Priez-la, mon enfant ! tout est plein d'elle ici !... »
Nous prions ; je l'embrasse ; il part ; et me voici.

Grotte des Aigles, 17 avril 1793,
pendant la nuit.

O nuit majestueuse ! arche immense et profonde
Où l'on entrevoit Dieu comme le fond sous l'onde !
Où tant d'astres en feux portant écrit son nom,
Vont de ce nom splendide éclairer l'horizon !
Et jusqu'aux infinis, où leur courbe est lancée,
Porter ses yeux, sa main, son ombre, sa pensée !
Et toi, lune limpide et claire, où je crois voir
Ces monts se répéter comme dans un miroir,
Pour que deux univers, l'un brillant, l'autre sombre,
Du Dieu qui les créa s'entretinssent dans l'ombre,
Et vous, vents palpitant la nuit sur ces hauts lieux,

Qui caressez la terre et parfumez les cieux ;
Et vous, bruit des torrens ; et vous, pâles nuages
Qui passez sans ternir ces rayonnantes plages,
Comme à travers la vie, où brille un chaste azur,
L'ombre des passions passe sur un cœur pur !
Mystères de la nuit que l'ange seul contemple,
Cette heure aussi pour moi lève un rideau du temple,
Ces pics aériens m'ont rapproché de vous ;
Je vous vois seul à seul, et je tombe à genoux,
Et j'assiste à la nuit comme au divin spectacle
Que Dieu donne aux esprits dans son saint tabernacle !

Comme l'œil plonge loin dans ce pur firmament !
Quel bleu tendre, et pourtant quel éblouissement !
On dirait l'eau des mers quand une faible brise
Fait miroiter les flots où le rayon se brise.
— Voilà sur l'horizon l'étoile qui descend !
— L'ombre des noirs sapins me voile le croissant ;
Sa mobile blancheur semble sous ce nuage
Une neige qui tombe et fond sur le feuillage !
— Au doux vent que ma joue à peine a ressenti,
Quel immense soupir de leur cime est sorti !
Il naît, il gronde, il baisse,... il meurt, c'est la tempête
Qui passe avec ses voix et ses coups sur ma tête ;
C'est la voile où le vent siffle et tonne la nuit,
Quand sur les sombres mers la vague la poursuit ;
— Non, c'est un souffle mort dont la nuit les effleure.
— Oh ! qu'à présent la brise avec tendresse y pleure !
N'est-ce pas le soupir de quelque esprit ami
Qui dans ces sons si doux se dévoile à demi,
Vient prêter à ces vents leur douce voix de femme,
Et par pitié pour nous pleurer avec notre âme ?
Arbres harmonieux, sapins ! harpe des bois,
Où tous les vents du ciel modulent une voix,
Vous êtes l'instrument où tout pleure, où tout chante,
Où de ses mille échos la nature s'enchante,

Où, dans les doux accens d'un souffle aérien,
Tout homme a le soupir d'accord avec le sien !
Arbres saints qui savez ce que Dieu nous envoie,
Chantez, pleurez, portez ma tristesse ou ma joie ;
Seul il sait dans les sons dont vous nous enchantez,
Si vous pleurez sur nous ou bien si vous chantez !

Grotte des Aigles, 18 avril 1793.

Le sommeil m'a surpris sous le nocturne dôme ;
L'alouette a chanté mon réveil ; mon royaume
Sous un jour de printemps en fleurs m'est apparu,
Et du matin au soir mes pas l'ont parcouru.
Qu'il est vert ! Et pour qui, sur ces hauts précipices
Dieu créa-t-il un jour ce vallon de délices ?
Et d'un triple rempart élevé de ses mains,
En ferma-t-il l'accès et la vue aux humains ?

Là le gouffre tonnant où le glacier se verse,
Et qu'à travers la mort le pont de roc traverse ;
Ici, ces pics glacés, qui ne fondent jamais,
L'entourent à demi de leurs neigeux sommets ;
Et plus bas, à l'endroit où son lit qui serpente
Semble au penchant des monts vouloir unir sa pente,
Le rocher tout à coup l'arrête et le retient,
Et d'un escarpement dans les airs le soutient ;
Sur ses parois polies par l'égout des ravines,
Nulle herbe, nulle fleur ne pend par ses racines ;
Et la voix des bergers, qu'on voit à peine en bas,
Se perd dans la distance et ne m'y parvient pas.

A l'abri de ces flots, de ces rocs, de ces neiges,
Ne craignant des mortels ni surprise ni piéges,
Je trouve comme l'aigle, en mon aire élevé,
Tout ce que le désir d'un poëte eût rêvé;
Arbres fils de leur gland courbés sous les tempêtes,
Mais dont la foudre seule ose ébrancher les têtes;
Lianes, de leurs pieds à leur front serpentant,
Qui bercent fleurs et nids sur leur filet flottant;
Rayon doré du jour qui sous leur nuit se joue,
Tremblant sur l'herbe, au gré du vent qui les secoue,
Hauts gazons où sur l'or nagent les papillons,
Où les vents creusent seuls leur trace en verts sillons;
Herbe que chaque brise en molles vagues roule,
Répandant mille odeurs sous mon pied qui les foule;
Eau qui dort dans la feuille où l'ombre la brunit,
Ou remplit jusqu'au bord ses coupes de granit;
Écume des ruisseaux sur leurs pentes fleuries,
Se perdant comme un lait dans le vert des prairies;
Lac limpide et dormant comme un morceau tombé
De cet azur nocturne à ce ciel dérobé,
Dont le creux transparent jusqu'au fond se dévoile,
Où, quand le jour s'éteint, la sombre nuit s'étoile,
Où l'on ne voit flotter que les fleurs du lotus
Que leur poids de rosée a sur l'onde abattus,
Et le duvet d'argent que le cygne sauvage,
En se baignant dans l'onde, a laissé sur la plage;
Golfes étroits, cachés dans les plis des vallons,
Aspects sans borne ouverts sur les grands horizons,
Abîmes où l'oreille écoute l'avalanche,
Cimes dans l'Éther bleu noyant leur flèche blanche,
Grandes ombres des monts qui brunissent leurs flancs,
Rayon répercuté des pics étincelans;
Air élastique et tiède, où le sein qui s'abreuve,
Croit boire en respirant une âme toujours neuve;
Bruit qu'on entend si loin descendre ou s'élever;
Silence où l'âme dort et s'écoute rêver;

Partout avec la paix, mouvement qui l'anime :
Des troupeaux de chamois qui volent sur l'abîme,
Chevreuils rongeant l'écorce, écureuils dans les bois,
Chants de milliers d'oiseaux qui confondent leurs voix,
Vols d'insectes dorés et bourdonnemens d'ailes,
De leurs prismes flottans semant les étincelles,
Fleurs partout sous mes pas et parfums dans les airs :
Voilà ce que le ciel a fait pour ces déserts.

Même date, le soir.

Mais de ces lieux charmans le chef-d'œuvre est la voûte
Dans le rocher, dont l'aigle a seul trouvé la route ;
A l'orient du lac et le long de ses eaux
La montagne en croulant s'est brisée en morceaux,
Et semant ses rochers en confuses ruines,
A de leurs blocs épars entassé les collines.
Ces rocs accumulés, par leur chute fendus,
L'un sur l'autre au hasard sont restés suspendus ;
Les ans ont cimenté leur bizarre structure,
Et recouvert leurs flancs et le sol de verdure.
On y marche partout sur un tertre aplani
Que la feuille tombée et la mousse ont jauni ;
Seulement quand on frappe, on peut entendre encore
Résonner sous le pas le terrain plus sonore.
Cinq vieux chênes, germant dans ses concavités,
Y penchent en tous sens leurs troncs creux et voûtés,
De leurs pieds chancelans les bases colossales
Du granit au granit joignent les intervalles,
S'enlacent sur le sol comme de noirs serpens,

Et retiennent les blocs entre leurs nœuds rampans ;
Le plus vieux, suspendu sur l'une des ravines,
La couvre comme un pont de ses larges racines,
Puis aux rayons du jour pour mieux la dérober,
Étend un vaste bras qu'il laisse retomber,
Et sous ce double abri de rameaux, de verdure,
Il voile à tous les yeux son étroite ouverture ;
Il faut, pour découvrir cet antre souterrain,
Ramper en écartant les feuilles de la main.
A peine a-t-on glissé sous l'arche verte et sombre,
Un corridor étroit vous reçoit dans son ombre ;
On marche un peu courbé sous d'humides arceaux,
De circuits en circuits, au bruit profond des eaux,
Qui, creusant à vos pieds un canal dans la pierre,
Murmurent jusqu'au lac dans leur solide ornière ;
Un jour pâle et lointain, lueur qui part du fond,
Guide déjà les yeux dans ce sentier profond ;
La voûte s'agrandit, le rocher se retire,
Le sein plus librement se soulève et respire,
Le sol monte, trois blocs vous servent de degrés,
Et dans la roche vide enfin vous pénétrez.

Vingt quartiers, suspendus sur leur arête vive,
En soutiennent le dôme en gigantesque ogive ;
Leurs angles de granit en mille angles brisés,
Leurs flancs pris dans leurs flancs, l'un sur l'autre écrasés,
Ont rejailli du poids comme une molle argile ;
L'eau que la pierre encor goutte à goutte distille,
A poli les contours de ces grands blocs pendans,
De stalactite humide a revêtu leurs dents,
Et, les amincissant en immenses spirales,
Les sculpte comme un lustre au ciel des cathédrales.
Ces gouttes qu'en tombant leur pente réunit,
Ont creusé dans un angle un bassin de granit,
Où l'on entend pleuvoir de minute en minute
L'eau sonore qui chante et pleure dans sa chute ;

Toujours quelque hirondelle au vol bas et rasant
Y plane, ou sur le bord s'abreuve en se posant;
Puis remontant au cintre où l'oiseau frileux niche,
Se pend à l'un des nids qui bordent la corniche.

Le rocher vif et nud enclôt de toutes parts
La grotte enveloppée en ces sombres remparts;
Mais du côté du lac, une secrète issue,
Fente entre deux grands blocs, étroite, inaperçue,
En renouvelant l'air sous la terre attiédi,
Laisse entrer le rayon et le jour du midi;
On ne peut du dehors découvrir l'interstice;
Le rocher pend ici sur l'onde en précipice,
Son flanc rapide et creux par le lac est miné;
Au-dessus de la grotte un lierre enraciné,
Laissant flotter en bas ses festons et ses nappes,
Étend comme un rideau ses feuilles et ses grappes,
Et, se tressant en grille et croisant ses barreaux,
Sur la fenêtre oblongue épaissit ses réseaux.
Je puis en écartant ce vert rideau de lierre,
Mesurer à mes yeux la nuit ou la lumière,
Adoucir la chaleur ou l'éclat du rayon,
Ou m'ouvrant de la main un immense horizon,
Du fond de ma retraite à ces monts suspendue,
Laisser fuir mon regard jusqu'à perte de vue.
Auprès de l'ouverture est un banc de rocher
Où je puis à mon gré m'asseoir ou me coucher,
Lire aux rayons flottans qui tremblent sur ma bible,
Ou, contemplant de Dieu l'ombre ici plus visible,
Les yeux sur la nature, élever au Seigneur,
Dans des transports muets, l'hymne ardent de mon cœur.

Un air égal et doux, tiède haleine de l'onde,
Règne ici quand la bise ailleurs transit ou gronde;
Aucun vent n'y pénètre, et le jour et la nuit,
Dans ce nid de mon âme on n'entend d'autre bruit

Que les gazouillemens des becs des hirondelles,
Le vol de quelque mouche aux invisibles ailes,
Le doux bruissement du lierre sur le mur,
Ou les coups sourds du lac, dont les lames d'azur,
Montant presque au niveau de ma verte fenêtre,
Renaissent pour tomber, et tombent pour renaître,
Et suspendent du bord qu'elles viennent lécher,
Leurs guirlandes d'écume aux parois du rocher.

20 mai 1793.

Voilà donc, quand ma tente ailleurs est renversée,
La tente que je trouve ici toute dressée ;
J'ai déjà sur la roche étendu pour mon lit
La feuille des forêts que la mousse amollit.
J'ai déjà suspendu dans ma chaude demeure
Mon bâton, et ma montre où j'entends marcher l'heure,
Rassemblé du bois mort en tas pour mon foyer,
Vu la lueur du feu sous la grotte ondoyer,
Et passé dans la joie et dans la solitude
Un jour, dont tant de jours me feront l'habitude.

TROISIÈME ÉPOQUE.

Grotte des Aigles, 3 juillet 1793.

Quand ce soleil d'été, foyer flottant de vie,
Me force à rabaisser ma paupière éblouie,
Et sous ce voile ardent m'éblouissant encor
Passe à travers mes cils en tièdes reflets d'or ;
Quand ces rayons, frappant ces neiges éternelles,
Rejaillissent de terre en gerbes d'étincelles,
Font ressembler ces pics et ce bleu firmament
A la mer qui blanchit sur un roc écumant ;
Que dans ce ciel semblable à des lacs sans rivage
Je ne vois que l'Éther limpide où rien ne nage
Excepté l'aigle noir, qui comme un point obscur
Semble dormir cloué dans l'immobile azur,
Ou qui, bercé là haut sur ses serres obliques,
S'abaisse en décrivant des cercles concentriques,
Lance d'un revers d'aile au soleil en plongeant,
De sa plume bronzée un vif reflet d'argent,
Et jette, en me voyant couché près de son aire,
Un cri d'étonnement où vibre sa colère ;
Quand l'arbre ou le rocher répand sous le rayon
Quelque île fraîche d'ombre au milieu du gazon ;
Qu'étendu mollement sur cette couche verte,
Du pavillon des cieux seulement recouverte,

L'herbe haute, qu'un poids de fleurs fait replier,
Dans ces gouffres touffus m'engloutit tout entier;
Que du foin desséché le parfum m'environne,
Et que je n'entends rien que l'air chaud qui bourdonne,
Mon souffle qui se mêle à l'air vierge des cieux,
Ou ma tempe qui bat mon front silencieux;
Alors je sens en moi des voluptés si vives,
Un si complet oubli des heures fugitives,
Que mon âme, à mes sens échappant quelquefois,
De son corps détaché ne sent pas plus le poids
Que le cygne, essayant son aile déjà forte,
Ne sent le poids léger de l'aile qui le porte!
J'aime dans ce silence à me laisser bercer,
A ne me sentir plus ni vivre ni penser;
A croire que l'esprit qu'en vain le corps rappelle,
A quitté sans retour l'enveloppe mortelle
Et nage pour jamais dans les rayons du ciel,
Comme dans ces rayons d'été la mouche à miel!
Dans cet état, où l'homme en Dieu se transfigure,
Le temps fuit et renaît sans que rien le mesure;
On a le sentiment de l'immortalité;
Puis quand un souffle, un vol d'un insecte d'été
Me rappelle à la fin à mes sens que j'oublie,
Dans un plaisir amer sur moi je me replie;
Je sens que dans ce ciel d'où je descends si las,
Dieu m'écoute, il est vrai, mais ne me répond pas;
Je cherche autour de moi, là, plus bas, dans ce monde,
Quelque chose qui sente avec moi, qui réponde;
Mon cœur est trop rempli pour ne pas déborder,
Et si mon sort voulait seulement m'accorder
Un second cœur, un cœur vide et muet encore,
Où la vie et l'amour ne fissent que d'éclore;
Cette ardeur que le mien ne peut plus renfermer,
Suffirait pour l'étreindre et pour le consumer;
Je verserais en lui le trop-plein de mon âme;
Sa flamme servirait d'aliment à ma flamme,

Cette double existence, en multipliant moi,
Me rendrait, ô mon Dieu! comme une ombre de toi;
Je sens que je pourrais dans cet autre moi-même,
Jeter ce qui m'oppresse et doubler ce que j'aime,
Au miroir de mon cœur m'embrasser à mon tour,
Créer l'âme de l'âme, et l'amour de l'amour,
Et comme ton regard se voit dans ton ouvrage,
Consumé de mes feux, m'aimer dans mon image!

Alors ce dôme bleu me semble un beau linceul,
J'entr'ouvre en vain mes bras au vent, mon cœur est seul;
Je cherche en vain des yeux dans cette vie aride,
Je jette en vain un nom au hasard à ce vide;
Le désert seul, hélas! m'entoure et me répond,
Je vais du lac au pic et de la grotte au pont,
Je reviens sur mes pas, je m'assieds, je me lève,
Mon propre sein me pèse et rien ne le soulève,
Il semble qu'à mon être il manque une moitié,
Objet de chaste amour ou de sainte amitié,
Que je marche à tâtons, que je suis dans ce monde
Une voix qui n'a pas d'écho qui lui réponde,
Un œil qui dans un œil ne se réfléchit pas,
Un corps qui ne répand point d'ombre sur ses pas,
Et que malgré ce ciel, ce beau lieu qui m'enivre,
Vivre seul c'est languir! c'est attendre de vivre!
Tout mon bonheur ainsi se change en vague ennui;
Solitude! un Dieu seul peut te remplir de lui!

Grotte des Aigles, 6 juillet 1793.

Poussé par cet instinct qui vers l'homme m'attire,
J'ai franchi ce matin le seuil de mon empire,
J'ai mesuré de l'œil la chute du torrent,
J'ai touché de la main l'arc-en-ciel transparent,
Et d'un pied plus hardi, que l'audace accoutume,
Passé le roc tremblant sous la voûte d'écume.

Dans l'herbe au moindre bruit soigneux de me cacher,
Et les pieds nus, de peur qu'on m'entendît marcher,
Suivant dans ses contours le ravin qui serpente,
De ces monts, pas à pas, j'ai descendu la pente
Jusqu'au bord d'une gorge où j'entendais parfois
Mugir les bœufs du pâtre et chanter une voix;
Là, tapi sous la feuille, et dérobé derrière
Les troncs des châtaigniers qui bordent la clairière,
Sans être découvert, pouvant tout entrevoir,
J'ai vu ce que mon cœur aimait à concevoir,
Une scène de paix, d'amour et d'innocence,
Que l'on rêve la nuit, et qu'éveillé l'on pense;
Image innée! hélas! d'un temps qui nous a fui,
Que comme un souvenir tout homme porte en lui!

Des chèvres, des brebis, et de grasses génisses,
Celles-là, se pendant aux fleurs des précipices,
Celles-ci, dans le pré plongeant jusqu'aux genoux,
Ruminaient en paissant sous des buissons de houx,
Tandis que des taureaux, jouant sur des pelouses,
Penchant leur tête oblique et leurs cornes jalouses,

Sur leurs jarrets dressés, choquaient comme deux blocs
Leur front sonore et lourd, retentissant des chocs.

A l'angle d'un buisson, sous un tronc de charmille,
Un jeune montagnard, près d'une jeune fille,
Sur la même racine étaient assis tous deux;
Seuls, n'ayant que le ciel et les bois autour d'eux;
Ils gardaient sans soucis ces troupeaux dont la cloche,
Comme un appel lointain, tintait de roche en roche,
Laissaient veiller le dogue, ou chantaient quelquefois
Pour qu'un chevreau perdu se guidât sur la voix.
Les coudes appuyés sur ses genoux, le pâtre
Penchait son front chargé de cheveux noirs sur l'âtre
Où fumait parmi l'herbe un reste de tison;
Et regardant le sol, du bout de son bâton
Il semblait au hasard écrire sur la cendre;
Sa rêverie avait quelque chose de tendre,
Et quand il relevait son front de ses genoux,
Qu'il ouvrait au grand jour son œil limpide et doux,
Dans le pli gracieux de sa lèvre ridée
On voyait en passant sourire son idée;
Et quand de son amour ce regard s'inondait,
Un soupir contenu de son sein débordait;
Mais ce soupir n'était qu'un élan sans tristesse,
Un poids levé du cœur que le bonheur oppresse.

La jeune fille avait cette fleur de beauté
Que n'a mûrie encore aucun rayon d'été,
Ce duvet de la joue où la rougeur colore
La moindre impression qu'un regard fait éclore;
Son œil humide et bleu laissait lire au plein jour
La calme volupté d'un mutuel amour;
Pour cacher une honte, une ombre, une pensée,
Sa paupière aux longs cils n'était jamais baissée;
Mais son regard posait confiant, affermi,
Comme pose une main dans la main d'un ami.

Un réseau noir serrait ses cheveux dans sa maille ;
Deux tresses seulement descendant sur sa taille,
Où quelques blanches fleurs des prés s'entremêlaient,
Sur l'herbe derrière elle en blonds anneaux roulaient ;
Un étroit corset rouge embrassait sa ceinture ;
Une robe aux plis lourds et de couleur obscure
Lui venait à mi-jambe, et laissait voir ses pieds
Nus et blancs, sur la mousse au soleil appuyés,
Comme dans les débris dont la terre est couverte,
Deux pieds de marbre blanc brillent sur l'herbe verte ;
Ses doigts tressaient l'osier, tandis que son regard
Dans le vague du pré s'égarait au hasard.
L'heure ainsi s'en allait l'une à l'autre semblable,
L'ombre tournait autour des troncs noueux d'érable,
Le bœuf rassasié, sur l'herbe se couchait,
Des dormantes brebis l'agneau se rapprochait,
Sans que les deux amans, ivres de solitude,
Changeassent de bonheur, de regard, d'attitude.
On voyait à la paix de leur lent entretien,
Que leur cœur n'était pas vide comme le mien ;
A peine quelques mots, de distance en distance,
S'écoulaient de leur lèvre et troublaient le silence,
Comme une eau qui s'enfuit d'un bassin transparent
S'échappe goutte à goutte et coule en murmurant.
Quand le soleil, qui monte en raccourcissant l'ombre,
Fut à moitié du ciel, sur l'herbe molle et sombre
Le jeune homme étendit son corps pour sommeiller,
Et, comme abandonnant son front à l'oreiller,
Sur les genoux pliés de sa paisible amie,
Laissa tomber son coude et sa tête endormie.
Elle ne dormait pas pendant qu'il sommeillait,
Mais essuyant son front que la sueur mouillait,
Jouant dans ses cheveux avec ses doigts d'ivoire,
Roulait et déroulait leur boucle épaisse et noire.

L'heure du repas vint ; ils mangèrent ; leur main

Puisa le même lait, rompit le même pain.
Leurs genoux rapprochés leur servirent de table ;
Ils choisirent la fraise au même plat d'érable,
Partagèrent la grappe et le rayon de miel,
Et dans la même coupe ils burent l'eau du ciel.

Mais le rayon du soir, qui pompe les orages,
Sur le vallon plus sombre abaissait les nuages ;
La feuille qu'à midi le vent laissait dormir,
Dans les bois murmurans commença de frémir,
Et, comme aux flancs des monts un brouillard qui s'essuie,
La brume descendit sur l'herbe en fine pluie ;
Ils vinrent s'abriter contre le tronc noirci
Du hêtre, où le troupeau se rassemblait aussi ;
Et, comme au bruit du vent qui secouait sa voûte,
La feuille sur leurs cous distillait goutte à goutte,
Sous les flancs ténébreux d'une arche de rocher
Où les oiseaux mouillés à l'abri vont percher,
Dérobés à mes yeux par un rideau d'ombrage,
Ils laissèrent en paix égoutter le nuage.

En écoutant de loin leur naïf entretien,
Jaloux, je comparais leur sort avec le mien ;
Et le vent m'apportait quelque rire folâtre,
Où se mêlait la voix de la vierge et du pâtre.

Je quittai cette scène, emportant dans mes yeux
Ce tableau du bonheur comme un rêve des cieux,
Plus dévoré du feu de mon inquiétude,
Plus seul dans ma pensée et dans ma solitude,
Et me promettant bien de ne plus m'approcher
De ces eaux où ma soif s'accroît sans s'étancher.

Grotte des Aigles, 24 août 1793.

Il repose ; écrivons. Quel jour ! quelle semaine !
De deuil et de bonheur pour moi comme elle est pleine !
Et par quel coup de foudre, hélas ! ai-je acheté
Cet enfant, compagnon de mon adversité ?

Le jour baissait ; j'avais passé l'heure après l'heure ;
Errant de site en site autour de ma demeure,
Je venais de m'asseoir sur le roc incliné
Qu'en tombant des hauteurs la cascade a miné ;
Mes jambes et mon front pendaient sur cet abîme,
Et je suivais des yeux ce tourbillon sublime
Qui, m'enivrant de bruit et d'étourdissement,
De mes propres pensers m'ôtait le sentiment ;
Je dominais de là l'ouverture profonde
Où la neige d'été roule en poudre avec l'onde,
Et le pont naturel qui sur son double bord
Se dresse, et de mon lac défend l'affreux abord.
Mon âme se laissait, indolemment bercée,
Emporter flots à flots et pensée à pensée,
Et se perdant au sein de ces œuvres de Dieu,
Était déjà bien loin et du jour et du lieu ;
Quand un coup de fusil, que l'écho répercute,
Tonne et roule au-dessus du bruit sourd de la chute.
Je m'éveille en sursaut, je me lève, je vois
Deux soldats poursuivant deux proscrits aux abois :
A peine séparés par une courte avance,
Les fuyards n'avaient plus qu'une faible espérance ;
Les soldats rechargeaient leurs armes en courant ;

Les deux proscrits touchaient aux parois du torrent,
Il fallait ou périr, ou trouver un passage.
Ils s'arrêtent glacés d'horreur sur le rivage ;
Le gouffre est sous leurs yeux et la mort sur leurs pas.
Je les vois s'embrasser ; je ne réfléchis pas
Qu'un cri de mon séjour va trahir le mystère ;
Je jette un cri soudain, perçant, involontaire ;
Ils m'entendent, j'accours ; je montre de ma main
Sur le gouffre fumant, le hasardeux chemin.
Aussitôt des proscrits le plus âgé s'élance,
Donnant la main à l'autre encore dans l'enfance ;
Pour soutenir leurs pas j'accours de mon côté ;
Au droit sommet du pont ils ont déjà monté ;
Déjà le plus âgé me tend du haut de l'arche
L'enfant pâle et tremblant dont je soutiens la marche ;
« Sauvez, sauvez, dit-il, généreux étranger,
« Cet enfant que je vais ou défendre ou venger ;
« J'entraînerai du moins ses bourreaux dans ma chute ;
« Fuyez, et que ma mort vous donne une minute ! »
Déjà les deux soldats, poussés par leur ardeur,
Sans sonder du ravin l'immense profondeur,
Sur ces blocs suspendus, plus polis que la glace
Leurs crosses à l'épaule avançaient sur sa trace.
Quand le proscrit les voit au plus horrible pas,
Il arme son fusil pour un double trépas ;
Quatre éclairs à la fois jaillissent de la pierre,
Les quatre coups partis ne font qu'un seul tonnerre ;
Les deux soldats, frappés par cette double mort,
Tombent comme un seul bloc, glissent, roulent du bord ;
En vain leurs doigts crispés et leurs dents convulsives
Du pont sans parapet pressent, mordent les rives,
La cascade les jette à l'abîme ondoyant,
Leurs jambes et leurs bras plongent en tournoyant,
Tout leur corps sur le roc, pilé par l'avalanche,
N'est plus qu'un point obscur dans sa poussière blanche ;
Le proscrit, qui les voit tomber, encor debout,

Sent sa poitrine enfin saignant d'un double coup :
Son sang, dont ce regard suspendait seul la perte,
S'échappe en deux ruisseaux de sa chemise ouverte ;
Il tente un pas, son pied ne peut le soutenir,
Il va rouler ; mon bras a su le retenir ;
Je le traîne expirant sur l'herbe du rivage.
Le bonheur et la mort luttent sur son visage ;
Il baise avec amour son fusil triomphant,
Sa voix rend la parole et l'âme à son enfant.
Nous étanchons son sang, nous lavons sa blessure,
Puis, formant à la hâte un brancard de verdure,
L'enfant portant les pieds, moi le front, nous marchons,
Et dans ma grotte enfin mourant nous le couchons.

25 août 1793.

Étendu sur un lit de mousse ensanglantée,
Sur les bras de son fils sa tête était jetée ;
Son regard seul sur lui pouvait se soulever,
Quelquefois il semblait s'endormir et rêver,
Et sur son lit, sa main échappée à la mienne
Cherchait, en tâtonnant un fil qui la retienne.
Le pauvre enfant voulait me dérober en vain
Des sanglots qui sortaient malgré lui de son sein ;
Chaque fois qu'il levait son front pâli d'alarmes,
Je voyais dans ses yeux rouler de grosses larmes,
Qui pleuvaient sur le front que son cœur appuyait,
Et qu'un baiser craintif de sa bouche essuyait ;
Puis il interrogeait mes yeux comme pour lire
L'affreuse vérité que je n'osais lui dire,

Et, quand malgré mes yeux mon trouble lui parlait,
De ses bras convulsifs l'étreinte redoublait ;
Il me jetait dans l'ombre un regard de colère,
Et, de son corps entier enveloppant son père,
Il semblait défier le ciel et le trépas
De pouvoir arracher ce mourant de ses bras ;
Alors ses blonds cheveux tombant sur son visage,
Mêlés aux cheveux blancs de ce front d'un autre âge,
Me cachaient leur figure, et je n'entendais plus
De baisers, de sanglots, qu'un murmure confus,
Deux souffles confondus dans une seule haleine,
Tantôt forte, tantôt se distinguant à peine,
Où les derniers élans de deux cœurs, de deux voix
Semblaient se ranimer et s'éteindre à la fois.
Ma torche cependant dans ces mornes ténèbres
Jetait son jour rougeâtre et ses vapeurs funèbres ;
Moi, debout dans un coin de la grotte, à l'écart,
De peur de profaner la douleur d'un regard,
Tantôt je ranimais la torche évanouie,
Tantôt, pour réveiller quelque signe de vie,
Je jetais au blessé l'eau froide du courant,
Ou soufflais la chaleur sur les pieds du mourant ;
Et, tantôt à genoux dans l'ombre la plus noire,
Cherchant les chants sacrés épars dans ma mémoire,
Le Christ entre mes mains, je murmurais tout bas
Les hymnes dont la foi berce encor le trépas,
Afin qu'une prière au moins, de cette terre,
Précédât dans le ciel cette âme solitaire !

La moitié de la nuit ainsi se consuma ;
Vers l'aurore, la vie un peu se ranima.
Il contempla son fils, il jeta sur la voûte
Un regard où semblait hésiter quelque doute,
Puis, reportant sur moi l'œil fixe de la mort,
Et recueillant ses sens en un dernier effort :
« Je meurs, murmura-t-il, et le ciel vous confie

« Ce fils mon seul regret, ce fils mon autre vie;
« Veillez sur ce destin que j'abandonne à Dieu!
« Soyez pour lui, soyez un père, un frère! Adieu! »
La parole à sa lèvre, hélas! montait encore,
Mais dans les sons éteints ne pouvait plus éclore;
De momens en momens sa tête s'égarait;
Aucun fil ne liait les mots qu'il murmurait;
Il parlait aux absens, aux morts, à sa famille;
Et regardant son fils, il appelait sa fille.
Enfin, quand le regard s'éteignit dans ses yeux,
Il posa sur sa bouche un doigt mystérieux,
Et d'un reste de voix nommant encor Laurence,
Il mourut en faisant le geste du silence!...

26 août 1793.

J'ai passé tout ce jour comme dans un tombeau,
Le mort enveloppé dans son sanglant manteau,
Le pauvre enfant auprès, étendu sur la terre,
Le front enseveli dans le linceul du père,
Tantôt comme endormi sur le même oreiller,
Tantôt comme écoutant son père sommeiller,
Soulevant le manteau qui couvre sa figure,
Prenant pour son haleine un souffle qui murmure,
Collant longtemps l'oreille à sa bouche, et longtemps
Retenant dans son sein ses sanglots haletans;
Puis enfin détrompé, sur le front mort qu'il pleure,
Attachant un regard triste et long comme l'heure,
Un de ces forts regards qui semble en un moment
Concentrer toute une âme en un seul sentiment,

Et qui rendrait, hélas! la vie à la mort même
Si l'amour seul pouvait ranimer ce qu'il aime!

27 août 1793.

Pendant qu'un lourd sommeil plus fort que nos douleurs,
Fermait enfin les yeux de l'enfant dans ses pleurs,
J'ai dénoué ses bras du corps froid de son père,
Et j'ai rendu ce soir la dépouille à la terre.

Au bord du lac, il est une plage dont l'eau
Ne peut même en hiver atteindre le niveau;
Mais où le flot, qui bat jour et nuit sur sa grève,
Déroule un sable fin qu'en dunes il élève.
Là, le mur du rocher, sous sa concavité,
Couvre un tertre plus vert de son ombre abrité;
La roche en cet endroit par sa forme rappelle
Le chœur obscur et bas d'une antique chapelle,
Quand la nature en a revêtu les débris
De liane rampante et d'arbustes fleuris.
Là, du pauvre étranger, la nuit, mes mains creusèrent
La couche dans la terre et mes pleurs l'arrosèrent;
Et les mots consacrés à ce suprême adieu
Remirent son sommeil et son réveil à Dieu.
Puis pour sanctifier la place par un signe,
Et de son saint dépôt la rendre à jamais digne,
Je fis tomber d'en haut cinq grands blocs suspendus,
Gigantesque débris de ces rochers fendus;
Et les groupant en croix sur la couche de sable,
J'imprimai sur le sol ce signe impérissable;

Bientôt la giroflée et les câpriers verts
De réseaux et de fleurs les auront recouverts,
Et le cygne y viendra, saint et charmant présage,
En sortant de la vague, y changer de plumage.

Grotte des Aigles, 28 août 1793.

Nos cœurs se sont ouverts ; mon jeune compagnon
M'a confié ce soir son histoire et son nom ;
Il est fils d'un proscrit, il se nomme Laurence ;
Sa jeune mère est morte en lui donnant naissance ;
Il n'a ni sœur ni frère ; à seize ans parvenu,
Dans toute son enfance, il n'a jamais connu
D'autres soins, d'autre amour, d'autre front sur la terre,
Que les soins, que l'amour, que le front de son père.
Heureux avec lui seul, et près de lui toujours,
Jusqu'à ces temps de meurtre il a passé ses jours
Dans un manoir désert d'une aride campagne,
Sur les bords orageux de la mer de Bretagne ;
Quand l'orage civil en ces lieux retentit,
Pour ses lois et son Dieu son père combattit ;
Vaincu, forcé de fuir ses champs héréditaires,
Cachant sous un faux nom son nom et ses misères,
Il avait traversé la France avec son fils ;
Du haut de ces sommets qu'il visita jadis,
D'espoir et de bonheur l'âme déjà remplie,
Ses yeux voyaient de près les champs de l'Italie,
Quand, aux bords de l'Isère aperçu, des soldats
Par de vils délateurs sont lancés sur ses pas ;
Ils allaient échapper dans la nuit ; nuit funeste !
Ses larmes l'étouffaient, et je savais le reste.

De la Grotte, 16 septembre 1793.

Mon cœur me l'avait dit : toute âme est sœur d'une âme ;
Dieu les créa par couple et les fit homme ou femme ;
Le monde peut en vain un temps les séparer,
Leur destin tôt ou tard est de se rencontrer ;
Et quand ces sœurs du ciel ici-bas se rencontrent,
D'invincibles instincts l'une à l'autre les montrent ;
Chaque âme de sa force attire sa moitié.
Cette rencontre, c'est l'amour ou l'amitié,
Seule et même union qu'un mot différent nomme,
Selon l'être et le sexe en qui Dieu la consomme,
Mais qui n'est que l'éclair qui révèle à chacun
L'être qui le complète, et de deux n'en fait qu'un.
Quand il a lui, le feu du ciel est moins rapide.
L'œil ne cherche plus rien, l'âme n'a plus de vide,
Par l'infaillible instinct le cœur soudain frappé,
Ne craint pas de retour, ni de s'être trompé ;
On est plein d'un attrait qu'on n'a pas senti naître,
Avant de se parler on croit se reconnaître,
Pour tous les jours passés on n'a plus un regard,
On regrette, on gémit de s'être vu trop tard,
On est d'accord sur tout avant de se répondre,
L'âme de plus en plus aspire à se confondre ;
C'est le rayon du ciel, par l'eau répercuté,
Qui remonte au rayon pour doubler sa clarté ;
C'est le son qui revient de l'écho qui répète,
Seconde et même voix, à la voix qui le jette ;
C'est l'ombre qu'avec nous le soleil voit marcher,
Sœur du corps, qu'à nos pas on ne peut arracher.

17 septembre 1793.

Vous me l'avez donné ce complément de vie,
Mon Dieu! ma soif d'aimer est enfin assouvie.
Du jour où cet enfant sous ma grotte est venu,
Tout ce que je rêvais jadis, je l'ai connu.
Pour la première fois, moi, dont l'âme isolée
A d'autres jusqu'ici ne s'était pas mêlée,
Moi qui trouvais toujours dans ce qui m'approchait
Quelque chose de moins que mon cœur ne cherchait;
Au visage, au regard, au son de voix, au geste,
A l'émanation de ce rayon céleste,
Aux premières douceurs du premier entretien,
Au cœur de cet enfant j'ai reconnu le mien.
Mon âme, que rongeait sa vague solitude,
A répandu sur lui toute sa plénitude.
Et mon cœur abusé, ne comptant plus les jours,
Croit en l'aimant d'hier l'avoir aimé toujours.

De la Grotte, 20 septembre 1793.

Je ne sens plus le poids du temps; le vol de l'heure
D'une aile égale et douce en s'écoulant m'effleure;
Je voudrais chaque soir que le jour avancé

Fût encore au matin à peine commencé ;
Ou plutôt que le jour naisse ou meure dans l'ombre,
Que le ciel du vallon soit rayonnant ou sombre,
Que l'alouette chante ou non à mon réveil,
Mon cœur ne dépend plus d'un rayon de soleil,
De la saison qui fuit, du nuage qui passe ;
Son bonheur est en lui ; toute heure, toute place,
Toute saison, tout ciel, sont bons quand on est deux ;
Qu'importe aux cœurs unis ce qui change autour d'eux ?
L'un à l'autre ils se font leur temps, leur ciel, leur monde ;
L'heure qui fuit revient plus pleine et plus féconde,
Leur cœur intarissable, et l'un à l'autre ouvert,
Leur est un firmament qui n'est jamais couvert.
Ils y plongent sans ombre, ils y lisent sans voile,
Un horizon nouveau sans cesse s'y dévoile ;
Du mot de chaque ami le retentissement
Éveille au sein de l'autre un même sentiment ;
La parole dont l'un révèle sa pensée
Sur les lèvres de l'autre est déjà commencée ;
Le geste aide le mot, l'œil explique le cœur,
L'âme coule toujours et n'a plus de langueur ;
D'un univers nouveau l'impression commune
Vibre à la fois, s'y fond, et ne fait bientôt qu'une ;
Dans cet autre soi-même, où tout va retentir,
On se regarde vivre, on s'écoute sentir ;
En laissant échapper sa pensée ingénue,
On s'explique, on se crée une langue inconnue ;
En entendant le mot que l'on cherchait en soi,
On se comprend soi-même, on rêve, on dit : C'est moi !
Dans sa vivante image, on trouve son emblème,
On admire le monde à travers ce qu'on aime ;
Et la vie appuyée, appuyant tour à tour,
Est un fardeau sacré qu'on porte avec amour !

De la Grotte, 25 septembre 1793.

Quand je reviens le soir de mes lointaines chasses,
Les pieds meurtris, les doigts déchirés par les glaces,
Rapportant sur mon dos l'élan ou le chamois,
Et que du haut d'un pic du plus loin j'aperçois
Mon lac bleu resserré comme un peu d'eau qui tremble
Dans le creux de la main où l'enfant la rassemble,
Le feston vert bordant sa coupe de granit,
De mes chênes penchés la tête qui jaunit,
Et vacillante au fond de la grotte qui fume,
La lueur du foyer que Laurence rallume;
Quand je rêve un moment, quand je me dis : Là-bas,
Dans ce point lumineux qu'un lynx ne verrait pas,
J'ai la meilleure part, l'autre part de moi-même,
Un regard qui me cherche, un souvenir qui m'aime,
Un ami dont mon pas fera battre le cœur,
Un être dont le ciel m'a fait le protecteur,
Pour moi tout, et pour qui je suis tout sur la terre,
Patrie, amis, parens, mère, sœur, frère et père,
Qui compte tous mes pas dans son cœur palpitant,
Et pour qui loin de moi le jour n'a qu'un instant,
L'instant où, de ces monts me voyant redescendre,
Il vient de ses deux bras à mon cou se suspendre,
Et, bondissant après comme un jeune chevreuil,
En courant devant moi m'entraîne à notre seuil.
Alors, pressant le pas sur mon chemin de neige,
Je me trace de l'œil le sentier qui l'abrége;
Le glacier suspendu m'oppose en vain son mur,

Je me laisse glisser sur ses pentes d'azur ;
Je retrouve Laurence au pied de la montagne,
Car je ne permets pas encor qu'il m'accompagne ;
Il passe alors son bras plus faible sous le mien ;
Je lui conte mon jour, il me conte le sien ;
Nous rentrons, il me dit combien nos tourterelles
Ont couvé le matin d'œufs éclos sous leurs ailes,
Combien la chèvre noire a donné de son lait,
Ou de petits poissons ont rempli son filet ;
Il me montre les tas de mousses et de feuille
Que pour tapisser l'antre avant l'hiver il cueille,
Les fruits qu'il a goûtés et rapportés du bois,
Et dont l'épine aiguë ensanglante ses doigts,
Les bras de vigne vierge, où de lierre qui flotte,
Qu'il a fait serpenter dans les flancs de la grotte,
Les oiseaux qu'il a pris en leur jetant du grain,
Et les chevreuils privés qui mangent dans sa main ;
Car soit par préférence, ou soit par habitude,
Tous ces doux compagnons de notre solitude,
Biche de la montagne, élans, oiseaux des bois,
Accourent à sa vue et volent à sa voix.

Nous mangeons sur la main ce que le jour nous donne,
Le lait, les simples mets que la joie assaisonne ;
Nous mordons tour à tour à des fruits inconnus,
Ou pour nous abreuver nous en pressons le jus ;
Pour les mortes saisons, nous mettons en réserve
Ceux que le soleil sèche et que le temps conserve ;
A chaque invention de l'un, l'autre applaudit ;
On prévoit, on combine, on se trompe et l'on rit ;
Dans ces mille entretiens le long soir se consume ;
Sur le foyer dormant le dernier tison fume,
Et souvent dans le lac, miroir de notre nuit,
Nous voyons se lever l'étoile de minuit ;
Alors nous nous mettons à genoux sur la pierre,
Vers la fenêtre où flotte un reste de lumière,

D'où Laurence inclinant son front grave et pieux,
Sur la croix du tombeau jette souvent les yeux ;
Et quand après avoir béni cette journée,
Que nous rendons à Dieu comme il nous l'a donnée,
Après avoir prié pour que d'autres soleils
Nous ramènent demain, toujours, des jours pareils ;
Après avoir offert nos vœux pour ceux qui vivent,
Au souvenir des morts nos prières arrivent ;
Laurence, en répondant aux versets, bien des fois
A, malgré ses efforts, des larmes dans sa voix,
Et de ses pleurs de fils, non encore épuisées,
Ses mains jointes après sont souvent arrosées.

Ainsi finit le jour, et puis chacun en paix
Va s'endormir couché sur son feuillage épais,
Jusqu'à ce que la voix du premier qui s'éveille
Vienne avec l'alouette enchanter son oreille.

De la Grotte, 23 octobre 1793.

Depuis que sa douleur par le temps s'engourdit,
Comme Laurence est fier et beau ! comme il grandit !
Par moment, quand sur moi son visage rayonne,
La splendeur de son front m'éblouit et m'étonne ;
Je ne puis soutenir l'éclat de sa beauté,
Et quand dans son regard le mien tombe arrêté,
Je crois sentir en moi parfois ce qu'éprouvèrent,
Près du sacré tombeau, les femmes qui trouvèrent
L'homme assis, qui leur dit : Allez, il n'est plus là ;
Quand leur cœur à ces mots en elles se troubla,

Et que, croyant parler à l'homme, chose étrange,
Leurs regards dessillés s'aperçurent de l'ange!...

De la Grotte, 24 octobre 1793

Ce soir je regardais Laurence à la clarté
Du foyer flamboyant sur son front réflété,
Pendant qu'assis à terre, il regardait lui-même
Jouer entre ses pieds le jeune faon qu'il aime ;
Jamais rien de si doux et de si gracieux
Que la biche et l'enfant ne s'offrit à mes yeux.

Repliant ses pieds blancs sous son ventre, la biche,
Comme dans l'herbe molle où le jour elle niche,
S'arrangeait confiante entre ses deux genoux,
Levait sur lui son œil intelligent et doux,
Broutait entre ses doigts de tendres jets de saule,
Allongeait et posait le col sur son épaule,
Et me jetant de là son regard triomphant,
Léchait et mordillait les cheveux de l'enfant.

28 octobre 1793.

L'enfant! je ne puis plus nommer ainsi Laurence,
Ses seize ans l'ont conduit à son adolescence,
Son front s'élève presque à la hauteur du mien,
A la course, mon pied gagne à peine le sien;
Seulement sa voix tendre, angélique, argentine,
Conserve encor l'accent de sa voix enfantine,
Et ses inflexions, vibrantes de douceur,
Me font rêver souvent à la voix de ma sœur;
Alors, pour un instant, mon cœur que ce son frappe,
Pour remonter un peu le cours du temps m'échappe,
Et me reporte aux jours où ces tendres accens
De femmes, mère ou sœur, résonnaient à mes sens,
Et donnant tant de charme au foyer domestique,
De mon enfance étaient la suave musique;
Je les cherche, mon cœur des absens s'entretient;
Des larmes dans mes yeux montent; Laurence vient,
S'assied à mes genoux, me regarde en silence,
Me demande pourquoi je pleure, à qui je pense?
Je lui dis mon enfance, il pleure en m'écoutant :
« Comme ils t'aimaient, dit-il! mais moi je t'aime autant;
« Ne suis-je pas pour toi comme un fils de ta mère?
« N'as-tu pas remplacé dans mon cœur même un père? »
Puis sur la même pierre appuyant nos deux fronts,
L'un vis-à-vis de l'autre ensemble nous pleurons.

Mais quand à cette voix revenu de mon rêve,
Pour m'essuyer les yeux ma tête se relève,

Que l'ombre de mon front s'éclaire, et que je voi
Ce visage charmant, tout en eau devant moi,
Se relever aussi, s'éclairer à mesure
Comme un miroir vivant de ma propre figure,
Comme une ombre animée où tout ce que je sens
Bat dans un autre cœur, se peint dans d'autres sens ;
Quand je pense que Dieu me rend, dans ce seul être,
Tous ceux parmi lesquels sa bonté me fit naître,
Que ce pauvre orphelin n'a que moi pour appui,
Qu'il existe en moi seul comme moi tout en lui,
Que mon bras est son bras, que ma vie est sa vie,
Et que Dieu même a fait l'amitié qui nous lie,
Ah ! mes larmes bientôt tarissent, et mon cœur
Dans un seul sentiment trouve assez de bonheur !

De la Grotte, 29 octobre 1793.

Beauté ! secret d'en haut, rayon, divin emblème,
Qui sait d'où tu descends ? qui sait pourquoi l'on t'aime ?
Pourquoi l'œil te poursuit, pourquoi le cœur aimant
Se précipite à toi comme un fer à l'aimant,
D'une invincible étreinte à ton ombre s'attache,
S'embrase à ton approche et meurt quand on l'arrache ?
Soit que, comme un premier ou cinquième élément,
Répandue ici-bas et dans le firmament,
Sous des aspects divers ta force se dévoile,
Attire nos regards aux rayons de l'étoile,
Aux mouvemens des mers, à la courbe des cieux,
Aux flexibles ruisseaux, aux arbres gracieux ;
Soit qu'en traits plus parlans sous nos yeux imprimée

Et frappant de ton sceau la nature animée,
Tu donnes au lion l'effroi de ses regards,
Au cheval l'ondoiement de ses longs crins épars,
A l'aigle l'envergure et l'ombre de ses ailes,
Ou leurs enlacemens au cou des tourterelles;
Soit enfin qu'éclatant sur le visage humain,
Miroir de ta puissance, abrégé de ta main,
Dans les traits, les couleurs dont ta main le décore,
Au front d'homme ou de femme, où l'on te voit éclore,
Tu jettes ce rayon de grâce et de fierté
Que l'œil ne peut fixer sans en être humecté;
Nul ne sait ton secret, tout subit ton empire;
Toute âme à ton aspect ou s'écrie ou soupire,
Et cet élan, qui suit ta fascination,
Semble de notre instinct la révélation.

Qui sait si tu n'es pas en effet quelque image
De Dieu même qui perce à travers ce nuage?
Ou si cette âme, à qui ce beau corps fut donné,
Sur son type divin ne l'a pas façonné?
Sur la beauté suprême, ineffable, infinie,
N'en a pas modelé la charmante harmonie?
Ne s'est pas en naissant, par des rapports secrets,
Approprié sa forme et composé ses traits?
Et dans cette splendeur que la forme révèle,
Ne nous dit pas aussi : L'habitante est plus belle?

Nous le saurons un jour, plus tard, plus haut; pour moi,
Dieu seul m'en est témoin et lui seul sait pourquoi;
Mais soit que la beauté brille dans la nature,
Dans les cieux, dans une herbe, ou sur une figure,
Mon cœur né pour l'amour et l'admiration,
Y vole de lui seul comme l'œil au rayon,
La couve d'un regard, s'y délecte et s'y pose,
Et toujours de soi-même y laisse quelque chose,

Et mon âme allumée y jette tour à tour
Une étincelle ou deux de son foyer d'amour.

Je me suis reproché souvent ces sympathies,
Trop soudaines en moi, trop vivement senties,
Ces instincts du coup d'œil, ces premiers mouvemens,
Qui d'une impression me font des sentimens.
Je me suis dit souvent : Dieu peut-être condamne
Ces penchans où du cœur la flamme se profane ;
Mais, hélas ! malgré nous l'œil se tourne au flambeau ;
Est-ce un crime, ô mon Dieu, de trop aimer le beau ?

De la Grotte, 1ᵉʳ novembre 1793.

Ces pensers, car toujours c'est à lui que je pense,
Me vinrent l'autre jour en regardant Laurence.
Jamais la main de Dieu sur un front de quinze ans
N'imprima l'âme humaine en traits plus séduisans,
Et de plus de beautés combinant le mélange,
Ne laissa l'œil douter entre l'enfant et l'ange ;
Tout ce qu'à son matin l'âme a de pureté,
Tout ce qu'un œil sans tache a de limpidité,
Tout ce qu'à son aurore une vie a d'ivresse,
Tout ce qu'un cœur plus mûr a de grave tendresse,
Réuni dans ses traits rians ou sérieux,
Y forme dans l'accord un tout harmonieux,
Et selon le rayon que la pensée y verse,
L'ombre qui les parcourt, l'éclair qui les traverse,
Y brille dans ses yeux en rayon de splendeur,
Y rougit sur sa joue en rose de candeur,

Y flotte à sa paupière en larme transparente,
Y nage en ses regards en rêverie errante,
S'y creuse en plis pensifs entre ses deux sourcils,
S'y recueille caché sous le bord de ses cils,
Sur sa lèvre entr'ouverte en désir vague aspire,
Ou s'épand sur sa bouche en langoureux sourire;
Partout où l'enfant passe, on dirait qu'il a lui;
Un jour intérieur semble sortir de lui;
Bien souvent, sur la fin d'un jour mourant et sombre,
Lorsque la grotte et moi, tout est déjà dans l'ombre,
Autour de sa figure il fait encor grand jour;
Son éclat se reflète aux objets d'alentour;
Il éclaire la nuit d'un reste de lumière,
Et son regard me force à baisser la paupière;
On dirait ces rayons du jour dont Raphaël
A couronné le front de ses vierges du ciel.
Peut-être que ce jour n'était pas un symbole,
Et que dès ici-bas l'âme a son auréole?
J'ai beau chercher bien loin dans ma mémoire; rien
Des visages connus ne rappelle le sien;
Aucun des compagnons de ma première enfance,
Des lévites amis de mon adolescence,
N'avait ces traits si purs, ce front, cette langueur,
Ce son de voix ému qui vibre au fond du cœur,
Cette peau qu'un sang bleu sous les veines colore,
Ce regard qu'on évite et qui vous perce encore,
Cet œil noir qui ressemble au firmament obscur,
Lorsque l'aube naissante y lutte avec l'azur,
Où l'humide rayon de l'âme qu'il dévoile
Sur un fond ténébreux jaillit comme une étoile;
Ces cheveux dont la soie imite en blonds anneaux
Les ondulations et les courbes des eaux;
Il semble, à cette forme où tout est luxe et grâce,
Que cet être céleste est né d'une autre race
Et n'a rien de commun avec ceux d'ici-bas
Que ce regard d'ami qui l'attache à mes pas.

Et quand sur ses hauteurs, ses beaux pieds sans chaussure,
Sa cravate nouée autour de sa ceinture,
Dans sa veste sans pli jusqu'au cou boutonné,
A peine resserrant son sein emprisonné,
Son col nu, et portant sa tête avec souplesse
Comme un front de coursier qu'on flatte et qu'on caresse,
Ses cheveux, que d'un an le fer n'a retranchés,
Des deux côtés du col en boucles épanchés,
Et son front tout baigné de sueur ou de pluie,
Renversé vers le ciel pour qu'un rayon l'essuie,
Je le vois accourir de loin, et tout à coup
Sur un pic du glacier m'apparaître debout;
Je crois voir, tout troublé, la céleste figure,
Comme un être idéal au-dessus de nature,
Se détacher de terre et se transfigurer,
Et je suis quelquefois tenté de l'adorer;
Mais de sa douce voix la tendre résonnance
Me rappelle à moi-même et me montre Laurence!

De la Grotte, 1er novembre 1793.

Des aiguilles de glace où s'éclairent ces monts
L'année a pour six mois retiré ses rayons;
Le soleil est noyé dans la mer de nuages
Qui brise jour et nuit contre ces hautes plages,
Et jette au lieu d'écume, à leur cime, à leurs flancs,
La neige que la bise y fouette en flocons blancs.
Le jour n'a qu'un rayon brisé par les tempêtes,
Qui s'étend un moment tout trempé sur ces faîtes,
Et que l'ombre qui court vient soudain balayer,

Comme le vent la feuille au pied du peuplier.
Il semble que de Dieu la dernière colère
Abandonne au chaos ces cimes de la terre ;
L'éternel ouragan torture ces sommets,
Les vagues de brouillards n'y reposent jamais ;
Un sourd mugissement, qu'une plainte accompagne,
Roule dans l'air et sort des os de la montagne ;
C'est la lutte des vents dans le ciel ; c'est le choc
Des nuages jetés contre l'écueil du roc ;
C'est l'âpre craquement de la branche flétrie
Qui sous les lourds glaçons se tord, éclate et crie ;
Du corbeau qui s'abat l'aigre croassement ;
Des autans engouffrés le triste sifflement ;
Les bonds irréguliers de la lourde avalanche
Qui tombe, et que le vent roule en poussière blanche ;
L'éternel contre-coup des chutes des torrens
Qui sillonnent les rocs sous leurs bonds déchirans,
Et font ronfler le gouffre où la cascade tonne
D'un souffle souterrain continu, monotone,
Tout semblable de loin aux frémissemens sourds
De la corde d'un arc qui vibrerait toujours.

Plus de fêtes du ciel sur ces cimes voilées,
D'aurore étincelante ou de nuits étoilées ;
Plus de festons de fleurs pendans à mon rocher ;
Plus d'oiseaux accourus pour chanter ou nicher ;
La corneille égarée y suit ses noires bandes ;
Les frimas congelés sont les seules guirlandes
Qui garnissent la roche où nous nous enfonçons ;
Le jour ne nous y vient qu'à travers les glaçons ;
Mais dans l'air tiède assis, les deux mains sur la braise,
Aux lueurs du foyer qu'entretient le mélèze,
Nous passons sans ennui le temps des mauvais jours ;
Ils sont si bien remplis que nous les trouvons courts ;
Des entretiens coupés de quelque heure d'étude
Nous font de notre grotte une douce habitude ;

Nous nous y recueillons avec la volupté
De l'oiseau dans son nid près de l'antre abrité,
Que sous un ciel de pluie ou sur la plaine blanche
Le vain courroux des vents berce au chaud sur sa branche ;
Plus les vents déchaînés hurlent d'horribles cris,
Plus l'avalanche gronde et roule de débris,
Plus la nuit s'épaissit sous un ciel bas et terne,
Plus la neige s'entasse autour de la caverne,
Plus dans ces sifflemens, ces terreurs du dehors,
Nous trouvons d'âpre joie et d'intimes transports ;
Plus nous nous concentrons dans la roche qui tremble,
Et nous sentons la main de Dieu qui nous rassemble ;
Et si d'un ciel d'hiver quelque rare soleil
Effleure par hasard la fenêtre au réveil,
Échappés du rocher comme un chevreuil du gîte,
Pour jouir du rayon nous nous élançons vite ;
Nous crions de plaisir en voyant les cristaux
Formant des murs, des tours, de transparens châteaux,
Des arches de saphir, des grottes où l'aurore
Des verts reflets de l'onde en passant se colore,
Des troncs éblouissans où le givre entassé
Colle autour des rameaux un feuillage glacé,
Et la neige sans borne et dont chaque parcelle,
En criant sous nos pieds, luit comme une étincelle.
Dans ces déserts mouvans, nous creusons au hasard
Des sentiers dont la poudre éblouit le regard,
Comme dans l'herbe en fleurs où le chevreau se noie,
Dans ces lits de frissons nous nous roulons de joie ;
Nous rions en voyant tous deux nos cheveux blancs,
Poudrés par les frimas, de givre ruisselans ;
Nous nous lançons la neige où nos doigts s'engourdissent ;
De plaisir, en rentrant, nos pieds transis bondissent ;
Car Dieu, qui nous confine en ce rude séjour,
Donne même en hiver sa joie à chaque jour.

De la Grotte, 16 décembre 1793.

La nuit, quand par hasard je m'éveille, et je pense
Que dehors et dedans tout est calme et silence,
Et qu'oubliant Laurence auprès de moi dormant,
Mon cœur mal éveillé se croit seul un moment;
Si j'entends tout à coup son souffle qui s'exhale,
Régulier, de son sein sortir à brise égale,
Ce souffle harmonieux d'un enfant endormi!
Sur un coude appuyé je me lève à demi,
Comme au chevet d'un fils une mère qui veille;
Cette haleine de paix rassure mon oreille;
Je bénis Dieu tout bas de m'avoir accordé
Cet ange que je garde et dont je suis gardé;
Je sens aux voluptés dont ces heures sont pleines,
Que mon âme respire et vit dans deux haleines;
Quelle musique aurait pour moi de tels accords?
Je l'écoute longtemps dormir, et me rendors!

6 janvier 1794.

Que rendrai-je au Seigneur pour les biens qu'il me donne?
Tandis que sous nos pieds la tempête résonne,

Que le jour verse au jour des larmes et du sang,
L'inaltérable paix sur ces hauts lieux descend,
Et la tendre amitié, qui hait la multitude,
Nous fait un univers de notre solitude.

Que cet enfant s'attache à mon ombre, et combien
Son cœur à son insu se mêle avec le mien !
Oh ! qui pourra jamais démêler ces deux âmes
Que la terre et le ciel joignent par tant de trames ?
L'un de l'autre il serait plus aisé d'arracher
Ces deux hêtres jumeaux qu'un nœud semble attacher,
Et qui de jour en jour s'enlaçant avec force,
Croissent du même tronc et sous la même écorce !
Mais les comparaisons manquent ; je me souvien
D'avoir eu pour ami, dans mon enfance, un chien,
Une levrette blanche, au museau de gazelle,
Au poil ondé de soie, au cou de tourterelle,
A l'œil profond et doux comme un regard humain ;
Elle n'avait jamais mangé que dans ma main,
Répondu qu'à ma voix, couru que sur ma trace,
Dormi que sur mes pieds, ni flairé que ma place ;
Quand je sortais tout seul et qu'elle demeurait,
Tout le temps que j'étais dehors, elle pleurait ;
Pour me voir de plus loin aller ou reparaître,
Elle sautait d'un bond au bord de ma fenêtre,
Et les deux pieds collés contre les froids carreaux
Regardait tout le jour à travers les vitraux,
Ou parcourant ma chambre, elle y cherchait encore
La trace, l'ombre au moins du maître qu'elle adore,
Le dernier vêtement dont je m'étais couvert,
Ma plume, mon manteau, mon livre encore ouvert,
Et l'oreille dressée au vent pour mieux m'entendre,
Se couchant à côté, passait l'heure à m'attendre ;
Dès que sur l'escalier mon pas retentissait
Le fidèle animal à mon bruit s'élançait,
Se jetait sur mes pieds comme sur une proie,

M'enfermait en courant dans des cercles de joie,
Me suivait dans la chambre au pied de mon fauteuil,
Paraissant endormi me surveillait de l'œil;
Là, le son de ma voix, la plainte inachevée,
Ma respiration plus ou moins élevée,
Le moindre mouvement du pied sur le tapis,
Le clignement des yeux sur le livre assoupis,
Le froissement léger du doigt entre la page,
Une ombre, un vague éclair passant sur mon visage,
Semblaient dans son sommeil passer et rejaillir,
D'un contre-coup soudain la faisaient tressaillir :
Ma joie ou ma tristesse en son œil retracée
N'était qu'un seul rayon d'une double pensée ;
Elle mourut, encor son bel œil sur le mien.
Que de pleurs je versai! Je l'aimais tant! Eh bien,
Quoique ma plume tremble, en glissant sur la page,
De ternir dans mon cœur l'amitié par l'image,
Que de l'âme à l'instinct toute comparaison
Profane la nature, et mente à la raison,
Ce charmant souvenir de mon heureuse enfance
Me revient dans le cœur quand je songe à Laurence.
Cet ami de ma race à présent m'aime autant ;
Il ne peut plus de moi se passer un instant,
Il s'attriste, il languit pour une heure d'absence,
Il marche quand je marche, il pense quand je pense;
Son regard suit le mien, comme si de nos cœurs
Le rayon ne pouvait se diriger ailleurs;
Comme mon pauvre chien ou comme l'hirondelle
Qui ne s'alarme plus de nous voir autour d'elle,
Il s'est apprivoisé pas à pas, jour à jour,
Il boude à mon départ, il saute à mon retour ;
Mais pour toute autre voix, pour tout autre visage,
Cet enfant du désert redeviendrait sauvage.

Oh! qui n'aimerait pas ce qui nous aime ainsi?
Qui pourrait égaler ce que je trouve ici?

Que manque-t-il au cœur nourri de ces tendresses?
Mon Dieu! vos dons toujours dépassent vos promesses!
Et dans mon plus beau rêve autrefois d'amitié,
Mon cœur n'en avait pas deviné la moitié!

    Le manuscrit était déchiré à cette place, et il manquait un certain nombre de feuilles. On peut présumer par ce qui suit que Jocelyn avait continué à noter les mêmes sentimens et les mêmes circonstances de sa vie heureuse pendant ces mois de solitude.

QUATRIÈME ÉPOQUE.

Grotte des Aigles, 15 avril 1794.

J'ai trouvé ce matin, dans le creux du rocher,
Le pain que chaque mois le pâtre y vient cacher;
De cet homme de bien pieuse providence !
Deux mots l'accompagnaient : « Redoublez de prudence :
« Dans nos cités sans Dieu malheur à qui descend,
« L'échafaud des martyrs a toujours soif de sang. »
Brisez, brisez, Seigneur, ces glaives de colère;
Abrégez, en faveur des justes de la terre,
Ces jours de désespoir et de convulsions,
Où votre nom s'éclipse aux yeux des nations.
Puisse l'ange de paix bientôt y redescendre!
Mais moi, je n'ai, Seigneur, que grâces à vous rendre,
Et si ce temps n'était une ère de forfaits,
Je dirais : Que ces jours ne finissent jamais !

La Grotte, 6 mai 1794.

Il est des jours de luxe et de saison choisie
Qui sont comme les fleurs précoces de la vie,
Tout bleus, tout nuancés d'éclatantes couleurs,
Tout trempés de rosée et tout fragrans d'odeurs,
Que d'une nuit d'orage on voit parfois éclore,
Qu'on savoure un instant, qu'on respire une aurore,
Et dont, comme des fleurs, encor tout enivrés,
On se demande après : Les ai-je respirés?
Tant de parfum tient-il dans ces étroits calices?
Et dans douze momens si courts, tant de délices?

Aujourd'hui fut pour nous un de ces jours de choix :
Éveillés aux rayons du plus riant des mois,
A l'hymne étourdissant de la vive alouette
Qui n'a que joie et cris dans sa voix de poëte,
Au murmure du lac flottant à petit pli,
Nous nous sommes levés le cœur déjà rempli,
Ne pouvant contenir l'impatient délire,
Qui nous appelle à voir la nature sourire,
Et nous sommes allés, pas à pas, tout le jour,
Du printemps sur ces monts épier le retour.

La neige qui fondait au tact du rayon rose,
Avant d'aller blanchir les pentes qu'elle arrose,
Comme la stalactite, au bord glacé des toits,
Distillait des rochers et des branches des bois;
Chaque goutte en pleuvant remontait en poussière
Sur l'herbe, et s'y roulait en globes de lumière.

Tous ces prismes, frappés du feu du firmament,
Remplissaient l'œil d'éclairs et d'éblouissement;
On eût dit mille essaims d'abeilles murmurantes
Disséminant le jour sur leurs ailes errantes,
Sur leur corset de feu, d'azur et de vermeil,
Et bourdonnant autour d'un rayon de soleil;
Puis en mille filets ses gouttes rassemblées
Allaient chercher leurs lits dans le creux des vallées,
Y couraient au hasard des pentes sur leurs flancs,
Y dépliaient leur nappe ou leurs longs rubans blancs,
Y gazouillaient en foule en mille voix légères,
Comme des vols d'oiseaux cachés sous les fougères,
Courbaient l'herbe et les fleurs, comme un souffle en glissant,
Y laissaient des flocons d'écumes en passant;
Puis la brise venait essuyer cette écume,
Comme à l'oiseau qui mue elle enlève une plume!

L'air tiède et parfumé d'odeurs, d'exhalaisons,
Semblait tomber avec les célestes rayons,
Encor tout imprégné d'âme et de sèves neuves,
Comme l'air virginal qui vint fondre les fleuves
Du globe enseveli dans son premier hiver,
Quand la vie et l'amour se respiraient dans l'air;
Il soufflait des soupirs, il apportait des nues
Des tiédeurs, des odeurs, des langueurs inconnues;
Il caressait la terre avec de tels accords,
Il étreignait les monts avec de tels transports,
Il secouait la neige et les troncs et les cimes
Avec des mouvemens et des bruits si sublimes,
Que l'on croyait entendre, entre les élémens,
Des paroles d'amour et des embrassemens,
Et dans les forts élans qui semblaient les confondre,
L'eau, la terre et le ciel, et l'Éther, se répondre!
Tout ce que l'air touchait s'éveillait pour verdir,
La feuille du matin, sous l'œil semblait grandir;
Comme s'il n'avait eu pour été qu'une aurore,

Il hâtait tout du souffle, il pressait tout d'éclore,
Et les herbes, les fleurs, les lianes des bois
S'étendaient en tapis, s'arrondissaient en toits,
S'entrelaçaient aux troncs, se suspendaient aux roches,
Sortaient de terre en grappe, en dentelles, en cloches,
Entravaient nos sentiers par des réseaux de fleurs,
Et nos yeux éblouis dans des flots de couleurs!
La sève débordant d'abondance et de force
Coulait en gommes d'or des fentes de l'écorce,
Suspendait aux rameaux des pampres étrangers,
Des filets de feuillage et des tissus légers,
Où les merles siffleurs, les geais, les tourterelles,
En fuyant sous la feuille, embarrassaient leurs ailes ;
Alors tous ces réseaux, par leur vol secoués,
Par leurs extrémités d'arbre en arbre noués,
Tremblaient, et sur les pieds du tronc qui les appuie,
De plumes et de fleurs répandaient une pluie ;
Tous ces dômes des bois, qui frémissaient aux vents,
Ondoyaient comme un lac aux flots verts et mouvans ;
Des nids d'oiseaux, bercés au roulis des lianes,
Y flottaient remplis d'œufs tachetés, diaphanes,
Des mères qui fuyaient, fragile et doux trésor,
Comme dans le filet la perle humide encor !
Chaque fois que nos yeux, pénétrant dans ces ombres,
De la nuit des rameaux éclairaient les dais sombres,
Nous trouvions sous ces lits de feuille où dort l'été,
Des mystères d'amour et de fécondité.
Chaque fois que nos pieds tombaient dans la verdure,
Les herbes nous montaient jusques à la ceinture,
Des flots d'air embaumé se répandaient sur nous,
Des nuages ailés partaient de nos genoux,
Insectes, papillons, essaims nageans de mouches,
Qui d'un Éther vivant semblaient former les couches ;
Ils montaient en colonne, en tourbillon flottant,
Comblaient l'air, nous cachaient l'un à l'autre un instant,
Comme dans les chemins la vague de poussière

QUATRIÈME ÉPOQUE.

Se lève sous les pas et retombe en arrière ;
Ils roulaient ; et sur l'eau, sur les prés, sur le foin,
Ces poussières de vie allaient tomber plus loin ;
Et chacune semblait d'existence ravie
Épuiser le bonheur dans sa goutte de vie,
Et l'air qu'ils animaient de leurs frémissemens
N'était que mélodie et que bourdonnemens.

Oh ! qui n'eût partagé l'ivresse universelle
Que l'air, le jour, l'insecte, apportaient sur leur aile ?
Oh ! qui n'eût aspiré cette haleine des airs
Qui tiédissait la neige et fondait les hivers ?
La sève de nos sens comme celle des arbres
Eût fécondé des troncs, eût animé des marbres ;
Et la vie, en battant dans nos seins à grands coups,
Semblait vouloir jaillir et déborder de nous !
Nous courions ; des grands rocs nous franchissions les fentes,
Nous nous laissions rouler dans l'herbe sur les pentes ;
Sur deux rameaux noués le bouleau nous berçait ;
Notre biche étonnée à nos pieds bondissait ;
Nous jetions de grands cris pour ébranler les voûtes
Des arbres d'où pleuvait la sève à grosses gouttes ;
Nous nous perdions exprès, et pour nous retrouver,
Nous restions des momens, sans parole, à rêver ;
Puis nous partions d'un trait, comme si la pensée,
Par le même ressort en nous était pressée,
Et vers un autre lieu prompts à nous élancer,
Nous courions pour courir et pour nous devancer ;
Mais toute la montagne était la même fête ;
Les nuages d'été qui passaient sur sa tête
N'étaient qu'un chaud duvet que les rayons brûlans
Enlevaient au glacier, cardaient en flocons blancs.
Les ombres qu'allongeaient les troncs sur la verdure,
Se découpant sur l'herbe en humide bordure,
Dans quelque étroit vallon, berceau déjà dormant,
Versaient plus de mystère et de recueillement ;

Et chaque heure du jour en sa magnificence,
Apportant sa couleur, son bruit ou son silence,
A la grande harmonie ajoutait un accord,
A nos yeux une scène, à nos sens un transport!
Enfin, comme épuisés d'émotions intimes,
L'un à côté de l'autre, en paix nous nous assîmes
Sur un tertre aplani, qui comme un cap de fleurs,
S'avançait dans le lac plus profond là qu'ailleurs,
Et dont le flot bruni par l'ombre haute et noire,
Ceignait d'un gouffre bleu ce petit promontoire;
On y touchait de l'œil tout ce bel horizon,
Une mousse jaunâtre y servait de gazon,
Et des verts coudriers l'ombre errante et légère,
Combattant les rayons, y flottait sur la terre.
Nos cœurs étaient muets à force d'être pleins;
Nous effeuillions sur l'eau des tiges dans nos mains ;
Je ne sais quel attrait des yeux pour l'eau limpide
Nous faisait regarder et suivre chaque ride,
Réfléchir, soupirer, rêver sans dire un mot,
Et perdre et retrouver notre âme à chaque flot.
Nul n'osait le premier rompre un si doux silence,
Quand, levant par hasard un regard sur Laurence,
Je vis son front rougir et ses lèvres trembler,
Et deux gouttes de pleurs entre ses cils rouler,
Comme ces pleurs des nuits qui ne sont pas la pluie,
Qu'un pur rayon colore, et qu'un vent tiède essuie.
— Que se passe-t-il donc, Laurence, aussi dans toi?
Est-ce qu'un poids secret t'oppresse ainsi que moi?
— Oh! je sens, me dit-il, mon cœur prêt à se fendre;
Mon âme cherche en vain des mots pour se répandre :
Elle voudrait créer une langue de feu
Pour crier de bonheur vers la nature et Dieu.
— Dis-moi, repris-je, ami, par quelles influences,
Mon âme au même instant pensait ce que tu penses.
Je sentais dans mon cœur, au rayon de ce jour,
Des élans de désirs, des étreintes d'amour

Capables d'embrasser Dieu, le temps et l'espace,
Et pour les exprimer ma langue était de glace.
Cependant la nature est un hymne incomplet,
Et Dieu n'y reçoit pas l'hommage qui lui plaît
Quand l'homme, qu'il créa pour y voir son image,
N'élève pas à lui la voix de son ouvrage;
La nature est la scène, et notre âme est la voix :
Essayons donc, ami, comme l'oiseau des bois,
Comme le vent dans l'arbre ou le flot sur le sable,
De verser à ses pieds le poids qui nous accable,
De gazouiller notre hymne à la nature, à Dieu;
Créons-nous par l'amour prêtres de ce beau lieu !
Sur ces sommets brûlans son soleil le proclame,
Proclamons-l'y nous-même et chantons-lui notre âme!
La solitude seule entendra nos accens!
Écoute ton cœur battre et dis ce que tu sens!

LAURENCE.

D'où venez-vous, ô vous, brises nouvelles
Pleines de vie et de parfums si doux,
Qui de ces monts palpitans comme nous
Faites jaillir au seul vent de vos ailes
Feuilles et fleurs comme des étincelles?
Ces ailes d'or où les embaumez-vous?

Est-il des monts, des vallons et des plaines,
Où vous baignez dans ces parfums flottans?
Où tous les mois sont de nouveaux printemps?
Où tous les vents ont ces tièdes haleines?
Où de nectar les fleurs sont toujours pleines?
Toujours les cœurs d'extase palpitans?

Ah! s'il en est, doux souffles de l'aurore,
Emportez-nous avec l'encens des fleurs,
Emportez-nous où les âmes sont sœurs!

Nous prîrons mieux le Dieu que l'astre adore,
Car l'âme aussi veut le ciel pour éclore,
Et la prière est le parfum des cœurs!

MOI.

Vois-tu là-haut dans la vallée
Où le jour glisse pas à pas,
Où la neige, en tapis roulée,
Se fane, fume et ne fond pas;
Vois-tu l'arc-en-ciel, dans sa couche,
Frémir au rayon qui le touche,
Comme un serpent dans son sommeil,
Qui sur ses mille écailles peintes
Reflète à l'œil les triples teintes
De l'eau, de l'air et du soleil?

C'est le nid où sur la montagne
Ce serpent du ciel vient muer;
A mesure que le jour gagne,
Vois ses écailles remuer!
Vois comme en changeante spirale
Il noue, il concentre, il étale
Ses tronçons d'orange et de bleu!
Regarde! le voilà qui lève,
Au brouillard, son cou comme un glaive
Et lui vibre son dard de feu.

Il monte aspiré par l'aurore;
Oh! comme chaque anneau dormant
Du glacier qui se décolore
Se détache insensiblement!
Il se déroule! il plane, il courbe
Du mont au ciel sa vaste courbe,
Et sa tête à ses pieds répond!
Dieu! quelle arche de monde à monde!

Quel océan avec son onde
Comblerait ce céleste pont?...

Est-ce un pont pour passer tes anges?
O toi qui permets à nos yeux
De voir ces merveilles étranges,
Est-ce un pont qui mène à tes cieux?
Ah! si je pouvais, ô Laurence,
Monter où cette arche commence,
Gravir ces degrés éclatans!
Et pour qu'un ange m'y soutienne
L'œil au ciel, ma main dans la tienne,
Passer sur la mort et le temps!

LAURENCE.

Vois dans son nid la muette femelle
Du rossignol qui couve ses doux œufs,
Comme l'amour lui fait enfler son aile
Pour que le froid ne tombe pas sur eux!

Son cou, que dresse un peu d'inquiétude,
Surmonte seul la conque où dort son fruit,
Et son bel œil, éteint de lassitude,
Clos du sommeil, se rouvre au moindre bruit.

Pour ses petits son souci la consume,
Son blond duvet à ma voix a frémi;
On voit son cœur palpiter sous sa plume,
Et le nid tremble à son souffle endormi.

A ce doux soin quelle force l'enchaîne?
Ah! c'est le chant du mâle dans les bois;
Qui, suspendu sur la cime du chêne,
Fait ruisseler les ondes de sa voix!

Oh! l'entends-tu distiller goutte à goutte
Ses lents soupirs après ses vifs transports,
Puis de son arbre étourdissant la voûte
Faire écumer ses cascades d'accords?

Un cœur aussi dans ses notes palpite!
L'âme s'y mêle à l'ivresse des sens,
Il lance au ciel l'hymne qui bat si vite,
Ou d'une larme il mouille ses accens!

A ce rameau qui l'attache lui-même?
Et qui le fait s'épuiser de langueur?
C'est que sa voix vibre dans ce qu'il aime
Et que son chant y tombe dans un cœur!

De ses accens sa femelle ravie
Veille attentive en oubliant le jour :
La saison fuit, l'œuf éclôt, et sa vie
N'est que printemps, que musique et qu'amour!

Dieu de bonheur! que cette vie est belle!
Ah! dans mon sein je me sens aujourd'hui
Assez d'amour pour reposer comme elle,
Et de transports pour chanter comme lui!

MOI.

Vois-tu glisser entre deux feuilles
Ce rayon sur la mousse où l'ombre traîne encor,
Qui vient obliquement sur l'herbe que tu cueilles
S'appuyer par le bout comme un grand levier d'or?
L'étamine des fleurs qu'agite la lumière
Y monte en tournoyant en sphère de poussière,
L'air y devient visible, et dans ce clair milieu,
On voit tourbillonner des milliers d'étincelles,

D'insectes colorés, d'atomes bleus, et d'ailes
Qui nagent en jetant une lueur de Dieu!

    Comme ils gravitent en cadence!
Nouant et dénouant leurs vols harmonieux!
Des mondes de Platon on croirait voir la danse
S'accomplissant aux sons des musiques des cieux.
L'œil ébloui se perd dans leur foule innombrable;
Il en faudrait un monde à faire un grain de sable,
Le regard infini pourrait seul les compter.
Chaque parcelle encor s'y poudroie en parcelle,
Ah! c'est ici le pied de l'éclatante échelle
Que de l'atome à Dieu l'infini voit monter.

    Pourtant chaque atome est un être!
Chaque globule d'air est un monde habité!
Chaque monde y régit d'autres mondes peut-être
Pour qui l'éclair qui passe est une éternité!
Dans leur lueur de temps, dans leur goutte d'espace,
Ils ont leurs jours, leurs nuits, leurs destins et leur place,
La pensée et la vie y circulent à flot;
Et pendant que notre œil se perd dans ces extases,
Des milliers d'univers ont accompli leurs phases
    Entre la pensée et le mot!

    O Dieu! que la source est immense
D'où coule tant de vie, où rentrent tant de morts!
Que perçant l'œil qui porte à de telle distance!
Qu'infini le regard qui veille à tant de sorts!
Que d'amour dans ton sein pour embrasser ces mondes,
Pour couver de si loin ces poussières fécondes,
Descendre aussi puissant des soleils au ciron!
Et comment supporter l'éclat dont tu te voiles?
Comment te contempler au jour de tes étoiles,
    Dieu si grand dans un seul rayon?

LAURENCE.

Oh ! comme ce rayon, que son regard nous touche,
Lui qui descend d'en haut jusqu'à ces profondeurs.

MOI.

Ah ! puisse son oreille entendre sur ma bouche
    L'humble bégaiement de nos cœurs,
    Lui qui du sein de ses splendeurs
Entend le battement des ailes de la mouche
    Noyée au calice des fleurs !

LAURENCE.

Qu'il nous garde en ce lieu pour savourer ensemble
Les trésors que sa main dans le désert assemble.

MOI.

Comme deux rossignols au même nid éclos
Enseignons-nous l'un l'autre à moduler ces hymnes ;
De la voix de la terre expirant sur ces cimes
    Soyons-lui les derniers échos !

LAURENCE.

Qu'un seul souffle pour lui sorte de deux poitrines !
Qu'il nous fasse un seul sort ! qu'il nous cueille en commun !

MOI.

    Et parfumons ses mains divines,
Comme sur un seul jet deux lis qui n'en font qu'un,
Qui n'ont dans le rocher que les mêmes racines,

QUATRIÈME ÉPOQUE.

Et qu'on cueille à la fois sur les mêmes collines,
Tout remplis du même parfum !

Des pleurs mouillaient nos voix; je regardais Laurence,
Et longtemps nos esprits prièrent en silence !...

25 juillet 1794.

Enfant, j'ai quelquefois passé des jours entiers
Au jardin, dans les prés, dans quelques verts sentiers
Creusés sur les coteaux par les bœufs du village,
Tout voilés d'aubépine et de mûre sauvage ;
Mon chien auprès de moi, mon livre dans la main,
M'arrêtant sans fatigue et marchant sans chemin,
Tantôt lisant, tantôt écorçant quelque tige,
Suivant d'un œil distrait l'insecte qui voltige,
L'eau qui coule au soleil en petits diamans,
Ou l'oreille clouée à des bourdonnemens ;
Puis choisissant un gîte à l'abri d'une haie,
Comme un lièvre tapi qu'un aboiement effraie,
Ou couché dans le pré dont les gramens en fleurs
Me noyaient dans un lit de mystère et d'odeurs
Et recourbaient sur moi des rideaux d'ombre obscure,
Je reprenais de l'œil et du cœur ma lecture ;
C'était quelque poëte au sympathique accent
Qui révèle à l'esprit ce que le cœur pressent,
Hommes prédestinés, mystérieuses vies,
Dont tous les sentimens coulent en mélodies !
Que l'on aime à porter avec soi dans les bois,
Comme on aime un écho qui répond à nos voix !

Ou bien c'était encor quelque touchante histoire
D'amour et de malheur, triste et bien dure à croire ;
Virginie arrachée à son frère, et partant,
Et la mer la jetant morte au cœur qui l'attend !
Je la mouillais de pleurs et je marquais le livre,
Et je fermais les yeux et je m'écoutais vivre ;
Je sentais dans mon sein monter comme une mer
De sentiment doux, fort, triste, amoureux, amer,
D'images de la vie et de vagues pensées
Dans les flots de mon âme indolemment bercées,
Doux fantômes d'amour dont j'étais créateur,
Drames mystérieux et dont j'étais l'acteur ;
Puis comme des brouillards après une tempête,
Tous ces drames conçus et joués dans ma tête
Se brouillaient, se croisaient, l'un l'autre s'effaçaient,
Mes pensers soulevés comme un flot s'affaissaient ;
Les gouttes se séchaient au bord de ma paupière,
Mon âme transparente absorbait la lumière,
Et sereine et brillante avec l'heure et le lieu
D'un élan naturel se soulevait à Dieu.
Tout finissait en lui comme tout y commence,
Et mon cœur apaisé s'y perdait en silence ;
Et je passais ainsi, sans m'en apercevoir,
Tout un long jour d'été de l'aube jusqu'au soir,
Sans que la moindre chose intime, extérieure,
M'en indiquât la fuite ; et sans connaître l'heure,
Qu'au soleil qui changeait de pente dans les cieux,
Au soir plus pâlissant sur mon livre ou mes yeux,
Au serein qui de l'herbe humectait les calices ;
Car un long jour n'était qu'une heure de délices !

Eh bien ! ce doux été, dont j'achève le cours,
N'a pas duré, pour moi, plus qu'un de ces beaux jours !
Seulement je n'ai plus de ces vagues images
Que l'âme vide attire et colore en nuages,
De ces pleurs de l'instinct que je sentais rouler

Dans mes yeux, sans savoir qui les faisait couler ;
Tout cela s'est enfui comme un brouillard de l'âme
Qu'un rayon plus puissant absorbe dans sa flamme :
Ah! c'est assez pour moi de lire dans un cœur,
D'y voir ses sentimens éclore dans leur fleur,
Dans chaque impression que chaque heure y fait naître
D'étudier son âme et de m'y reconnaître,
Moi tout entier, mais moi plus jeune de six ans,
Sous des traits plus naïfs, plus doux, plus séduisans,
Dans cet étonnement tendre que toute chose
Donne, au premier contact, à l'âme à peine éclose,
Dans la limpidité de l'eau dans ce bassin
Avant qu'un rameau mort soit tombé dans son sein ;
Aussi je ne lis plus. Moi, lire? Eh! quel poëme
Égalerait jamais la voix de ce qu'on aime?
Quelle histoire touchante emporterait mon cœur
Dans une fiction égale à mon bonheur?
Quels vers vaudraient pour moi son âme? Et quelle page
Disputerait mes yeux à son charmant visage,
Quand, sous ses blonds cheveux se dérobant au jour,
Il rougit d'amitié comme on rougit d'amour,
Et que, pour me cacher cette honte enfantine,
Il m'embrasse en collant son front sur ma poitrine?

Aussi, depuis qu'un cœur bat enfin sur le mien,
Tous mes instincts sont purs et me portent au bien ;
Mon âme, qui souvent tarit dans la prière,
Nage toujours en moi dans les flots de lumière ;
Une telle clarté m'échauffe dans ses yeux,
Le timbre de sa voix m'est si mélodieux,
Tant de divinité sur ce doux front rayonne,
Que la splendeur de Dieu jour et nuit m'environne.
Sous un éclair d'en haut qui peut nier le jour?
Ah! que de vérité dans un rayon d'amour!
Que l'accent de sa voix en priant Dieu me touche,
Il me semble que Dieu m'entend mieux par sa bouche.

15 octobre 1794.

Les seuls événemens de notre solitude
Sont le ciel plus clément ou la saison plus rude,
La fleur tardive éclose aux fentes du rocher,
Un oiseau rouge et bleu qui commence à percher
Dans le chêne, et prépare un toit pour sa famille;
L'aigle qui de son œuf a brisé la coquille;
Un combat sur le lac du cygne et du faucon,
La plume ensanglantée y tombant à flocon,
Des vols de corbeaux noirs qui de la voix s'assemblent,
Sous leurs ailes de jais les rameaux morts qui tremblent,
La biche qui reprend son long duvet d'hiver,
Une aurore de feu le soir traversant l'air :
Voilà nos seuls soucis ici-bas; mais notre âme
Est un monde complet où se passe un grand drame;
Drame toujours le même et renaissant toujours,
Dont l'amitié suffit à varier le cours.
Les entretiens repris, les plaintes fugitives,
Sur l'avenir douteux les vagues perspectives;
Les plans de destinée et de vie en commun,
Cette fraternité de deux êtres en un;
Et comment nous n'aurons à nous deux sur la terre,
Qu'un toit, qu'une pensée, et, couple solitaire,
Nous la traverserons sans y mêler nos cœurs,
Comme un couple d'oiseaux dont le gîte est ailleurs.
Sur ces plans d'avenir quand par hasard j'insiste,
Laurence écoute moins, l'avenir le rend triste;
On dirait qu'un présage est là pour le frapper,

Il craint toujours de voir le présent s'échapper.
Oh! c'est qu'un cœur d'enfant dans le présent se noie!
Qu'une goutte à sa lèvre est une mer de joie!
La mouche aussi s'irrite et s'enfuit quand le doigt
Efface sur la fleur la perle qu'elle boit!

1er novembre 1794.

Ce soir un doux retour des vents chauds du midi
Balayait de nos monts le sommet attiédi ;
Triste et tendre soupir que ce vent nous apporte,
Dernier baiser d'adieu sur une saison morte ;
Le ciel était profond et pur comme une mer,
Et dans ses profondeurs on voyait s'allumer
Les foyers de soleils aux lueurs argentines,
Comme un feu de berger le soir sur les collines ;
La lune sur un pic brillait comme un glaçon,
Et sur les eaux du lac courait en blanc frisson ;
Des chênes dépouillés de leurs cimes touffues
Les squelettes dressaient leurs longues branches nues ;
Les feuilles que roulaient les secousses du vent
Ondoyaient sous nos pas comme un marais mouvant,
Et les bois morts tombés bruïssaient sur la terre
Comme les ossemens qu'un fossoyeur déterre.
A ces craquemens sourds des cimes, à ces coups
Des tempêtes, nos cœurs se serraient malgré nous,
Et nous nous rapprochions pas à pas en silence
Du rocher où dormait le père de Laurence.
Quand nous fûmes auprès, je ne sais quel penser
Monta de cette tombe et vint me traverser :

— « Pauvre Laurence! dis-je, en t'enlevant ton père
« Dieu te fit dans moi seul retrouver père et mère,
« Et, tant que je vivrai, tout leur amour pour toi,
« Multiplié du mien, plane et t'entoure en moi;
« Mais si Dieu, rappelant le seul être qui t'aime,
« T'enlevait ton ami! Si je mourais moi-même!
« Toi, que deviendrais-tu? — Ce que je deviendrais?
« Peux-tu le demander, toi? Moi, si tu mourais!... »
Puis, me fermant du doigt la bouche avec colère,
M'entraîna sans répondre au tombeau de son père :
« Il m'a mis dans tes bras comme un sacré dépôt,
« S'écria-t-il, tu dois le lui rendre là-haut;
« Il veille dans le ciel sur ta double existence,
« Je crois à ton soutien comme à sa Providence.
« Mais en croyant au Dieu que m'enseigne ta voix,
« Ah! ne t'y trompe pas, c'est à toi que je crois;
« Et s'il brisait en toi sa plus sensible image,
« Si je ne voyais plus son ciel dans ton visage,
« S'il ne m'éclairait plus le cœur par ton regard,
« Va, je ne croirais plus qu'au malheur, au hasard,
« Et j'irais dans la mort l'interroger lui-même
« Pour savoir si l'on dort là-bas, ou si l'on aime? »
Et comme revenant de son égarement,
— « Pardonne, reprit-il, j'ai trop d'emportement;
« J'ai peut-être dit là des mots dont Dieu s'offense.
« Mais la mort n'est-ce pas une éternelle absence?
« Tu n'en parlerais plus, ami, si tu m'aimais;
« Ta mort! la mienne, oh! moi, je n'y pense jamais! »
Puis, s'échappant soudain d'une course insensée
Comme pour secouer du front une pensée,
Il courut vers les bords d'un abîme sans fond
Où deux rochers, courbés comme l'arche d'un pont,
Laissant entre leurs pans un intervalle immense,
Du lac qui gronde au pied recouvraient toute une anse,
Et prenant son élan comme pour s'y jeter,
Il le franchit d'un bond qui me fit palpiter.

— « Ah! tu frémis? dit-il avec un rire étrange,
« Tant mieux; tu m'as parlé de mort, et je me venge ! »
J'ai voulu le gronder, mais il s'était enfui.
Du cœur de cet enfant quel sombre éclair a lui?
Que cette âme profonde à l'œil qui la regarde
Fait aimer et frémir! et qu'il faut prendre garde!

6 novembre 1794.

Ici l'hiver précoce est déjà descendu,
Le linceul de la terre est partout étendu;
Les vents roulent sur nous des collines de neige,
Oh! béni soit le roc dont l'antre nous protége!
Car nous ne pourrions plus faire un pas sans péril
Hors de l'obscur abri qui cache notre exil.
On ne distingue plus les vallons de leurs cimes,
Les torrens de leurs bords, les pics de leurs abîmes;
Le déluge a couvert d'un océan gelé
Les gorges, les sommets, et tout est nivelé,
Et les vents des frimas, labourant la surface,
Font changer chaque nuit les collines de place;
La biche même tremble et ne nous quittant pas
Sur la plaine trompeuse hésite à faire un pas;
L'arche par où ces monts touchent à la vallée
D'une énorme avalanche aujourd'hui s'est comblée.
Et comme dans une île inaccessible aux yeux
Nous tiendra renfermés jusqu'aux mois pluvieux.
Oh! que j'aime ces mois où, comme cette terre,
En lui-même le cœur se chauffe et se resserre,
Et recueille sa sève en cette demi-mort

Pour couler au printemps plus abondant, plus fort!
Comme avec volupté l'âme qui s'y replie
S'enveloppe de paix et de mélancolie,
Mêle même au bonheur je ne sais quoi d'amer
Qui relève son goût comme un sel de la mer;
Jouit de se sentir aimer, penser, et vivre
Pendant que tout frissonne et tout meurt sous le givre,
Et s'entoure à plaisir, dans ces jours sans soleil,
De rêves de son choix comme pour un sommeil!

7 décembre 1794.

La foudre a déchiré le voile de mon âme!
Cet enfant, cet ami! Laurence, est une femme...
Cette aveugle amitié n'était qu'un fol amour!
Ombres de ces rochers, cachez ma honte au jour!
. . . .

Même date, la nuit, à onze heures.

Elle dort, la poitrine un peu moins oppressée;
La fièvre en mots sans suite égare sa pensée;
« Mon père!.. Jocelyn!.. où sont-ils tous deux...? Morts! »
Ses pieds veulent courir : oh! dors! pauvre enfant, dors!

Jocelyn vit encor pour te rendre à la vie!
Mais, oh! qu'elle te soit ou rendue ou ravie,
Il vit l'âme en suspens entre ces deux malheurs :
Mort pour toi si tu vis! et mourant si tu meurs!

Même date, 7 décembre, à minuit.

L'heure a versé sa paix sur son front qui sommeille;
Ses pieds sont moins glacés dans mes mains!.. quelle veille!...
Quel jour! et quelle nuit, et demain, et toujours!
Quel repos! quel réveil! quelles nuits et quels jours!
Est-ce un rêve d'un an que j'ai fait dans ces ombres?
Mon cœur nage incertain comme sur des mers sombres,
Ne pouvant ni toucher le fond, ni voir le bord,
Entre le désespoir, ou le crime, ou la mort!
Ah! recueillons un peu mon esprit qui s'égare!
D'hier à cette nuit un siècle me sépare!
Souvenons-nous : sachons au moins nous retracer
Ce gouffre qu'un instant nous a fait traverser,
Repassons pas à pas toutes les circonstances
Du jour fatal qui rompt d'un coup deux existences;
Marquons l'heure où du haut de ma félicité
Dans l'abîme sans fond Dieu m'a précipité!

Les rayons du matin colorés par la neige
Brillaient comme un appât pour l'oiseau dans un piége;
L'air ambiant et pur semblait s'être adouci,
Quelques oiseaux posaient sur le givre durci;
Ce jour de mort avait l'éclat d'un jour de fête;
La biche impatiente au vent tendait sa tête.

Je me sentis tenté de prendre aussi l'essor;
Laurence dans sa mousse, hélas! dormait encor.
La biche, qui la nuit au bord de ses pieds couche,
De peur de l'éveiller n'osa quitter sa couche,
Et d'un œil inquiet me regardant sortir
Comme un pressentiment paraissait m'avertir.
Je sortis. La montagne éblouit ma paupière,
Tout l'horizon glacé rayonnait de lumière,
De chaque atome d'air une lueur sortait;
Je tentai quelques pas; la neige me portait
Et craquait sous mes pieds comme un morceau de verre
Qu'on trouve sur ses pas et qu'on écrase à terre;
Je frémis de plaisir, et m'élançai plus loin,
De mouvement et d'air mes sens avaient besoin;
Je courus jusqu'au pont formé par l'avalanche,
Je franchis le ravin sur cette croûte blanche
Dont la voûte tremblait et grondait sous mes pas,
Et me cachait les eaux qui mugissaient plus bas.
Je voulus profiter de cette arche gelée
Pour descendre en deux bonds jusque dans la vallée,
Et voir si le berger ne serait pas venu
Apporter quelque chose au dépôt convenu.
Je n'y trouvai qu'un mot : « Gardez-vous de descendre. »
Mot que sa charité d'en bas faisait entendre;
Je remontai bien vite, et déjà du matin
Le ciel s'était sali comme un dôme d'étain,
Il éteignait le jour qui s'efforçait d'éclore,
Et ramenait la nuit une heure après l'aurore;
Le vent, que les brouillards paraissaient renfermer,
En remuait les flots comme une lourde mer,
Il éclatait parfois dans le choc des orages
Comme un coup de canon tiré dans les nuages;
Mais quoique encor bien haut il parût retentir,
La montagne en travail semblait le pressentir,
Et ses vastes rameaux de granit et de marbre
Craquaient et se tordaient comme les bras d'un arbre;

Semblable au brasier vert que l'on vient d'allumer
Je voyais la montagne en mille endroits fumer;
Ces vapeurs de la neige amollissaient la croûte,
Mes pieds n'y trouvaient plus une solide route,
Mais lourds et sans appui sur ce terrain mouvant,
A chaque pas de plus enfonçaient plus avant;
Je courais, je tremblais que la neige fondue
Ne fît crouler le pont de glace suspendue
Avant que du ravin j'eusse atteint l'autre bord;
Ah! j'aurais préféré des millions de mort!
Que serait devenu loin de moi le seul être
Qui m'attendait?... Hélas! mieux eût valu peut-être!
Dieu ne le permit pas; au suprême moment
Où le pont s'abîmait sur le gouffre écumant,
Où l'avalanche en poudre affaissant sa colline
Fondait comme des pans de montagne en ruine,
Je franchissais le gouffre et l'arche d'un élan;
Mais à peine mon pied touchait à l'autre pan,
Que l'ouragan s'échappe, et de toutes les crêtes
Fait voler dans les fonds l'écume des tempêtes,
Les lance en poudre, en flots immenses, tournoyans,
Comme l'étroit ravin de leurs blocs ondoyans,
Jusqu'aux gueules du pont les dresse, les entasse;
L'arc-boutant de granit chancelle sous la masse,
Se précipite et roule, et sur ces noirs sommets
Du séjour des vivans nous sépare à jamais.
Je m'accrochai des mains aux angles de ravine
Qui tremblaient comme un cap que la mer déracine;
Le roc concave et creux m'abritait, ses rebords
Du choc de l'avalanche y préservaient mon corps;
J'embrasse cet appui pendant que la tourmente
De ses propres débris s'accélère, s'augmente;
Et passe sur ma tête avec ses vents, ses flots,
Et sa mer de brouillard flottant dans son chaos.
Là, le sein sans haleine et le front sans pensée,
Comme une feuille morte au rameau balancée,

J'attendais que la neige entassant pli sur pli
M'eût du linceul glacé vivant enseveli !
Je voyais, de ma niche, au souffle des rafales,
Se dérouler au loin les lames colossales,
Creuser de hauts sillons qui croulaient sur leurs flancs,
Surmonter leurs sommets par d'autres sommets blancs,
Se heurter, se briser, s'enfoncer en silence,
Jusqu'au ciel obscurci jaillir en gerbe immense,
Tournoyer en nuage et tomber; chaque fois
Que la vague en pleuvant m'enfonçait sous son poids,
Pour m'arracher du gouffre et revoir la lumière,
Sous mes pieds, sous mes mains j'écrasais la poussière,
Et retardant ainsi l'instant, l'instant fatal,
Dressais contre la roche un nouveau piédestal;
Oh! quand une lueur me rendait l'espérance,
Que je bénissais Dieu d'être là sans Laurence;
De savoir cet enfant sous la grotte endormi,
A l'abri de la mort où luttait son ami !
Je ne me doutais pas qu'à ce péril suprême
Sa tendresse pour moi l'avait jeté lui-même !
Pourtant dans ce chaos de bruit, de mouvemens,
A travers le roulis, les coups, les sifflemens,
Au milieu d'une pause et d'un affreux silence,
Deux fois je crus entendre, éteints par la distance,
Parmi les cris du vent des cris aigus courir,
Mon nom inachevé dans des sanglots mourir :
Mon cœur avait frémi..., mais c'était impossible !
L'ange même de Dieu dans la mêlée horrible
De la neige et du vent luttant pour l'entasser,
Sur les ailes de feu n'eût pas osé passer !
Je ne sais pas combien dura cette agonie;
Quand la mort la mesure une heure est infinie,
Et pour mesurer l'heure et compter les momens
Je n'avais de mon cœur que les lourds battemens.
. . . .
Enfin le vent tomba; le jour teignit les nues;

Sa lueur m'éclaira des plages inconnues;
Un souffle aigu du nord, courant comme un frisson,
Durcit la neige en poudre et la pluie en glaçon;
Les abîmes mouvans, gelés à cette haleine,
Devinrent sous mes pas une solide plaine;
J'orientai mon œil au soleil éclatant,
Je me précipitai dans l'antre, haletant :
Laurence!... l'écho seul me renvoya : Laurence!
Mon cœur pétrifié plongea dans ce silence!...
Un éclair de terreur m'illumine à demi :
Il a bravé la mort pour sauver son ami!
Je ressors à l'instant de la caverne vide,
Je cherche sur la neige une empreinte, une ride;
J'appelle; tout se tait; je m'élance au hasard,
J'aurais voulu sonder l'espace d'un regard,
Mon oreille à mes cris attendait la réponse,
Comme un homme jugé dont l'arrêt se prononce;
Entre l'affreux silence et le cri de ma voix
Dans un seul battement mon cœur mourut cent fois;
Je tombais, quand la biche, à ma voix accourue,
Bondit autour de moi; je frémis à sa vue;
Elle lécha mes mains, et se mit à marcher
En se tournant vers moi comme pour me chercher,
Puis, franchissant d'un bond une blanche colline,
Disparut à mes yeux au fond d'une ravine.
Sur le rebord glissant d'un trait je la suivis;
Le gouffre d'un regard fut sondé; je la vis,
Sur la pente des rocs dont les arêtes nues
Hérissaient les frimas de leurs pointes aiguës,
Voler jusqu'au lit creux de l'abîme profond,
Écarter du museau la neige épaisse au fond,
Et découvrir au jour dans sa fosse glacée
Le corps inanimé de l'enfant! La pensée
Ne franchit pas plus vite un espace idéal :
Je fus aussitôt qu'elle au fond du creux fatal ;
Sur la neige en monceaux que son pur sang colore,

Laurence évanoui, blessé, mais tiède encore,
Ses beaux cheveux souillés de sang et de glaçons,
Luttait avec la mort et ses derniers frissons;
Je me jette sur lui, je le prends, je l'enlève,
Je l'emporte insensible et léger comme un rêve,
Comme une mère porte un enfant dans ses bras,
Sans en sentir le poids et sans faire un faux pas :
Comme si quelque force intérieure, intime,
M'eût aidé d'elle-même à remonter l'abîme !
Dans la grotte à l'abri je fus en un moment ;
J'y déposai le corps toujours sans mouvement ;
Je rallumai du feu, je tournai vers la flamme
Les pieds ; et soutenant le front que la mort pâme
Sur mes genoux, du cri, du souffle, de la main,
J'y rappelai la vie, hélas ! longtemps en vain !
Mes lèvres ne pouvaient réchauffer sur sa bouche
Le souffle évanoui ; je le mis sur ma couche,
J'étanchai sur son front le sang qui s'y gelait.
De sa poitrine encor d'autre sang ruisselait,
Et de son vêtement souillé les déchirures
M'indiquaient sur son corps aussi d'autres blessures.
Pour lui donner de l'air et pour les découvrir,
Je déchire des dents l'habit lent à s'ouvrir...
Un sein de femme, ô ciel ! sous la sanglante toile !
Ma main recule froide et mon regard se voile !...
Mon front tourne et bourdonne et bat sans sentiment,
Et je ne sais combien dura l'affreux moment !
Cependant le péril me rend à la nature ;
Le sang que le froid glace aux bords de la blessure
Rentre dans la poitrine et semble l'étouffer ;
Rien là pour l'humecter, rien pour la réchauffer !
Sur ce sein déchiré sans souffle je me penche,
De mes lèvres en feu je l'échauffe et l'étanche :
Il coule..., elle revit..., voit son sein découvert,
Rougit, ferme son œil et ne l'a plus rouvert !
De ses sens affaiblis le délire s'empare,

Tony Johannot pinxit. Joubert sculpsit.

JOCELYN.

Laurence évanouie, blessée, mais tiède encore
Ses beaux cheveux souillés de sang et de glaçons,
Luttait avec la mort . . . .

La fièvre ou la douleur dans ses rêves l'égare ;
Elle accuse ou bénit, mord ou baise ma main,
Puis enfin elle dort !... Oh ! quel réveil demain !

8 décembre, le matin.

Toute ma longue nuit déjà s'est écoulée
A presser dans mes doigts sa main toujours gelée,
A rappeler vingt fois le sang et la chaleur
A la plante des pieds réchauffés sur mon cœur :
A retenir la biche à côté sur sa mousse
Pour que de son duvet la tiédeur saine et douce,
En se communiquant de plus près corps à corps,
Ranimât par degré ses membres demi-morts ;
A mouiller d'un peu d'eau par la flamme attiédie
Sa tête ensanglantée ou sa tempe engourdie ;
A voir vers le matin son souffle sommeiller,
A retenir le mien de peur de l'éveiller ;
Puis quand l'accablement, qui succède au délire,
A son haleine égale à la fin s'est fait lire,
J'ai saisi par instinct ce moment de repos
Pour essuyer le sang qui durcit ses caillots ;
J'ai déchiré la toile, et de ses découpures
Arraché fil à fil le duvet des blessures ;
Séparant les anneaux de cheveux, j'ai lavé
Son front entre mes bras mollement soulevé,
De son flanc déchiré, j'ai d'une large bande
Fermé, sous un lin pur, la blessure plus grande,
Et déposé le corps doucement recouché !
Tout tremblant, comme si ma main avait touché

Un enfant endormi retourné dans ses langes,
Ou comme un vil mortel qui toucherait des anges.

8 décembre, le soir.

Elle a jeté sur tout un regard interdit ;
Puis, d'une voix éteinte et tendre, elle m'a dit :
« Il est donc vrai ! tu sais !... si je n'ai plus qu'une heure
« A vivre, oh ! Jocelyn, pardonne et que je meure !
« Je t'ai trompé ; mon père ainsi l'avait voulu ;
« Je devais respecter mon serment absolu !
« Il m'avait interdit à son moment suprême
« De révéler mon sexe à personne, à toi-même.
« Soit que sous cet habit qui dut me protéger,
« Il crût de son enfant les jours moins en danger,
« Soit qu'il eût je ne sais quelle autre prévoyance,
« Je devais à son ordre aveugle obéissance.
« Ah ! qu'il m'en a coûté de me cacher de toi !
« Ah ! j'aurais dû penser que j'outrageais ta foi,
« Que nous n'étions pas deux, que mon âme et la tienne
« N'ont rien qui ne se mêle et qui ne s'appartienne.
« Faut-il te l'avouer ? Souvent je le pensai,
« Souvent je résolus, souvent je commençai ;
« Mais toujours, au moment de trahir mon mystère,
« Je ne sais quelle main me forçait à me taire.
« J'avais trop attendu déjà, je n'osais plus ;
« Mon front couvert de honte était rouge et confus ;
« Puis je savais ta vie et ta pieuse enfance,
« Je redoutais l'effet de cette confidence,
« J'avais peur du regard que tu me jetterais,

« Du son de voix, du mot froid que tu me dirais.
« Ce mot, pour moi, c'était ou la mort ou la vie !
« Je mourais à tes pieds si tu m'avais bannie !
« Oh ! pouvais-je risquer, contre un précoce aveu,
« Cent fois plus que ma vie à ce terrible jeu?
« J'aimais mieux me fier à cette destinée
« Qui m'avait de si loin dans ton ombre amenée,
« Jouir du jour au jour, et remettre à plus tard ;
« Tout attendre de Dieu, du moment, du hasard.
« Ah ! ce hasard fatal n'est venu que trop vite !
« Mais si ta main se ferme et si ton cœur hésite,
« Oh ! du moins, Jocelyn, je ne le saurai pas !...
« J'ai cherché la tempête et la mort sous tes pas !
« Avec joie à la mort j'ai couru pour te suivre;
« L'abîme me prend seule, et toi te laisse vivre.
« Tu sais tout, mais je meurs ! dis, me pardonnes-tu ? »

Oh ! les anges du ciel ont-ils cette vertu ?
Peuvent-ils de leurs mains, sans pitié pour eux-même,
Se déchirer en deux dans le cœur qui les aime ?
Pour moi, faible mortel, fait de sang et de chair,
Je ne pus me frapper sur un être si cher,
Et, repoussant l'amour dans le sein qui se donne,
Briser notre âme en deux : « Oh ! oui, je te pardonne,
« Lui dis-je, enfant ou sœur, pauvre être abandonné,
« L'amour que je te donne et que tu m'as donné;
« De tous les noms sacrés dont sur terre on s'adore
« Je te nomme... et je t'aime, et j'en invente encore !
« Ah ! vis pour les entendre et les répéter tous !
« Que Dieu nous illumine et dispose de nous ;
« Dans ce ciel où ses mains nous ont portés d'avance,
« Comme deux esprits purs vivons en sa présence ;
« Et laissons-lui le soin, à lui seul, de nommer
« L'amour ou l'amitié dont il faut nous aimer ! »

9 décembre 1794, le soir.

On eût dit que sa vie eût coulé par ma bouche,
Et son cœur soulevait le manteau sur sa couche :
— « Que tu m'as fait de bien! dit-elle. Oh! quel bonheur!
« Quoi, nous n'étions qu'amis, nous serons frère et sœur!
« Frère! sœur! oh! s'il est un nom encor plus tendre,
« Laisse-moi le chercher pour te le faire entendre;
« Tu m'aimes donc de même après l'aveu fatal?
— « C'est toujours toi!... Pourtant, Laurence, tu fis mal
« De me tromper; on doit tout dire à ce qu'on aime;
« Tu m'exposais, enfant, à me tromper moi-même,
« A prendre auprès de toi, sans soupçon, jour à jour,
« Pour la sainte amitié quelque coupable amour,
« A puiser dans tes yeux et dans la solitude
« D'un bonheur surhumain l'enivrante habitude,
« Et quand il eût fallu fuir et ne plus te voir,
« A mourir de ma honte ou de mon désespoir;
« Car vois-tu, bien qu'encore aucun vœu ne me lie,
« Aux autels, tu le sais, j'ai destiné ma vie;
« Ma promesse au Seigneur me dévouait à lui;
« Qui sait si je puis même y manquer aujourd'hui?
« Qui sait, lorsque le sang du martyre l'arrose,
« Si je puis en honneur abandonner sa cause?
« De l'église où j'entrai sur mes pas revenir?
« Et, sans m'être rendu par Dieu, m'appartenir?
« Pour savoir quel arrêt d'en haut il faut attendre
« Par la voix des pasteurs j'ai besoin de l'entendre.
« Mais ne songe à présent qu'à vivre; le rocher
« S'est écroulé; d'ici nul ne peut approcher

QUATRIÈME ÉPOQUE. 137

« Avant qu'un autre été, vidant l'eau de l'abîme,
« Ait rejoint de nouveau la vallée à la cime ;
« L'aigle seul peut franchir le gouffre, et le Seigneur
« Pendant des mois entiers nous condamne au bonheur. »
— « Je vivrai, je le sens, Jocelyn, me dit-elle ;
« Oh! du fond de la mort cette voix me rappelle !
« Heureuse je vivrai toujours, toujours, toujours !
« Que m'importe quels vœux enchaîneront tes jours,
« Ton travail en ce monde, et le pain dont tu vive,
« Et ton chemin ? si Dieu permet que je t'y suive,
« Si partout, comme ici, je t'entends, je te vois,
« Si je marche à ton ombre et m'éveille à ta voix,
« Si je suis en tout lieu ta sœur ou ta servante,
« Toute chose me plaît, ou m'est indifférente !
« Tu m'aimes, c'est assez ; tu l'as dit ! que de toi
« Tout soit à l'univers, si le cœur est à moi ! »

Même date, plus tard.

— « Mais lui disais-je encor, tu ne sais pas peut-être
« Qu'au veuvage du cœur Dieu condamne le prêtre,
« Lui défend les doux noms et d'amant et d'époux,
« Et qu'il n'est à personne afin qu'il soit à tous ;
« Que si Dieu me voulait tout à son saint service,
« Il faudrait boire, hélas ! mon sang dans ce calice ;
» A vivre l'un sans l'autre un jour s'habituer ! »
— « Alors, dit-elle, écoute ! il vaut mieux me tuer !
« Mais à quoi penses-tu ? ce Dieu qui nous rassemble
« Ne nous a-t-il pas mis par la main, seuls ensemble,
« Perdus, nous unissant dans un exil commun,
« Plus qu'il n'unit jamais deux cœurs, deux sorts en un ?

« Ne m'a-t-il pas jeté sous tes pas comme on trouve
« L'enfant abandonné qu'on réchauffe et qu'on couve ?
« Me rejetteras-tu froide et morte à mon sort ?
« Lui diras-tu, Seigneur, mon frère unique est mort ?
« Lui consacreras-tu comme un encens ta vie
« Et la mienne? oui, la mienne, après l'avoir ravie?
« N'en maudirait-il pas l'abominable don?
« N'appellerait-il pas ton remords par mon nom ?
« Oh! non, sa volonté n'est plus un vain problème,
« Je me fie à l'arrêt qu'il a porté lui-même,
« A cet isolement complet dans ce désert,
« Au seul cœur, ici-bas, que sa main m'ait ouvert,
« A ce renversement des choses de la terre,
« Qui rend notre bonheur lui-même involontaire.
« Ah! oui, grâce à ce Dieu, mon bonheur est ta loi.
« Ni bonheur, ni vertu, dans ce monde, sans moi. »

J'hésitais; elle mit ses deux doigts sur ma bouche,
Et de son autre main m'attirant vers sa couche,
« Jure-moi, jure-moi, dit-elle, ô Jocelyn,
« A moi ta pauvre sœur, à moi ton orphelin,
« Jure-moi mon bonheur devant Dieu qui l'ordonne ;
« Je jure de mourir, moi, si tu m'abandonne !
« Et je sens que ma vie ou ma mort en suspens
« Vont sortir de ton cœur dans le mot que j'attends! »
Et ses yeux sur les miens, et sa bouche entr'ouverte
Imploraient, aspiraient son triomphe ou sa perte.
Ah! mon cœur tout entier criait pour elle en moi,
Un regard lui donna le gage de ma foi,
Et sur sa pâle main ma lèvre qui se colle
La retint à la vie avec une parole !

12 décembre 1794.

D'heure en heure depuis elle se rétablit ;
Pour la première fois elle a quitté son lit,
Et d'un pas chancelant sur mon bras appuyée,
Elle a voulu marcher sur la neige essuyée :
O soleil de décembre, éclairas-tu jamais
Une plus pâle fleur d'hiver sur ces sommets?

Que j'aimais à sentir ce poids de sa faiblesse,
A porter sur mon sein ce beau corps qui s'affaisse,
A penser que sans moi, ses pas, ses faibles pas
N'auraient pu soutenir ce qu'appuyait mon bras,
A rendre devant nous sa route plus unie,
A pétrir ou la glace ou la neige aplanie,
De peur que son beau pied qu'elles venaient blanchir,
N'eût à se soulever trop haut pour les franchir !
Et comme son regard et comme son sourire
Et comme le bonheur qui dans ses traits respire,
Et comme de son cœur le tendre battement,
Sensible sur mon bras malgré son vêtement,
Pour me récompenser des soins de ma tendresse,
M'enivraient de sa vue et n'étaient que caresse !

6 janvier 1794.

Un sang pur, le bonheur, le repos, la nature,
Ont bien vite fermé sa dernière blessure;
Le souffle de la vie a bu d'un trait ses pleurs;
Son visage un peu pâle a repris ses couleurs,
Et comme sur la rose, où flotte encor la pluie,
Un rayon fait briller la goutte qu'il essuie.
Ah! si ce n'était pas que cet ange souffrait,
Même dans ce bonheur mon cœur regretterait
Ces longues nuits de veille autour de cette couche
A compter en tremblant les souffles de sa bouche,
Les battemens du pouls soulevés par le cœur;
A promener ma main sur son front en sueur,
A retourner son corps allangui par la fièvre,
A verser larme à larme une eau fraîche à sa lèvre,
A voler au chevet si j'entendais gémir,
A voir son œil se clore, à l'écouter dormir;
Ou quand le lourd sommeil, rebelle à mes prières,
Par un rêve agité fuyait de ses paupières,
A venir à la voix de l'enfant effrayé,
Mon coude au bord du lit tout près d'elle appuyé,
Pour l'assoupir un peu chercher dans ma mémoire,
Ou dans mon cœur, d'amans quelque touchante histoire,
Oubliés comme nous du monde, et se faisant
D'eux-même et de leurs cœurs un monde suffisant,
Perdus sous l'œil de Dieu dans sa vaste nature,
Dans quelque île sans nom portés par aventure,
Tels qu'en voit au matin le songe d'un amant,
Ou qu'en chante une mère en berçant son enfant;

Et de voir sur son front sa terreur ou sa joie
Passer en humectant de pleurs ses cils de soie;
Tandis que je roulais comme sur des fuseaux
Ses cheveux sous mes doigts en moelleux écheveaux.

Février 1794.

Quelquefois, je ne sais quelle timidité,
Comme le sentiment de notre nudité,
Devant elle me trouble et vient saisir mon âme,
Et je n'ose parler, en pensant qu'elle est femme!
Mais elle ne sent pas, dans sa chaste candeur,
Cette honte des sens qui me remonte au cœur;
Son sentiment naïf dans cette âme si pure
A bien changé de nom, mais non pas de nature;
C'est toujours de l'enfant l'ardente affection
N'ayant qu'une pensée et qu'une passion,
Et ne soupçonnant pas, dans sa douce ignorance,
Que l'amour devant Dieu ne soit pas l'innocence!
Au contraire, depuis nos doux aveux, souvent
Elle est plus caressante et plus libre qu'avant;
Avec moins d'abandon la vierge se confie
Au frère qui puisa du même sein la vie;
Elle ne comprend pas pourquoi, depuis ce jour,
Je suis plus réservé pour avoir plus d'amour,
Et pourquoi, tout tremblant, de sa main je repousse
De sa lèvre à mon front l'impression trop douce.
Moi pourtant je ne puis, comme avant, prolonger
Ces regards où le cœur au cœur va se plonger
Ni ses bras à mon cou, ni sa tête charmante
Sur mes genoux pliés, comme autrefois dormante,

Ni ses cheveux jetés par le vent sur ma peau,
La faisant frissonner comme le vent fait l'eau,
Ni ces mots caressans où son amour se joue,
Ni sa main dans ma main, ni son front sur ma joue;
Et quand, tel qu'un enfant qui joue avec le feu,
Je retire ma tête et je la gronde un peu,
Quand je sors, tout ému, comme d'une fournaise,
Pour respirer dehors l'air glacé qui m'apaise;
Elle pleure, elle dit que je ne l'aime pas,
Ou me boude, ou s'attache obstinée à mes pas;
Un sourire la calme et nous réconcilie,
Et je la laisse aimer et dire, et tout s'oublie!

Mars 1794.

Pour nous conserver purs la nuit, sous l'œil de Dieu,
Après avoir prié nous nous disons adieu,
Et chacun va chercher sa couche solitaire,
Elle sous le rocher, moi dehors sur la terre,
Dans un abri, de mousse et de feuillage, obscur,
Que je me suis creusé sous le rebord du mur.
Là, comme un chien fidèle au seuil de son asile,
Je lui garde sa vie et son sommeil tranquille;
Rien ne pourrait venir la troubler du dehors
Sans m'éveiller moi-même et passer sur mon corps;
Oh! que j'aime à sentir sous la pluie ou la neige,
Que des rigueurs de l'air cet abri la protége;
Que je garde à ce prix cet ange du Seigneur,
Sacrée et tout à lui jusqu'au jour du bonheur,
Jusqu'à l'heure où sa main, qui bénit ce qui s'aime,
Dans mon sein altéré la jettera lui-même!

Quelle douce pensée! ah! oui, mais quel effort,
De savoir qu'elle est là, là, si près, qu'elle y dort,
Qu'elle y veille peut-être, et, par l'amour bercée,
S'y retourne cent fois sous la même pensée?
Que l'ange de Dieu seul voit ses chastes appas!
Qu'entre le ciel et moi je n'aurais qu'un seul pas!
Oh! que de fois chassé de ma brûlante couche,
Le cri de mes désirs étouffé sur ma bouche,
Ainsi qu'un insensé qui se lève la nuit,
Fuyant dans les frimas l'image qui me suit,
Comme un faon égaré qui cherche sa compagne,
Pour fatiguer mes pas j'erre sur la montagne,
Dans ma poitrine en feu j'aspire les vents froids,
Je pétris du glacier les cristaux dans mes doigts,
Jusqu'à ce qu'énervé de fatigue et de veille
Sur ma couche transie un moment je sommeille!
Et que vite éveillé par des songes d'amour
Avec impatience encor j'attends le jour,
Le moment où Laurence à son tour éveillée,
Et dans l'obscurité de la grotte habillée,
Vient, ses beaux yeux encor tout chargés de sommeil,
Comme une jeune sœur m'embrasser au réveil,
Dans notre tiède abri par mon nom me rappelle,
Et vers le doux foyer m'entraînant auprès d'elle,
Sur un feu que la nuit couve sans l'étouffer,
Me prend entre ses mains mes mains pour les chauffer!

16 mars 1794.

Je ne sais quel respect à tant d'amour se mêle,
Et s'accroît tous les jours dans mon âme pour elle;
Comme un dieu je craindrais du doigt de la toucher;
A ses pieds quelquefois je voudrais me coucher,
Pour que cet être, roi de toute la nature,
Me foulât sous son pas comme sa créature;
Plus son sourire est tendre et son regard m'est doux,
Plus je sens le besoin de tomber à genoux,
De consacrer mon cœur en lui rendant hommage,
Et d'adorer mon Dieu dans ce divin ouvrage.
Pour ne pas offenser ses sentimens chrétiens,
Devant elle tremblant, pourtant je me retiens;
Mais quand elle se baisse ou détourne la tête,
Qu'elle marche un moment devant moi, je m'arrête,
Je contemple sa forme avec recueillement,
Comme un être éthéré tombé du firmament
Dont l'émanation éclaire la lumière
Et dont le pied céleste honore la poussière;
Je suis avec les miens les traces de ses piés,
Comme si ce contact les eût sanctifiés;
Dans l'air qu'elle occupait j'aime à prendre sa place,
Comme si son passage eût consacré l'espace,
A marcher dans son ombre, à ramasser les fleurs
De l'herbe dont son corps a foulé les couleurs,
A respirer le vent qui dans ses cheveux joue,
Quand son front renversé comme un flot les secoue,
Et l'air que sa poitrine a déjà respiré,
Comme un parfum du cœur par mon âme aspiré!

Il semble qu'un contact avec ce que j'adore,
A cet être divin, moi mortel, m'incorpore,
Et que de mon néant un regard de ses yeux
Pourrait, s'il le voulait, me soulever aux cieux!
Amour, dont les amans savent seuls le mystère,
Tu fais plus, ton regard met leur ciel sur la terre!

Avril 1794.

Oh! quels plans nous faisions sous l'arbre ce matin!
Que ce présent pour elle encore a de lointain!
Que j'aimais à la voir avec l'air du délire,
Avec ses yeux rêveurs qui si loin semblaient lire,
Bâtir et renverser, et rebâtir encor,
Mille ombres de bonheur avec ses songes d'or,
Pour le temps où, sortis du désert où nous sommes,
Nous serons descendus du ciel parmi les hommes;
Soit que nous retrouvions dans ses manoirs chéris,
De ses biens paternels quelques nobles débris,
Et qu'au sein d'une large et somptueuse aisance
Notre amour de nos cœurs s'épanche en bienfaisance;
Soit que, déshérités de tout bien ici-bas,
Nous fécondions un coin de terre avec nos bras,
Et nous nous bâtissions dans notre étroit royaume,
Pour couver nos amours, un pauvre toit de chaume :
Ou que dans les cités pour gagner notre pain,
Nous vivions d'un salaire et d'un travail de main,
Pauvre couple caché dans quelque chambre nue,
Abritant sous les toits une joie inconnue,
Achetant par le jour le doux repos du soir,

Puis au soleil couché revenant s'y rasseoir,
Y rendre grâce à Dieu, dans leur reconnaissance,
De ce bonheur obscur caché sous l'indigence,
De cette chaste couche où l'amour les bénit,
De ces oiseaux en cage et chantant sur leur nid,
Et de ces beaux enfans qui se roulent à terre,
Nus entre leur berceau et les pieds de leur mère...

Mai 1794.

Un enfant! ah! ce nom couvre l'œil d'un nuage,
Un être qui serait elle et moi, notre image,
Notre céleste amour de terre se levant,
Notre union visible en un amour vivant,
Nos figures, nos voix, nos âmes, nos pensées
Dans un élan de vie en un corps condensées,
Nous disant à toute heure en jouant devant nous :
Vous vous mêlez en moi, regardez, je suis vous!
Je suis le doux foyer où votre double flamme
Sous ses rayons de vie a pu créer une âme!
Ah! ce rêve que Dieu pouvait seul inventer,
Sur la terre l'amour pouvait seul l'apporter!

Mai 1794.

Le jour succède au jour, le mois au mois ; l'année
Sur sa pente de fleurs déjà roule entraînée.
A tous momens, mon Dieu, je tombe à vos genoux,
Est-ce que votre ciel a des soleils plus doux ?

CINQUIÈME ÉPOQUE.

*Grenoble, 2 août 1794, la nuit, caché
chez un pauvre menuisier.*

Est-ce moi? suis-je ici?... Mon Dieu, veillez sur elle !
Anges du Tout-Puissant, couvrez-la de votre aile !
Quoi ! j'ai laissé Laurence à la foi du rocher?
Mon cœur brisé n'a-t-il rien à se reprocher?

. . . .
. . . .

Mais pouvais-je, ô mon Dieu ! repousser la prière
Du mourant qui m'appelle à son heure dernière?
Pouvais-je résister à la voix du pasteur
Qui de ma pauvreté se fit le protecteur,
M'accueillit tout enfant parmi les saints lévites,
M'y chérit entre tous, non pas pour mes mérites,
Mais pour mon abandon, et fut dans le saint lieu
Mon maître, mon ami, mon père selon Dieu?

. . . .

Quand il n'a pour palais qu'un cachot sur la terre,
Quand de l'épiscopat le sacré caractère

Est aujourd'hui son crime et son arrêt de mort,
Quand l'échafaud dressé lui présage son sort,
Que n'ayant que le fond de son calice à boire
Il cherche un nom ami, bien loin, dans sa mémoire,
Que le mien s'y réveille et se présente à lui,
Qu'il m'appelle à son aide, implore mon appui,
Qu'un hasard merveilleux que Dieu seul peut conduire
Fait monter jusqu'à moi le cri de son martyre,
Oh! pouvais-je être un homme et ne pas accourir?
Sans une voix d'ami le laisser là mourir?
Non, non, j'aurais été parjure, ingrat ou lâche!
Quelle ivresse aurait pu me cacher cette tâche?
Laurence m'eût poussé du cœur au dévoûment.

. . . .

Des choses d'ici-bas divin enchaînement!
Par quel simple ressort la main de Dieu dirige
Ce sort où l'œil ne voit que hasard et prodige!

. . . .
. . . .

Un pauvre Savoyard, dans la froide saison,
Descend de son chalet et sert dans la prison,
Porte l'eau, fend le bois, des guichetiers sévères,
Prend, pour les adoucir, tous les durs ministères,
Et quand il a trempé la soupe au prisonnier,
Revient, le cœur content, dormir dans son grenier.
Cet homme est le neveu du seul berger qui sache
Le mystère profond de l'antre qui nous cache.
Il monte à son village, il dit au vieux berger
Que l'évêque est captif et qu'on va le juger;
Qu'il lui parle souvent, que sa main enchaînée
S'abaisse tous les jours sur sa tête inclinée;
Qu'il attend sa couronne avec sérénité,

CINQUIÈME ÉPOQUE.

Comme un juste qui voit du cœur l'éternité ;
Qu'il ne demande pas grâce aux bourreaux d'une heure,
Qu'il voudrait seulement revoir avant qu'il meure
Un des fils que sa main devait sanctifier,
Qu'il a quelque secret divin à confier,
Qu'il en nomme souvent un d'un accent plus tendre,
Jocelyn, le plus jeune ; oh! s'il pouvait l'entendre,
Oh! celui-là, du moins, ne le laisserait pas
Monter sans une main les marches du trépas!

. . . .

Le berger, à mon nom, croit que Dieu lui commande
De découvrir le fils que l'évêque demande,
Il révèle la grotte où son pas m'a conduit.
Ces deux hommes de bien y montent dans la nuit ;
Pour franchir le ravin que le torrent déborde,
Au tronc sur l'autre rive ils lancent une corde ;
Ils approchent ; j'entends leurs pas lourds retentir ;
Laurence qui dormait ne me voit pas sortir.
Les bergers en deux mots me font leur saint message ;
Une lutte rapide en moi-même s'engage,
L'amour dans mon esprit combat le dévoûment ;
Mais la mort n'attend pas ; je demande un moment,
Je rentre dans la grotte, et j'arrache une feuille
Du livre où pour prier Laurence se recueille ;
J'écris ces mots tremblans : « Dors en paix, mon amour !
« Mon absence de toi ne sera que d'un jour ! »
Ce papier tout trempé des pleurs dont je l'arrose,
Ma main sur son chevet, tremblante, le dépose ;
Quel réveil!... je ne puis y penser sans frémir !
Je regarde un moment ce front calme dormir,
Je sens mon cœur se fendre au paisible sourire
Qui la trompe en dormant quand je vais au martyre !
Si je la réveillais, je ne partirais pas !
Du guide impatient j'entends sonner les pas,

Je me jette à genoux au bord de cette couche,
Je colle sur ses pieds mon front, mes yeux, ma bouche;
J'invoque dans mon cœur tous les anges de Dieu
A la garde de l'ange assoupi dans ce lieu;
Je la bénis de l'œil, des larmes et du geste,
Mon pied fixé s'arrache au sol où mon cœur reste;
Les bergers loin du roc m'entraînent avec eux,
Je descends sur leurs pas l'échelle aux mille nœuds;
Dans le chalet désert j'échange avec le pâtre
Mes vêtemens usés contre un sarreau blanchâtre,
Je chausse mes pieds nus de ses souliers à clou!
Mes longs cheveux bouclés, qui roulent sur mon cou,
Mon front hâlé, mes doigts qu'a gercés la froidure,
D'un jeune montagnard me donnent la figure;
A travers les hameaux, inconnu, je descends,
Sans qu'un aspect nouveau me trahisse aux passans;
Mon guide sur ses pas me conduit par la ville,
Comme son compagnon me loge en son asile,
Et dans la prison même, introduit avec lui,
Aux pieds du saint martyr je dois être aujourd'hui.

Dans l'hôpital de Grenoble,
5 août 1794, au soir.

Où suis-je? où m'engloutir? où perdre ma pensée?...
Seigneur!... oh! pardonnez à cette âme insensée!
Non, non, frappez ce cœur hésitant, combattu,
Qui n'a su distinguer ni crime, ni vertu,
Et qui, dans les accès d'une nuit de délire,
Ne sait plus si le ciel le déteste ou l'admire!

. . . .

Oui! je me hais moi-même; oh! cachez-moi de moi!
L'évêque!... il me bénit!... Laurence! ô toi, mais toi!
Assassin à la fois et charitable apôtre,
J'ai sauvé d'une main et j'ai tué de l'autre!

. . . .
. . . .

Mais où suis-je? en quel lieu m'a-t-on porté mourant?
Tout est étrange et neuf à mon regard errant;
Du pauvre montagnard ce n'est plus là l'asile!
Quels sont ces lits de lin dont la nombreuse file
Se prolonge dans l'ombre et correspond au mien?
Que veut dire au plafond ce signe du chrétien?
Que sont ces voiles blancs, ces femmes ou ces ombres,
Qui se croisent sans bruit dans ces corridors sombres,
Entr'ouvrent les rideaux, se penchent sur les lits,
Comme la jeune mère au chevet de ses fils?
Aux douteuses lueurs de leur lampe qui veille
Oh! de la charité j'entrevois la merveille,
Ces auberges du pauvre où l'on bénit ses pas,
Ces toits de Dieu, ces lits de ceux qui n'en ont pas,
Ces épouses du Christ au chevet des misères,
Mères de tous les fils et sœurs de tous les frères!

Même lieu, 6 août 1794, au matin.

Dans le monde, en un jour, qu'est-il donc survenu?
Comment suis-je là, moi, sous mon nom, reconnu?
D'où viennent ces respects, ces soins qui m'environnent,
Ces signes de bonheur que leurs regards me donnent?

Ils disent que Paris a tué le tyran,
Que la France a fini ce long meurtre d'un an,
Que les cachots vidés s'ouvrent partout d'eux-même,
Que de Dieu dans le temple on rétablit l'emblème,
Que la foule a brisé ses instrumens de mort,
Et reporte aux autels sa joie ou son remord,
Que le meurtre d'hier fut le dernier supplice,
Que l'on m'a rapporté du lieu du sacrifice
Tout arrosé du sang du bienheureux martyr,
Mourant, n'entendant plus sur mes pas retentir,
A travers mille cris, le cri de délivrance,
Qui semblait du tombeau ressusciter la France,
Et que le guichetier, en ouvrant la prison,
Aux femmes de l'hospice a révélé mon nom!...

Même lieu, même date, le soir.

Tout dort... à mon chevet veille une sainte femme...
Le jour se fait en moi, recueillons-nous, mon âme!
Le sommeil sur mes yeux ne peut plus s'arrêter,
Où mon cœur est toujours, mes pas voudraient monter;
Mais ma force ne peut les soulever encore;
Mes pieds me porteront demain avec l'aurore,
Ces sœurs me laisseront de ce lieu me lever,
Pour courir... où je tremble, ô mon Dieu, d'arriver!
Oh! dans cette éternelle et brûlante insomnie,
Les scènes de la veille et de mon agonie
Remontent par un vague et lointain souvenir
Comme des fils brisés qu'on cherche à réunir :
Ils viennent dans mon front se renouer en foule;
De moi-même à mes yeux le tableau se déroule;

Je me comprends enfin, je me sens, je me vois,
Je vis ce jour terrible une seconde fois!

. . . .
. . . .
. . . .

De l'évêque captif le juge populaire
Avait voté la mort le soir dans sa colère ;
J'entendais en passant les coups sourds du marteau
Qui clouait dans la nuit le bois de l'échafaud ;
J'entrai dans la prison ; des escaliers rapides
La descente était longue et les marches humides,
Et dans leur froid brouillard chaque pas, en glissant,
Semblait sur les degrés se coller dans du sang ;
Je ne sais quelle odeur de larmes sous les voûtes,
Quelle sueur des murs coulant à larges gouttes,
Des angoisses de l'homme y peignaient les tourmens ;
Chaque dalle y rendait de longs gémissemens :
On eût dit que ces murs, ces froides gémonies
Comme des condamnés suaient leurs agonies.
Au bas de cet obscur et profond entonnoir,
L'affreux cachot s'ouvrait sur un corridor noir,
Tout creusé dans le roc, hormis l'étroite porte
Dont les lourds gonds scellaient la grille basse et forte ;
Sous la main du geôlier qui tourna les verrous
La porte en gémissant recula devant nous ;
L'ombre humide pâlit au feu de sa lanterne,
Qui jeta sur les murs un jour livide et terne ;
Et je vis le vieillard, ébloui par ce jour,
Qui regardait sans voir du fond du noir séjour ;
Le rayon concentré, dardant sur sa figure,
La détachait en clair de la muraille obscure,
Comme si, du cachot pour racheter l'affront,
Une auréole sainte eût éclairé son front.

Fléchissant sous ses fers rivés dans la muraille,
Leur poids lourd affaissait un peu sa haute taille;
De ses habits troués les somptueux débris
Laissaient percer partout ses membres amaigris;
Il serrait d'une main autour de sa ceinture
Des pauvres prisonniers la blanche couverture,
De l'autre il soutenait le gros faisceau de fers
Qui tombait en anneaux de ses bras découverts;
Ses pieds nus, que nouaient deux restes de sandales,
Tout violets de froid, frissonnaient sur les dalles.
Un tas de paille humide et rongé par les bords
Gardant encor l'empreinte et les plis de son corps,
Une écuelle de bois pour recevoir la soupe,
Une goutte de vin dans le fond d'une coupe,
De son palais de boue étaient l'ameublement,
Le breuvage, le lit, le vase et l'aliment;
Mais les traits allongés de son pâle visage,
Ses cheveux éclaircis, souillés, blanchis par l'âge,
Sur son front demi-chauve en couronne bouclés,
Ou sur son maigre buste en anneaux déroulés,
Sa barbe que d'un an le fer n'a retranchée
Sur le creux de sa joue en écume épanchée,
Ses yeux caves, cernés par un sillon d'azur,
Brillant comme un charbon dans leur orbite obscur,
Son regard affaibli par cette ombre éternelle
Nous cherchant sans nous voir du fond de sa prunelle,
La force écrite en haut dans ses sourcils épais,
Sur sa lèvre entr'ouverte un sourire de paix;
Dans ses traits imprégnés d'une sainte harmonie,
La résignation au sein de l'agonie,
L'humanité vaincue asservie à la foi,
Tout éclatait en lui!... Je crus voir devant moi
Un de ces champions des vérités nouvelles
Que les anges de Dieu servaient, couvaient des ailes,
Et qui, nourris déjà du pain caché du fort,
Exultaient du supplice et vivaient de leur mort.

CINQUIÈME ÉPOQUE.

A l'entrée, ébloui par ce front de lumière,
Sur mes genoux tremblans je tombai sur la pierre,
Comme si quelque main m'eût forcé de plier,
N'osant ni m'approcher, ni m'enfuir ; le geôlier
Lui dit : « Que votre nuit avec Dieu se consomme !
« J'ai rempli ma promesse, et voilà ce jeune homme. »
Puis posant à mes pieds sa lanterne, il sortit,
Et refermé sur nous le battant retentit.
« Est-ce vous, mon enfant ? venez que je vous voie !
« Oh ! que ma dernière heure ait la dernière joie
« De presser sur mon cœur un fils en Jésus-Christ,
« Un frère dans ma foi nourri du même esprit !
« Soyez béni, mon Dieu, dont la grâce infinie
« Me gardait en secret ce don pour l'agonie,
« J'ai vidé jusqu'au fond mon calice de fiel,
« Mais la dernière goutte a l'avant-goût du ciel !
« Mon fils ! je vais mourir ; mon éternelle aurore
« De ma dernière nuit va tout à l'heure éclore ;
« Demain j'entonnerai l'Hosanna triomphant ;
« Aujourd'hui je suis homme et pécheur ; mon enfant,
« Devant le Saint des saints avant que de paraître,
« J'ai besoin de laver mon âme aux eaux du prêtre ;
« Chargé du saint troupeau pour le sanctifier,
« J'ai mon divin bercail, partant, à confier ;
« Je ne puis déposer que dans sa main sacrée
« Les clefs du saint des saints dont je gardais l'entrée ;
« Je ne puis en mourant recevoir que de lui
« Le pardon que j'avais, que j'implore aujourd'hui ;
« Mais tous ceux qui portaient le divin caractère,
« Fugitifs ou proscrits, sont errans sur la terre ;
« L'exil ou la prison, ou le couteau mortel
« N'épargnent nul de ceux qui montaient à l'autel :
« Il ne reste que vous, pauvres jeunes lévites,
« Qui n'aviez pas encore lié vos mains bénites !
« J'en demandais au ciel un seul, à deux genoux :
« Dieu m'inspirait, mon fils, et je pensais à vous !

« Oh! que mon cœur, d'ici, pressentait bien le vôtre !
« J'étais sûr que, fidèle au devoir de l'apôtre,
« La prison, l'échafaud vous verrait accourir,
« Séduit par le martyre et tenté de mourir,
« Et que plus il est plein de l'horreur du supplice,
« Plus vous accepteriez de boire mon calice... »
Je ne répondais rien, et je n'entendais plus,
Et je baissais dans l'ombre un front rouge et confus.
« Faut-il mieux m'expliquer? reprit-il : un saint prêtre
« Est nécessaire à Dieu; mon fils, vous allez l'être !
« Pour qu'un double holocauste ici soit consommé,
« La Providence et moi, nous vous avons nommé;
« Je vais vous consacrer sur ce bord de ma tombe :
« Baissez la tête, enfant, pour que le chrême y tombe !
« Et quand l'esprit de force aura coulé sur vous,
« Je vais, pécheur, mourant, tomber à vos genoux,
« Et recevoir de vous dans le saint sacrifice
« Le pain du viatique et le vin du supplice.
« Recevez du martyr l'auguste sacrement,
« Mourez pour que Dieu vive !... » — « O mon père, un moment ! »
Lui dis-je en repoussant du front le sacré signe,
« Arrêtez, arrêtez; tremblez, j'en suis indigne !
« Mon âme est à mon Dieu; mon sang est à ma foi ;
« Mais mes jours profanés, ils ne sont plus à moi,
« Et Dieu n'exige pas que je lui sacrifie
« Deux morts dans une mort, deux cœurs dans une vie ! »
Son œil sonda le mien, et son front s'obscurcit;
Alors, balbutiant, je lui fis le récit
De ces deux ans passés loin de lui, de ma fuite,
De cette enfant par Dieu dans mon désert conduite,
De son triste abandon, de ma tendre pitié,
De cet amour longtemps couvé sous l'amitié,
De ces habits trompeurs qui, me cachant la femme,
A la séduction apprivoisaient mon âme ;
De ce secret fatal et découvert trop tard,
De nos sermens donnés, de mon furtif départ,

De sa mort qui suivrait au même instant la mienne
Si j'arrachais ainsi cette main de la sienne,
Si, même au prix du ciel, d'un mot j'allais tromper
Ce cœur que du poignard mieux eût valu frapper.
Je me tus ; dans ses traits indignés je crus lire
Tantôt l'horreur, tantôt un dédaigneux sourire.
« Ainsi donc, mon enfant, voilà ce grand secret
« Dont tout autre qu'un père en l'écoutant rirait ;
« Voilà dans quel honteux et ridicule piége
« L'esprit trompeur poussait vos pas au sacrilége.
« Insensé ! bénissez ce hasard de ma mort
« Qui vous prend sur l'abîme et vous arrête au bord.
« Que l'esprit tentateur prêt à vous y conduire
« Connaissait bien ce cœur qu'il avait à séduire ;
« Quand il ne peut au crime entraîner nos élus,
« Il les y mène aussi, mon fils, par leurs vertus.
« Ah ! brisez son embûche, et rougissez de honte.
« Quoi ! ce rêve d'une âme à s'enflammer trop prompte
« Pour un enfant jeté par hasard sous vos pas,
« Ce trouble d'un cœur pur qui ne se connaît pas,
« D'un périlleux amour cette amitié prélude,
« Mauvais fruit du loisir et de la solitude ;
« Ces élans, ces soupirs, ces serremens de main,
« Que le vent de la vie emportera demain ;
« Ces jeux de deux enfans loin des yeux de leurs mères
« Qui prennent pour amour leurs naïves chimères ;
« Risible enfantillage et des sens et du cœur !
« Voilà ce qui du ciel en vous serait vainqueur ?
« Voilà pour quel appât, voilà pour quelle cause
« Vous trahiriez le vœu que ce temps vous impose ?
« Vous laisserez ma mort sans secours, sans adieu,
« Le temple sans ministre et le monde sans Dieu ?
« Je ne me doutais pas que dans ces jours sinistres
« Où l'autel est lavé du sang de ses ministres,
« Pendant que des cachots chacun d'eux comme moi
« S'élance à l'échafaud pour confesser sa foi,

« Pendant que l'univers avec horreur admire
« La bataille de sang du juge et du martyre,
« Hésitant pour savoir où décider son cœur,
« Des bourreaux ou de nous qui restera vainqueur ;
« Je ne me doutais pas qu'un des soldats du temple,
« Du lévite autrefois la lumière et l'exemple,
« Au grand combat de Dieu refusant son secours,
« Amollissait son âme à de folles amours ;
« Au pied des échafauds où périssaient ses frères,
« Sacrifiait au Dieu des femmes étrangères :
« Pensant sous quel débris des temples du Seigneur
« Il cacherait sa couche avec son déshonneur ! »
— « O mon père, pitié ! Quel mot osez-vous dire ?
« Le ciel sait si mon cœur a tremblé du martyre,
« Il sait si j'hésitai, pour arriver à vous,
« D'affronter cette mort dont je serais jaloux ;
« Mais ébloui de zèle, et moins homme qu'apôtre,
« Vous ne jugez, hélas ! nos cœurs que par le vôtre ;
« Vous croyez que mon cœur, de l'amour triomphant,
« N'arracherait qu'un rêve au sein de cet enfant,
« Que le sien m'oublîrait ; que je pourrais moi-même
« Rapporter aux autels tout l'amour dont je l'aime,
« Absous par votre main d'un parjure innocent,
« Noyer son souvenir dans des pleurs ou du sang ;
« Que cette affection au cœur enracinée,
« Cette existence à deux, ce rêve d'une année,
« Ce rayon qui nous fit ensemble épanouir,
« Comme un rêve d'un soir pourrait s'évanouir ?
« Connaissez mieux l'amour de l'homme et de la femme,
« Il joint leur double vie en une seule trame ;
« Il survivrait, coupable, à la honte, au remord ;
« Plus vivant que la vie, et plus fort que la mort. »
— « Silence ! cria-t-il, vous profanez cette heure,
« Ces momens tout au ciel, ces fers, cette demeure,
« Où du Dieu trois fois pur un indigne martyr
« N'eût jamais entendu de tels mots retentir !

« Parler d'amour, grand Dieu! sous ces ombres muettes!
« Insensé, regardez, et songez où vous êtes!
« Voyez dans les cachots ces membres amaigris,
« Ces bras levés à Dieu, par des chaînes meurtris;
« Cette couche où l'Église expire et sent en rêve
« Le baiser de l'Époux dans le tranchant du glaive!
« Ce sépulcre des morts par la vie habité,
« Qui ne se rouvre plus que sur l'éternité!
« Ces fers dont les anneaux tout rouillés sur nos membres
« Ont rivé Jésus-Christ à chacun de ses membres!
« Et ce pain d'amertume, et ce vase de fiel,
« Délicieux banquet de ces noces du ciel!
« Et c'est là, c'est devant ces témoins du supplice,
« Devant ce moribond qui marche au sacrifice,
« Que vous osez parler de ces amours mortels!
« Vous! dévoué d'avance à nos heureux autels!
« Vous! que leur sacré deuil, le sang qui les colore,
« Par un plus fort lien y consacrait encore!
« Ah! que cette amertume ajoute à mon trépas!
« Quoi! vous, trahir! mais non, cela ne se peut pas!
« Vous ne souillerez pas une si chaste vie,
« Vous ne jetterez pas à mon front cette lie,
« Vous ne donnerez pas cette absinthe, au lieu d'eau,
« Au vieillard qui demande une goutte au bourreau!
« Vous ne laisserez pas l'âme de votre père
« Partir sans emporter le pardon qu'elle espère,
« Sans avoir entendu d'un ministre de Dieu
« La parole de paix et le salut d'adieu!
« Ah! que j'ai demandé cette heure au divin maître!
« Combien j'ai soupiré pour qu'un juste, un saint prêtre
« A ses pieds, comme Dieu me reçût à genoux,
« Me dît avant la mort : Vivez, je vous absous!
« Pour qu'il offrît pour moi, la veille du supplice,
« Cette coupe du sang, ce fruit du sacrifice
« Que mes doigts mutilés ne peuvent plus tenir,
« Et me bénît ce pain que je n'ose bénir!

« Et quand l'ange exauçant enfin ma dernière heure,
« Vous amène du ciel au père qui vous pleure ;
« Quand, pour diviniser cette heure du trépas,
« Il ne me faut qu'un mot !... Vous ne le diriez pas !
« Oh ! mon enfant, au nom de ces larmes dernières
« Qui sur vos mains de fils tombent de mes paupières,
« Au nom de ces cheveux blanchis dans les cachots,
« De ces membres promis demain aux échafauds ;
« Au nom des tendres soins que j'ai pris de votre âme,
« Au nom de votre mère ! au nom de cette femme
« Qui, si son œil de vierge ici pouvait vous voir,
« Vous pousserait du geste et du cœur au devoir !
« Et qui, fille du Christ, ne voudrait pas sans doute
« Acheter votre vie au prix qu'elle vous coûte,
« Déchirez le bandeau qui recouvre vos yeux,
« Dites ce mot, mon fils, que je l'emporte aux cieux !... »
La sueur de mon front tombant à grosse goutte,
Avançant, reculant, comme un homme qui doute,
Je demeurais muet, méditant, interdit.
D'un courroux surhumain son regard resplendit ;
Son corps se redressa comme si son idée
L'eût soulevé du sol, grandi d'une coudée ;
Son bras chargé de fers s'étendit contre moi ;
Le cachot s'éclaira de l'éclair de sa foi.
Je crus voir de son front la foudre intérieure
Jaillir et serpenter dans la sombre demeure ;
Sa voix prit la colère et la vibration
Du prophète lançant la malédiction,
Des lions de Juda rugissement terrible !
« Eh bien ! puisqu'à mes pleurs vous restez insensible ;
« Puisque la charité pour un père expirant
« Ne peut en rallumer en vous le feu mourant ;
« Puisque entre le salut que le vieillard implore
« Et votre infâme amour vous hésitez encore,
« Vous n'êtes plus chrétien ni prêtre de Jésus :
« Retirez-vous de moi... je ne vous connais plus !

CINQUIÈME ÉPOQUE. 163

« Sortez de ce Calvaire où votre maître expire;
« Vous n'êtes qu'un bourreau de plus qui l'y déchire;
« Vous n'êtes qu'un témoin lâche, indigne de voir
« Comment le chrétien souffre et meurt pour le devoir,
« Mais digne seulement de garder dans la rue
« L'habit ensanglanté du licteur qui le tue!
« Oui, sortez de mon ombre et de ce lieu sacré;
« Sortez, mais non pas tel que vous êtes entré;
« Sortez, en emportant la divine colère
« Sur vous et sur l'objet... » — « N'achevez pas, mon père;
« Ne la maudissez pas, arrêtez! tout sur moi! »
Il lut d'un seul coup d'œil sa force et mon effroi,
Comme le bûcheron voit l'arbre qui chancelle.
« Écoutez! » me dit-il d'une voix solennelle,
Comme s'il eût parlé d'au delà du trépas
A des hommes de chair qui l'écoutaient en bas:
« Il est dans notre vie une heure de lumière,
« Entre ce monde et l'autre indécise frontière,
« Où l'âme des chrétiens prête à quitter le corps,
« De l'abîme des temps voit déjà les deux bords,
« Où de l'éternité l'atmosphère divine
« D'un jour surnaturel dans sa nuit l'illumine,
« Et des choses d'en bas lui découvrant le sens,
« Donne un son prophétique à ses derniers accens.
« Sans crainte alors on parle et l'on entend sans doute;
« Dans la voix du mourant c'est Dieu que l'on écoute!
« Je suis à cet instant, et je sens dans mon cœur
« Ce Verbe du Très-Haut qui parle sans erreur.
« Il me dit d'arracher, d'une main surhumaine,
« Un de ses fils au piége où le monde l'entraîne;
« Il donne à mes accens l'autorité du sort;
« Je prends sur moi l'arrêt qui de mes lèvres sort,
« Je prends sur mon salut la sainte violence
« Qui vous jette à mes pieds sans plus de résistance:
« Obéissez à Dieu, qui tonne dans ma voix! »
De sa main, de ses fers mon front sentit le poids;

Je crus sentir de Dieu la main et le tonnerre
Qui m'écrasaient du bruit et du coup sur la terre ;
Pétrifié d'horreur, tous les sens foudroyés,
Je tombai sans parole et sans souffle à ses pieds :
Un changement divin se fit dans tout mon être ;
Quand il me releva de terre, j'étais prêtre !..

. . . .
. . . .

Le vieillard à son tour à mes pieds se jeta,
Et confessa sa vie au Dieu qui l'écouta ;
Puis me fit célébrer pour lui le saint mystère.
Un angle du rocher fut notre autre Calvaire.
Sur cet autel des pleurs, un noir morceau de pain
Fut l'image du Dieu que lui rompit ma main ;
Une coupe de bois fut le divin calice
Où le vin figura le sang du sacrifice ;
Et la lampe jetant ses funèbres clartés
Le cierge et le flambeau de nos solennités.
Je répétais les mots qu'il me dictait lui-même.
Quand je fus au moment où du festin suprême
Le prêtre, rappelant le symbolique adieu,
Dans ce pain voit un corps et dans ce corps un Dieu ;
Le lieu, l'émotion, l'heure, ces murs funèbres,
L'écho des mots sacrés roulant dans ces ténèbres,
Ce mourant à mes pieds dans un divin transport,
Me demandant des yeux l'aliment de sa mort,
Ce sentiment confus de m'immoler moi-même
A cette charité dont je tenais l'emblème,
Ce retentissement de ma pensée en moi,
Tout concentra mon âme en un éclair de foi ;
Je crus sentir le Dieu qui souffre et qui console,
Du ciel même arraché par la sainte parole,
Descendre et transformer en sang nouveau le vin,
Le pain du prisonnier en aliment divin,

Et je crus dans ce pain que notre foi consomme,
Humaniser le Verbe et diviniser l'homme !
Sa lèvre l'aspira dans un élan d'amour,
La lampe s'éteignit dans l'ombre... — Il était jour.

Un bruit sourd de la mort nous fit deviner l'heure ;
Le geôlier vint rouvrir la lugubre demeure,
Et chercher le vieillard pour l'échafaud ; ses fers
Tombèrent en laissant leur trace dans ses chairs,
Pour qu'il pût achever le funèbre voyage
Il fallut soutenir son corps miné par l'âge ;
J'affermissais ses pas, vêtu comme un gardien ;
Son bras paralysé s'appuyait sur le mien ;
Bénissant ses bourreaux du geste et du sourire,
Comme on marche au triomphe, il marchait au martyre,
Sachant que la victoire en ces combats de foi
Est à celui qui tombe et qui meurt pour sa loi !
J'aidai sa main tremblante et son pied qui chancelle
A monter les degrés de la fatale échelle,
Jusque sur l'échafaud j'accompagnai ses pas ;
Un vil peuple ondoyait et rugissait en bas ;
Mais lui, n'entendant plus ce stupide blasphème,
Dans mon regard ami cherchait l'adieu suprême ;
Il y lut, et coucha sur le fatal pilier
Son front comme il eût fait le soir pour sommeiller.
Dans l'éclair du couteau je vis la mort me luire !
Moi-même je tombai teint du sang du martyre,
Confusément frappé de rumeurs et de cris,
Soit que l'horreur du sang eût glacé mes esprits,
Soit qu'animé par Dieu d'un plus mâle courage
Tant que je n'avais pas accompli son message,
Mon œuvre consommée, et le saint vieillard mort,
Je ne puisasse plus de force dans l'effort,
Et retrouvant Laurence en mon cœur effacée
Je tombasse frappé par ma propre pensée !...

Même date, même lieu, même nuit.

Ah! je respire enfin : Providence de Dieu,
On vous trouve attentive et présente en tout lieu!
Une sœur de l'évêque, aimable et douce sainte,
Qui vit toute au Seigneur, cachée en cette enceinte,
A reçu dans son sein le terrible secret,
M'a dit qu'à la montagne elle-même elle irait
Prendre demain l'enfant, l'aimer comme sa fille,
Jusqu'à ce qu'une lettre instruisît sa famille,
Et qu'on vînt la chercher pour lui rendre à la fois
Et son nom et ses biens, que lui rendaient les lois.

12 août 1794.

Précédé de la sœur que le pâtre accompagne,
Ce matin, faible et seul, j'ai monté la montagne,
M'arrêtant, hésitant, revenant sur mes pas,
Comme un homme qui doute, ou qui marche au trépas.
Arrivé sur les bords de la gorge profonde,
Dont trois jours de soleil avaient abaissé l'onde,
J'ai trouvé deux sapins l'un à l'autre liés
Par le bout sur un bord et sur l'autre appuyés,

CINQUIÈME ÉPOQUE.

Pont que les deux bergers avaient jeté sans doute
Pour que la pauvre sœur y pût frayer sa route.
Ils venaient de passer, et j'entendais leurs voix.
Par des ravins franchis dans mes jeux tant de fois,
Je devançai leurs pas qui cherchaient une issue,
Et je fus à la grotte avant qu'ils l'eussent vue;
Mais à la fois brûlant, tremblant d'y pénétrer,
La force de mon cœur me faillit pour entrer.
Écartant d'une main le feuillage du hêtre,
Je me pendis de l'autre au roc de la fenêtre,
Et le cœur écrasé, sans souffle, l'œil hagard,
Je sondai jusqu'au fond la grotte d'un regard !
Je la vis; dans mon sein mon cœur cria : Laurence !
Mais ma lèvre étouffa ce cri dans son silence.
Elle était à genoux sur ses talons pliés,
Ses membres fléchissans à la roche appuyés,
Son front pâle et pensif, sous le poids qui l'incline,
Comme écrasé du poids, penché sur sa poitrine,
Ses bras tout défaillans passés autour du cou
De sa biche qui dort les flancs sur son genou,
Et pressant d'une étreinte inerte et convulsive
L'animal qui dressait une oreille attentive,
Et du tendre regard que son œil lui dardait
Semblait attendre aussi celui qu'elle attendait.
Ses longs cheveux traînaient en flocons sur la corne,
Sous ses cils abaissés son regard terne et morne
Se relevait parfois comme pour écouler
Des gouttes que ses yeux ne sentaient pas couler;
Sa respiration dans son sein inégale,
En soupirs, en sanglots sortait par intervalle...
Le bruit qu'en approchant les pas firent en haut
Réveilla son oreille et son âme en sursaut;
Elle se redressa comme un mort qu'on appelle,
Courut les bras ouverts : Jocelyn! cria-t-elle.
La sœur parut dans l'ombre : O ciel! ce n'est pas lui !...
Elle fléchit, chercha sur la pierre un appui,

Et d'un œil foudroyé, fixe comme son âme,
Regarda sans parler les pâtres et la femme.
 « Ma fille, dit la sœur, venez, ne craignez pas.
 « Je viens comme une enfant vous prendre entre mes bras,
 « Et Dieu qui vous donna, qui vous enlève un frère,
 « Au lieu d'un frère en moi vous envoie une mère. »
Alors en peu de mots tout lui fut raconté,
Par quel coup du destin Dieu l'avait emporté,
Par quels vœux arrachés à mon âme surprise,
La mort m'avait jeté tout saignant dans l'Église ;
Et comment et mon nom et tout ce doux passé,
De son cœur pour jamais devait être effacé ;
 « C'est un rêve d'enfant qu'on regrette et qu'on pleure,
 « Mais qu'un rayon du jour dissipe en un quart d'heure ;
 « Il n'en restera rien qu'un souvenir bien doux,
 « Un invisible ami qui prîra Dieu pour vous ! »
Laurence écoutait tout, immobile, éperdue,
La droite avec terreur vers la sœur étendue,
Comme pour repousser de l'œil et de la main
Les coups de chaque mot, qu'elle écartait en vain ;
Son œil ouvert et morne, égaré dans le vide,
Sa lèvre frémissante, entr'ouverte, livide,
Sur sa bouche les mots manquant à la douleur ;
Femme changée en marbre, en ayant la pâleur !
Tout à coup je ne sais quel éclair de pensée
Lui remonta du cœur sur sa joue effacée ;
Son front reprit la vie et se teignit un peu ;
La colère anima son œil d'un sombre feu ;
Ses cheveux, par l'angoisse aplatis sur sa tête,
Ondoyèrent pareils aux flots dans la tempête ;
Sa lèvre du courroux prenant le pli soudain,
Y mêla dans l'horreur le rire du dédain ;
De la pieuse sœur les mains jointes tremblèrent,
Et d'effroi sous son œil les pâtres reculèrent :
 « Ah ! vous mentez, dit-elle ; ah ! qui que vous soyez,
 « Retournez seuls vers ceux qui vous ont envoyés ;

« Vous pensiez que j'étais un enfant qu'on abuse !
« Allez ! mon cœur n'est pas dupe de cette ruse !
« Vous vouliez profiter de l'absence d'un jour
« Pour m'arracher aux lieux où j'attends son retour.
« Mais, s'il en est ainsi, détrompez-vous, madame !
« Car vous arracheriez plutôt le corps à l'âme,
« Et ce bloc au rocher par les siècles durci,
« Que mon cœur à son cœur et que mes pieds d'ici... »
Sa voix d'airain vibrait dans la grotte ébranlée,
Et sa main convulsive à ses parois collée
Semblait si fortement aux angles s'accrocher,
Qu'on eût dit que ses doigts s'écrasaient au rocher !
La sœur voulut parler. « Pauvre jeune insensée !
« Comment briser, mon Dieu, dans son cœur sa pensée ? »
Et sa voix s'attendrit, et sa main essuya
Des pleurs que le regard de Laurence épia.
« Des pleurs? des pleurs? dit-elle avec un ton d'alarmes.
« Incrédule à leurs voix, en croirai-je leurs larmes?
« S'ils mentaient, auraient-ils pour moi cette pitié? »
Le doute affreux sembla l'envahir à moitié ;
Puis passant sur son front sa main raide et glacée,
Comme quelqu'un qui rêve et chasse une pensée :
« Non, cria-t-elle, non, non, je ne crois que lui !
« Lui ! comme un vil parjure il se serait enfui !
« Moi ! par Dieu, par mon père, à son sein confiée,
« Comme un autre Caïn il m'eût sacrifiée !
« Il m'eût abandonnée en cet affreux désert
« Comme un agneau trouvé qu'on caresse et qu'on perd !
« Moi sa fille ! sa sœur ! sans parents, sans patrie,
« Du même lait que lui pendant deux ans nourrie ?
« A son Dieu sans remords il se fût immolé !
« Cet abri sur mon front se serait écroulé !
« Ce cœur, dont n'approcha jamais l'ombre d'un crime,
« Se serait entr'ouvert sous moi comme un abîme,
« M'aurait toute vivante en sa mort englouti !
« Non, non, cela n'est pas. Oui, vous avez menti !

« Oui, votre vil mensonge est encore un blasphème :
« Je ne le croirais pas s'il le disait lui-même ! »
Puis d'un son de voix bas, d'un air plus abattu :
« Ah ! Jocelyn, dit-elle, ah ! frère, où donc es-tu ?
« Ah ! si du pied des monts tu pouvais les entendre,
« Comme d'un œil vengeur tu viendrais me défendre !
« Comme du seul aspect tu les démentirais !
« Comme du seul regard tu les écraserais !
« Jocelyn ! Jocelyn ! à travers la distance
« Accours ! viens à leurs mains disputer ta Laurence !
« Viens me rendre à leurs yeux dans tes bras entr'ouverts,
« Cet asile où mon cœur braverait l'univers !... »

Je ne pus résister à l'élan de mon âme ;
Je m'élançai de l'ombre au milieu de ce drame :
Un long cri de bonheur dans la grotte éclata ;
D'un seul bond sur mon cœur son élan la jeta ;
Elle entoura mon cou de ses mains enlacées,
Toucha mon front, mes yeux, de ses lèvres glacées,
Sembla comme un serpent à mon corps se ployer,
Se colla sur mon sein comme pour s'y noyer ;
Me pressa, m'étouffa de si fortes étreintes
Que je sens à mes mains ses mains encore empreintes ;
Puis m'enlaçant le cou du bras comme autrefois,
S'y suspendit longtemps fière et de tout son poids !
« Osez me l'arracher ! demandez-lui s'il m'aime,
« Dit-elle ; le voilà pour répondre lui-même :
« Parle, Jocelyn, dis s'il est vrai que ton cœur
« A trahi ton ami, ton amante, ta sœur !
« Dis-leur si de ce sein où Dieu l'avait jetée
« Sur la pierre à leurs pieds tu m'as précipitée !
« Dis-leur si cet amour, notre vie en ce lieu,
« Tu l'aurais renié même à la voix de Dieu !
« Un Dieu ! s'il était vrai, si je doutais encore,
« Je le détesterais autant que je t'adore ! »
On lisait sur sa lèvre un sourire âpre et fier,

JOCELYN.

Cinquième époque.

Et son geste en parlant semblait les défier.
« Jocelyn, parle donc, » reprit-elle, « à ces hommes ;
« Venge-toi, venge-nous, et dis-leur qui nous sommes ! »

L'aveugle instinct du cœur dans le premier moment
Me fixait là sans yeux, sans voix, sans mouvement,
Ainsi qu'un insensé qui, tombé dans l'abîme,
Ne sent le coup qu'au fond sur le roc qui l'abîme !
La secousse des sens que son cri me donna
D'une horrible clarté soudain m'environna ;
Je sentis que mon bras se condamnait lui-même
A retourner le fer dans le seul cœur qui m'aime ;
Je cherchai par surprise à fuir, à déplier
Son bras qu'à mon épaule un nœud semblait lier ;
Mais comme un nœud coulant que chaque effort resserre
Plus je me dégageais, plus j'étais sous sa serre.
Enfin, d'un bond soudain, j'échappai de ses bras :
« Non, lui dis-je à genoux, non, ne me touche pas ;
« Non, non, je ne suis plus celui que tu crois être ;
« Je suis... — N'achève pas, s'écria-t-elle !... — Un prêtre !
« J'ai trahi par faiblesse ou bien par dévoûment
« Mon enfant, mon amour, mon bonheur, mon serment ;
« J'ai, pour offrir au ciel mon affreux sacrifice,
« Bu ton sang et le mien dans mon premier calice !
« En trahissant ta foi j'ai trahi plus qu'un Dieu !
« Fuis-moi, ne me dis pas même un suprême adieu,
« N'abaisse pas tes yeux sur un tel misérable,
« Foule-moi sous ton pas comme un ver sur le sable ;
« En passant sur mon corps écrase-moi du pié,
« Maudis-moi sans remords, franchis-moi sans pitié ;
« Couvre de ton mépris ma mémoire éclipsée,
« Et n'y détourne pas seulement ta pensée ! »
Et le front dans la poudre, avili, prosterné,
Jusques à ses genoux mon corps s'était traîné,
Pour qu'en passant sur moi, son pied, dans sa colère,
Pût écraser ma vie et mon front contre terre ;

Mais elle, pas à pas, fuyant ce front rampant
Comme le pied recule à l'aspect du serpent,
Des mains avec horreur ouvertes, dépliées,
Les prunelles de plomb fixes, pétrifiées,
Ne jeta qu'un seul cri comme si tout son cœur,
Écrasé d'un seul coup, eût éclaté d'horreur!
Terrible et dernier cri de l'âme évanouie,
Écho du coup qui fait écrouler une vie,
Et que jusqu'au tombeau j'entendrai ; puis glissant
Sur les pointes du roc que son front teint de sang,
Ses membres sur les miens en tombant s'affaissèrent,
Et ses mains en touchant les miennes les glacèrent.
J'échauffai sur mon cœur, j'entourai de mes bras
Ce corps, ces membres froids disputés au trépas.
Des noms les plus cruels je m'outrageais moi-même ;
J'aurais fait jusqu'à Dieu rejaillir mon blasphème!
Je couvrais de baisers, anges, pardonnez-moi,
Ce front sanglant, ces yeux : « Laurence, éveille-toi!
« Oh! reviens à mes cris! oh! si tu vis, j'abjure
« Mes infâmes vertus et mon sacré parjure!
« Je n'ai rien prononcé! plus d'autel! plus d'adieu!
« Dans ton cœur, dans tes bras! ah! c'est là qu'est mon Dieu,
« C'est là que je n'aurai de flamme que ta flamme,
« D'autre ciel que tes yeux, d'autre âme que ton âme.
« Non, non, ils ont menti ; reviens, reviens au jour ;
« L'enfer n'est pas possible avec un tel amour! »
Glacés d'effroi, la sœur, les pâtres s'approchèrent ;
De mes bras contractés par force ils arrachèrent
Laurence, dont le sein ranimé sur mon cœur
Reprenait par degrés la vie et la chaleur ;
Je vis de son front blanc qui sur leur brancard flotte
Les blonds cheveux traîner en sortant de la grotte,
Comme d'une aile d'ange on voit le dernier pli.
Et moi, par le délire et l'horreur affaibli,
Sans pouvoir faire un pas pour disputer ma vie,
Le regard sur la porte où mon œil l'a suivie,

Je restai là couché sur la roche où je suis...
Depuis quand? Je ne sais; tous mes jours sont des nuits!
. . . .

Grotte des Aigles, 15 août 1794.

. . . .
. . . .

O Christ! j'ai comme toi sué mon agonie
Dans ces trois doubles nuits d'horreur et d'insomnie!
Oh! pourquoi cette voix dans mon Gethsémani,
Ne me dit-elle pas aussi... tout est fini!
Après avoir vécu deux ans du pain de vie,
De l'amour débordant que ton ciel nous envie,
Pourrais-je vivre en bas de ce fiel mêlé d'eau?
Pourrais-je du passé supporter le fardeau;
Suivre jour après jour sans rêver, sans attendre
Ce que chacun d'eux rêve et nul ne doit me rendre;
Et chaque soir marchant sans but dans mon chemin
Me dire : Rien ici, rien là-bas, rien demain?
Ma vie est un sépulcre où Dieu même condamne
Le souvenir; semblable à la lampe profane
Qui ne doit plus brûler dans la paix d'un tombeau;
Cœur mort! il faut encore éteindre ton flambeau.
Il faut que si ton feu couve ou si ton sang saigne,
Toujours la main de glace ou l'étanche ou l'éteigne!
Oh! vivre ainsi, mon âme, est un trop rude effort!
Pourquoi me réveiller? Mon Dieu! la mort, la mort!

. . . .
. . . .

La mort? Oui, si j'étais encore homme peut-être?
Pardonnez!... J'oubliais, mon Dieu, que j'étais prêtre!
Prêtre! dans les cachots par le sang consacré!
Homme immolé déjà, déjà régénéré,
Victime humaine au Dieu que l'holocauste adore,
Dont la chair, sur l'autel, palpite et fume encore,
Et qui s'offre elle-même, avant d'oser offrir
La prière d'un monde où prier c'est souffrir.

. . . .
. . . .

Dieu me sèvre à jamais du lait de ses délices.
Eh bien, j'épuiserai la coupe des supplices;
Dans les vases fêlés où l'homme boit ses pleurs,
Avec lui je boirai ses gouttes de douleurs.
J'élèverai le cri de toutes ses alarmes,
Je saurai l'amertume et le sel de ses larmes;
Comme dans ceux du juste immolé sur la croix
Tous ses gémissemens gémiront dans ma voix;
Du haut de ma douleur comme de son Calvaire,
Ouvrant des bras saignans plus larges à la terre,
J'embrasserai plus loin, de ma sainte amitié,
Mes frères en exil, en misère, en pitié!
Mon amour fut ma vie : en épurant sa flamme,
O Jésus! prête-moi ta charité pour âme!
Fais que j'aime le monde avec le même amour
Dont j'aimai l'ange absent que j'entrevis un jour!
Que chaque enfant de l'homme à mes yeux soit Laurence!
Oui, fais-moi vivre ainsi d'amour et d'espérance!
D'espérance! ô mon Dieu, vous ne condamnez pas
Cette goutte de l'eau du ciel tombée en bas,

Que l'on boit dans sa main sans s'arrêter pour boire :
Mon espérance à moi, mon Dieu! c'est ma mémoire!
Oui, quand nos jours d'absence auront été comptés,
Quand, par divers chemins, nous serons remontés
Dans le sein créateur d'où nos âmes jumelles
Descendirent ici, se reconnaîtront-elles?
Je m'oublîrais moi-même, ô Laurence, avant toi!
Et ne suis-je pas elle, et n'est-elle pas moi?
Renaître sans se voir et sans se reconnaître,
Ce serait remourir, Seigneur, et non renaître!
Oui, ton ciel tout entier n'est dans ton sein, mon Dieu,
Que l'éternel retour après le court adieu,
Que le regard sans fin, que le long cri de joie
Qu'en retrouvant sa sœur l'âme à l'âme renvoie,
Que l'immortelle étreinte où tout ce qui s'aima
Retrouve les doux noms dont l'amour le nomma!
Oui, dans les profondeurs des cieux où tu te voiles,
Dans ces espaces bleus, dans ces sentiers d'étoiles,
Il est, il est, ô Père! un suprême séjour
Que ta main comme un nid prépare au saint amour,
Des déserts dans tes cieux tout voilés de mystères,
Des cimes comme ici, des grottes solitaires
Où les âmes en toi pour s'aimer s'enfuiront,
Et dont tes anges même à peine approcheront.
A ta magnificence, ô Père! je me fie,
Tu rends cent mille fois ce qu'on te sacrifie,
Mais de plus qu'ici-bas je ne demande rien.
D'autres rêvent leur ciel, mais moi j'ai vu le mien!...

De la Grotte, 16 août 1794.

Cependant écrasé sur cette roche aride
Referme-toi, mon cœur, comme un sépulcre vide !
Comme après la blessure une trompeuse chair
Qui se referme un temps sur la balle ou le fer,
Et montre de la vie au dehors l'apparence
Pendant que sous la chair tout est mort et souffrance !
Seul soupir de mon cœur, dors dans son dernier pli,
Que ton nom pour toujours s'y cache enseveli ;
Dans mes rêves éteints, sur mes lèvres glacées,
Ne remonte jamais du fond de mes pensées ;
Que les hommes trompés ne se doutent jamais
Qu'en les aimant c'était encor toi que j'aimais !
Que de ma charité l'âme était un mystère ;
Que je vivais du ciel en marchant sur la terre !...
De cette charité que le divin charbon
Sur ma langue consume et dévore ton nom ;
Que nulle bouche humaine ici-bas ne le sache,
Qu'à tous hormis à Dieu ma poitrine le cache
Jusqu'au jour de ma mort, ce nom, secret chéri,
Comme un trésor visible après le flot tari !

Mais elle ? Oh ! qu'elle vive aux dépens de ma vie !
Oui, je le veux, mon Dieu ! que Laurence m'oublie !
Par l'amer souvenir de notre amour, Seigneur,
Ne lui corrompez pas sa coupe de bonheur,
Et qu'heureuse sans moi !... mais qu'elle s'en souvienne
Au sépulcre où mon âme ira chercher la sienne !...

SIXIÈME ÉPOQUE.

26 mars 1795, dans une maison de retraite ecclésiastique,
à Grenoble, pendant le délire de la fièvre.

J'ai quitté pour jamais cet Éden de ma vie
Où cette Ève à mon cœur fut montrée et ravie,
Comme le premier homme, hélas! quitta le sien.
Mais combien son exil ferait envie au mien!
Des pas suivaient ses pas loin des portes fermées;
Ses sanglots s'étouffaient sur des lèvres aimées,
Et de deux cœurs brisés l'âpre conformité
Faisait de deux malheurs une félicité;
Moi, seul toute la vie, et seul au jour suprême,
Abhorré du seul cœur que je tue et que j'aime,
Obligé d'étouffer mes plaintes sans échos,
Et de noyer mon cœur dans ses propres sanglots;
Obligé d'arracher à l'âme sa pensée
Comme on arrache une arme aux mains d'une insensée;
Ayant tout mon bonheur à mes pieds répandu
Sans pouvoir y jeter un regard défendu,
Le cœur vide et saignant jusqu'à ce qu'il en meure,
Et n'osant même à Dieu nommer ce que je pleure,
Il faut vivre et marcher sans ombre, toujours seul,
Mort parmi les vivans, cet habit pour linceul;
Mort! ah! plutôt jeté tout bouillonnant de vie

Parmi ces morts dont l'âme est déjà refroidie !
Étouffant sans pouvoir mourir, et nourrissant
Le ver de mon tombeau du plus chaud de mon sang!...

. . . .
. . . .

Oh! que t'avais-je fait, éternelle justice,
Pour mériter si jeune un si rare supplice?
Cet amour, comme un piége à mon cœur préparé,
Sans toi, sans tes desseins, l'aurais-je rencontré?
N'en avais-je pas fui, tout brûlant et tout jeune,
Le péril inconnu dans la veille et le jeûne,
Pour sauver mon cœur chaste et garder mon œil pur,
Entre le monde et moi mis l'épaisseur d'un mur?
Est-ce moi qui l'ai fait s'écrouler sur ma tête?
Et quand pour m'abriter au nid de la tempête
J'allais m'ensevelir dans le creux du rocher,
Seigneur, est-ce elle ou vous que j'y venais chercher?
Est-ce moi, qui prenant cette enfant inconnue,
La portais, l'enfermais avec moi dans la nue,
Et, par mon ignorance et son déguisement,
Me créais le péril d'un double sentiment?
Est-ce moi qui, couvrant de nos deux cœurs la flamme,
Nous fis pendant deux ans vivre d'une seule âme,
Pour qu'en nous séparant tout à coup sans pitié,
Chacun des deux de l'autre emportât la moitié?

. . . .

Si c'est Dieu qui l'a fait, pourquoi moi qui l'expie?
L'innocent à ses yeux paye-t-il pour l'impie?
Ou plutôt est-il donc dans ses sacrés desseins
Que ceux qu'il a choisis ici-bas pour ses saints,
Avant de brûler l'homme à ses bûchers sublimes,
Les premiers sur l'autel lui servent de victimes?

SIXIÈME ÉPOQUE.

. . . .

Ah! je me soumettrais sans murmure à ta loi,
Dieu jaloux! si du fer tu n'égorgeais que moi!
J'ai voulu, j'ai tenté ton cruel ministère,
Je saurai jusqu'au sang le subir et me taire!
Mais elle! mais cet être à peine descendu,
Pauvre ange, prise au piége à l'homme seul tendu,
Tendre enfant, par toi-même à mon sein confiée,
Que par mon amour même, ô Dieu! sacrifiée,
Proscrite de ces bras ouverts pour la porter,
Elle aille en retombant à mes pieds se heurter,
Traîner dans les langueurs d'un éternel veuvage
Du front qu'elle adora l'ineffaçable image!
Ou porter, jeune et morte, aux bras d'un autre époux,
D'un cœur tout calciné les précoces dégoûts...
M'accuser à jamais du froid qui la dévore,
Et blasphémer son Dieu par le nom qu'elle adore!
Ah! c'est plus qu'un mortel ne pouvait accepter,
Ce qu'au prix du ciel même il fallait racheter,
Ce que j'achèterais de ma vie éternelle,
De l'immortalité que je maudis sans elle!...

. . . .

O Laurence! ô pitié! reviens, pardonne-moi!
Je t'immolais à Dieu, mon seul dieu c'était toi!
Je ne puisais qu'en toi cette force suprême
Qui m'élevait de terre au-dessus de toi-même,
Qui me faisait trouver, pour mieux te protéger,
Tout sacrifice faible et tout fardeau léger.
Je me croyais un dieu!... non, je n'étais qu'un homme.
Je maudis mon triomphe avant qu'il se consomme!
Je me repens cent fois de ma fausse vertu!
Ah! s'il est temps encor, Laurence, m'entends-tu?

Je me jette à tes pieds, je t'ouvre pour la vie
Ces bras où sur mon sein tu retombes ravie,
Oui, ces bras dont l'étreinte, ô ma fille! ô ma sœur!
Vont en se renfermant te sceller sur mon cœur!
Oh! tu m'entends! oh! viens, oh! viens, vivante ou morte!
Dans notre ciel à nous viens que je te remporte!
Renversons le rocher, courons, n'écoutons pas
Ce qui gronde là-haut, ce qui maudit en bas;
N'entendons pas ces voix mentant à la nature :
L'oracle est dans le cœur de chaque créature,
L'irrésistible voix qui convie au bonheur;
C'est mieux que la vertu, l'innocence et l'honneur;
C'est le cri du ciel même entendu sur la terre!
Aimons-nous, ô ma vie! Allons dans le mystère
Cacher à l'œil humain d'ineffables amours
Qui n'auront d'autre fin que celle de nos jours.
De notre double vie épuisons les délices;
Quand la mort dans nos dents vient briser les calices,
Qui sait quel est le sage ou quel est l'insensé,
De celui qui l'a bu tel que Dieu l'a versé,
Ou qui, les refusant à sa soif assouvie,
Au songe de la mort sacrifia sa vie?
Ce doute existât-il, je voudrais l'encourir.
Une vie avec toi, puis à jamais mourir!
Une vie avec toi, puis l'enfer et ses flammes!
Une vie avec toi, puis la mort à nos âmes!
Car cette horrible vie est un enfer sans toi!
Le néant éternel y commence pour moi!
Oui, c'en est fait, je fuis, je t'arrache à ce monde;
Je te rapporte au ciel. . . . .

(On entend la cloche de la chapelle, qui sonne l'office du soir
et appelle les jeunes prêtres aux stalles.)

Airain sacré qui gronde!
Cri d'en-haut qui m'appelle aux marches de ma croix,
Ah! mon cœur égaré se retrouve à ta voix.

. . . .

Comme des ailes d'ange en mon ciel balancées
Tu chasses de mon front mes honteuses pensées !
Tu refoules le crime avec le désespoir
Dans ce sein qui renaît aux accens du devoir.
De mes propres sanglots il semble que tu pleures.
Sympathique instrument de ces saintes demeures,
Que de poids d'un cœur lourd n'as-tu pas soulevé !
Combien d'âmes en peine à tes glas ont rêvé !
Combien de bons élans, d'ardeurs sanctifiées,
Les anges à tes sons n'ont-ils pas confiées !
Que de pesans soupirs, de l'ombre du saint lieu,
N'ont-ils pas remonté sur tes ailes à Dieu !
Et combien n'as-tu pas des saintes agonies
Sonné pour la vertu les angoisses finies !
Tu chantes aux mortels l'aube et le soir des jours ;
Tu sais combien du temps les longs momens sont courts,
Combien ce que la vie emporte sur son aile
Est sans comparaison avec l'heure éternelle !
Encore un peu d'exil, encore un peu de fiel,
O mon âme, et tes jours sonneront dans le ciel !

Marchons en attendant, marchons tête baissée,
Comme un homme écrasé du poids de sa pensée !
Au Dieu consolateur allons la confier.
Ah ! lorsque l'un pour l'autre on peut encor prier
Au vaste sein de Dieu dont l'amour nous rassemble,
Se rencontrer en lui, n'est-ce pas être ensemble ?

. . . .
. . . .
. . . .

De sa cellule, à Grenoble, 14 mai 1797.

Pour retremper mon âme au feu des saints parvis,
Chez ces hommes de Dieu, depuis deux ans je vis;
Mais l'aspect de leur paix, de leur béatitude,
Ne peut de mon esprit dompter l'inquiétude.

Que le fardeau des jours semble léger pour eux!
Comme à tous leurs devoirs portant un front heureux,
On sent que sans effort leur cœur vierge se sèvre!
Le sourire du juste est toujours sur leur lèvre;
Jamais rien de leur sein ne soulève un soupir.
Ah! si comme eux, mon cœur, tu pouvais t'assoupir!
Si l'apparition du passé qui se lève
Pouvait de mon regard s'effacer même en rêve!
Si l'ombre de ces murs pouvait me la cacher!
Mais sur mes pas toujours elle semble marcher;
Mais sous chaque lambris, mais sous chaque colonne,
Je la vois qui descend, qui monte, qui rayonne;
Et si pour échapper au fantôme adoré
Je veux fermer les yeux, dans l'âme il est entré!...

O sommets de montagne! air pur! flots de lumière!
Vents sonores des bois, vagues de la bruyère!
Onde calme des lacs, flots poudreux des torrens,
Où l'extase égarait mes yeux, mes sens errans,
Où d'un bras convulsif, au lieu de ces froids marbres,
J'embrassais, en pleurant, les racines des arbres,
Et me collant au sol comme pour écouter,
Je croyais sur mon cœur sentir Dieu palpiter!

SIXIÈME ÉPOQUE.

Désert retentissant des bruits de la nature !
Que mon âme, à l'étroit dans cette enceinte obscure,
Pleurant son magnifique et premier horizon,
Brise d'ardens soupirs les murs de sa prison !
Il me semble, ô mon Dieu ! que ce toit qui m'écrase
Rend plus lourde la vie et comprime l'extase ;
Que je respirerais plus librement ailleurs,
Que le vent sècherait l'âcreté de mes pleurs,
Et que l'air m'aiderait, comme il aide les aigles,
A m'élever à Dieu, mieux que ces froides règles !

. . . .
. . . .

Ces hommes sont heureux cependant sous ces lois ;
Ils suivent sans détours leur route ; ah ! je le crois,
Ils n'ont pas respiré l'air de feu des tempêtes,
L'ombre de ces arceaux couvrit toujours leurs têtes,
De Dieu seul, de sa loi, leur souvenir est plein ;
Ils n'ont point à couver un foyer dans leur sein,
A tuer leur pensée, à tromper, à sourire
En cachant dans leur main l'aspic qui la déchire ;
Leur jour n'a pas une ombre, et leur cœur pas un pli ;
Mais moi, Seigneur, mais moi !... Mon Dieu, l'oubli, l'oubli !

Même maison, 25 juillet 1797.

Ah ! je me doutais bien que la fausse apparence
Aurait jusqu'au tombeau terni notre innocence,
Qu'on ne croirait jamais qu'en un même séjour
Deux cœurs dans le désert, couvant deux ans l'amour,

Se fussent conservés purs, seuls, sans autre garde
Que l'œil toujours présent du Dieu qui les regarde ;
Ce soupçon est écrit pour moi sur tous les fronts,
Leur sainte charité m'épargne les affronts ;
Mais malgré la douceur que leur parole affecte,
On voit qu'à leur vertu ma présence est suspecte,
Qu'on me craint, qu'on m'évite, et que je suis pour eux
Un objet de dégoût, comme un pauvre lépreux.
Partout où je parais j'étends ma solitude ;
Seul au pied des autels, aux repas, à l'étude,
Dans les délassemens du soir plus seul encor ;
Dès que mon pas résonne au bout d'un corridor,
La conversation cesse, et tout front est sombre,
On se range, on s'écarte, on fait place à mon ombre ;
Chacun devant mes yeux détourne un œil glacé,
Et le bruit ne reprend qu'après que j'ai passé ;
Et moi, baissant la tête, et sans un cœur qui m'aime,
Je passe en m'effaçant tout honteux de moi-même.
Oh ! qu'un regard ami pourtant m'eût fait de bien !
Peut-être aussi mon cœur a-t-il voilé le mien !
Peut-être que la flamme en mon sein amortie
A dévoré d'un jet toute ma sympathie,
Et que mon œil de marbre, incapable d'aimer,
Éteint tout sentiment qui voudrait s'allumer !

. . . .

Août 1797, Grenoble.

L'évêque enfin m'a dit : j'abrége votre épreuve,
Mon fils ; de serviteurs ma pauvre église est veuve ;

La vieillesse, le glaive ou l'infidélité,
Des pasteurs de mon peuple, hélas! ont limité
Le nombre insuffisant déjà pour ses misères;
L'herbe croît sur le seuil de tous mes presbytères;
Chaque jour de l'année une paroisse en deuil,
Où l'enfance est sans père et la mort sans cercueil,
Vient me redemander l'homme de l'Évangile :
Je pourrais vous donner à choisir entre mille ;
Mais vous n'ignorez pas, mon enfant, que sur nous
Le monde, avec raison, veille d'un œil jaloux,
Qu'il veut, pour toucher Dieu, les mains chastes des anges.
Il a couru sur vous, mon fils, des bruits étranges,
Je veux les ignorer; votre fidélité,
Si vous fûtes un jour faible, a tout racheté;
Le repentir, semblable au charbon d'Isaïe,
En consumant le cœur renouvelle la vie.
Mais l'ombre du passé ne doit jamais ternir
Le ministre du ciel; nul mortel souvenir,
Dans le prêtre de Dieu ne doit rappeler l'homme,
Du seul nom de pasteur il convient qu'on le nomme;
Que son nom d'ici-bas dans l'autre soit perdu;
Qu'il paraisse du ciel à l'autel descendu,
Et que l'éloignement, le mystère et la grâce,
De ses pas dans la vie aient effacé la trace.

Il est au dernier plan des Alpes habité
Un village à nos pas accessible en été,
Et dont pendant huit mois la neige amoncelée
Ferme tous les sentiers aux fils de la vallée.
Là, dans quelques chalets sur les pentes épars,
Quelques rares tribus de pauvres montagnards
Dans des champs rétrécis qu'ils disputent à l'aigle,
Parmi les châtaigniers sèment l'orge et le seigle,
Dont le pâle soleil de l'arrière-saison
Laisse à peine le temps d'achever la moisson.
Le Dieu de l'indigent vous donne ce royaume :

Son autel est de bois et n'a qu'un toit de chaume ;
Mais mieux que sur l'autel de luxe éblouissant
Aux mains jointes du peuple et du prêtre il descend.
Il se souvient encor que son humble lumière,
Avant l'orgueil du temple, éclaira la chaumière ;
Et ces âmes des champs, toutes du même prix,
Il vous les comptera là-haut. Allez, mon fils.

17 septembre 1797.

J'irai, j'attacherai mon âme aux solitudes,
J'écorcherai mes pieds dans des sentiers plus rudes.
Bénissez-moi, Seigneur ; que mon cœur consumé
Par l'amour, et puni pour avoir trop aimé,
Au foyer de l'autel s'éteigne et se rallume,
Et d'un feu plus céleste en mon sein se consume ;
Mais pour aimer en vous, avec vous et pour vous,
Tous, au lieu d'un seul être, et cet être dans tous !

. . . .

LETTRE A SA SOEUR.

Sept mois plus tard,
Du village de Valneige, mai 1798.

Ma sœur! Oh! quel doux temps ce doux nom me rappelle!
Tendre couple buvant à la même mamelle,
Que notre jeune mère, en se penchant sur nous,
Asseyait et berçait sur les mêmes genoux!
Ma sœur! Oh! laisse-moi l'effacer pour l'écrire,
Ce nom que mon regard n'est jamais las de lire,
Ce nom que j'écrirais du soir au lendemain
Si je laissais mon cœur s'écouler sous ma main!
Oh! ce nom si longtemps muet à mon oreille,
Combien de cendre éteinte en mon âme il réveille!
Toute cette moitié froide et morte du cœur
Retrouve à ce doux nom son monde intérieur,
Monde de sentiment, d'amour et d'innocence,
Où, comme en un berceau, Dieu couve notre enfance;
Dont le regret cuisant nous poursuit; où plus tard
L'œil se voile de pleurs en tournant un regard.

Ma mère! est-il bien vrai? Dieu nous rend notre mère!
Les vents ont sous sa voile aplani l'onde amère!
Toi, ton mari, vous tous! tous rendus par les flots,
Plus trois petits enfans pendant l'exil éclos,
Comme ces passereaux que dans notre jeune âge
Nous trouvâmes un jour, sous l'arbre après l'orage;

Que du rameau cassé notre main recueillit,
Et qu'en ton tablier tu rapportas du nid!

Mais tu ne m'as pas dit assez sur eux, sur elle,
Oh! sur elle surtout! Ma mémoire fidèle
La voit bien à travers le lointain souvenir,
Telle qu'à mon départ je la vis me bénir,
Telle, qu'une exceptée, aucune créature
Ne me laissa dans l'œil sa céleste figure!
Mais, dis-moi, rien n'a-t-il changé sur ses beaux traits?
Le temps, le long exil, ses soucis, ses regrets,
Des cieux plus durs ont-ils passé sur ce visage
Sans laisser, comme au ciel, trace de leur passage?
Son œil a-t-il toujours ce tendre et chaud rayon
Dont nos fronts ressentaient la tiède impression?
Sur sa lèvre attendrie et pâle, a-t-elle encore
Ce sourire toujours mourant ou près d'éclore?
Son front a-t-il gardé ce petit pli rêveur
Que nous baisions tous deux pour l'effacer, ma sœur,
Quand son âme, le soir, au jardin recueillie,
Nous regardait jouer avec mélancolie?
Les séparations et les longs désespoirs
N'ont-ils pas éclairci, dis-moi, ses cheveux noirs,
Ou blanchi sur son front ces deux boucles de soie
Où sa tempe pensive et profonde se noie?
Sa voix a-t-elle encor ce doux timbre d'argent,
Ces caresses de sons sur des lèvres nageant,
D'où notre nom tombait et résonnait si tendre,
Que souvent ma pensée en rêve croit l'entendre?
Et puis, te serre-t-elle encor contre son sein
Ainsi qu'elle faisait quand il était trop plein?
Du matin et du soir sa pieuse caresse,
Ma sœur, te donne-t-elle aussi la même ivresse?
Sens-tu, rien qu'à poser ton front sur ses genoux,
Ces extases du ciel qui descendaient sur nous?...
Mon amour t'interroge avec inquiétude,

SIXIÈME ÉPOQUE.

Car les traits de sa main dont j'ai tant l'habitude,
Dans ce peu de mots d'elle à ta lettre ajouté,
Tromperaient l'œil d'un fils ; j'aurais presque douté
Si la main ne s'était révélée aux paroles.
Tu te fais, diras-tu, des symptômes frivoles !
Peut-être ; mais à l'œil longtemps sevré d'un fils,
Hélas ! tout est symptôme et peur, tout est sans prix ;
Il veut tout retrouver d'une tête si chère !
Le moindre trait de plume, ah ! c'est encor sa mère !
S'il voit dans l'écriture un signe de langueur,
Il craint qu'un changement n'altère aussi le cœur ;
Que ces traits affaissés, que son œil étudie,
Ne révèlent au fond tristesse ou maladie !
Dis-moi que de sa main cette altération
N'était que du bonheur la tendre émotion !

. . . .

Et maintenant il faut que ma plume décrive
La demeure sauvage où Dieu veut que je vive ;
Vous devez, dites-vous, savoir où me trouver
Quand d'un frère ou d'un fils votre cœur veut rêver.
Afin qu'en se cherchant, nos âmes réunies,
Hantent les mêmes bords, vivent des mêmes vies ;
O mes anges absens, suivez-moi donc des yeux ;
Je vais vous raconter la maison et les lieux.

Sur un des verts plateaux des Alpes de Savoie,
Oasis dont la roche a fermé toute voie,
Où l'homme n'aperçoit, sous ses yeux effrayés
Qu'abîme sur sa tête et qu'abîme à ses pieds,
La nature étendit quelques étroites pentes
Où le granit retient la pierre entre ses fentes
Et ne permet qu'à peine à l'arbre d'y germer,
A l'homme de gratter la terre et d'y semer.
D'immenses châtaigniers aux branches étendues

Y cramponnent leurs pieds dans les roches fendues,
Et pendent en dehors sur des gouffres obscurs
Comme la giroflée aux parois des vieux murs ;
On voit à mille pieds au-dessous de leurs branches,
La grande plaine bleue avec ses routes blanches ;
Les moissons jaune d'or, les bois comme un point noir,
Et les lacs renvoyant le ciel comme un miroir ;
La toise de pelouse à leur ombre abritée,
Par la dent des chevreaux et des ânes broutée,
Épaissit sous leurs troncs ses duvets fins et courts,
Dont mille filets d'onde humectent le velours,
Et pendant le printemps, qui n'est qu'un court sourire ;
Enivre de leurs fleurs le vent qui les respire.
Des monts tout blancs de neige encadrent l'horizon
Comme un mur de cristal de ma haute prison,
Et quand leurs pics sereins sont sortis des tempêtes,
Laissent voir un pan bleu de ciel pur sur nos têtes ;
On n'entend d'autre bruit, dans cet isolement,
Que quelques voix d'enfans, ou quelque bêlement
De génisse ou de chèvre au ravin descendues,
Dont le pas fait tinter les cloches suspendues.
Les sons entrecoupés du nocturne angélus,
Que le père et l'enfant écoutent les fronts nus,
Et le sourd ronflement des cascades d'écume,
Auquel, en l'oubliant, l'oreille s'accoutume,
Et qui semble, fondu dans ces bruits du désert,
La basse sans repos d'un éternel concert.

Les maisons, au hasard, sous les arbres perchées,
En groupes de hameaux sont partout épanchées,
Semblent avoir poussé sans plans et sans dessein,
Sur la terre, avec l'arbre et le roc de son sein ;
Les pauvres habitans, dispersés dans l'espace,
Ne s'y disputent pas le soleil et la place,
Et chacun sous son chêne, au plus près de son champ,
A sa porte au matin et son mur au couchant.

Des sentiers où des bœufs le lourd sabot s'aiguise
Mènent de l'un à l'autre et de là vers l'église,
Dont depuis deux cents ans à tous ces pieds humains
Le baptême et la mort ont frayé les chemins.

Elle s'élève seule au bout du cimetière
Avec ses murs épais et bas, verdis de lierre,
Et ses ronces grimpant en échelle, en feston,
Jusqu'au chaume moussu qui lui sert de fronton.
On ne peut distinguer cette chaumière sainte
Qu'au plus grand abandon du petit champ d'enceinte;
Où le sol des tombeaux, par la mort cultivé,
N'offre qu'un tertre ou deux tous les ans élevé,
Que recouvrent bientôt la mauve et les orties,
Premières fleurs toujours de nos cendres sorties,
Et qu'à l'humble clocher qui surmonte les toits
Et s'ouvre aux quatre vents pour répandre sa voix.

Ma demeure est auprès; ma maison isolée
Par l'ombre de l'église est au midi voilée,
Et les troncs des noyers qui la couvrent du nord
Aux regards des passans en dérobent l'abord.
Des quartiers de granit que nul ciseau ne taille,
Tels que l'onde les roule, en forment la muraille;
Ces blocs irréguliers, noircis par les hivers,
De leur mousse natale y sont encor couverts;
La joubarbe, la menthe, et ces fleurs parasites
Que la pluie enracine aux parois décrépites,
Y suspendent partout leurs panaches flottans
Et les font comme un pré reverdir au printemps.
Trois fenêtres, d'en haut, par le toit recouvertes,
Deux au jour du matin, l'autre au couchant, ouvertes,
Se creusant dans le mur comme des nids pareils,
Reçoivent les premiers et les derniers soleils;
Le toit qui sur les murs déborde d'une toise
A pour tuiles des blocs et des pavés d'ardoise,

Que d'un rebord vivant le pigeon bleu garnit ;
Et sous les soliveaux l'hirondelle a son nid.
Pour défendre ce toit des coups de la tempête
Des quartiers de granit sont posés sur le faîte ;
Et faisant ondoyer les tuiles et les bois,
Au vol de l'ouragan ils opposent leur poids.

Bien que si haut assise au sommet d'une chaîne,
Son horizon borné n'a ni grand ciel, ni plaine ;
Adossée au penchant d'un étroit mamelon,
Elle n'a pour aspect qu'un oblique vallon
Qui se creuse un moment comme un lac de verdure,
Pour donner au verger espace et nourriture ;
Puis, reprenant sa pente et s'y rétrécissant,
De ravins en ravins avec les monts descend.
Les troncs noirs des noyers, un pan de roche grise,
L'herbe de mon verger, les murs nus de l'église,
Le cimetière avec ses sillons et ses croix,
Et puis un peu de ciel, c'est tout ce que je vois.

Mais combien au regard du peintre et du poëte,
En vie, en mouvement, la nature rachète
Ce qu'elle a refusé d'espace à l'horizon !
Une cascade tombe au pied de la maison,
Et le long d'une roche en nappe blanche et fine
Y joue avec le vent dont un souffle l'incline,
Y joue avec le jour dont le rayon changeant
Semble s'y dérouler dans ses réseaux d'argent,
Et par des rocs aigus, dans sa chute brisée,
Aux feuilles du jardin se suspend en rosée.
Légère, elle n'a pas ce bruit tonnant et sourd,
Qu'en se précipitant roule un torrent plus lourd ;
Elle n'a qu'une plainte intermittente et douce,
Selon qu'elle rencontre ou la pierre ou la mousse,
Que le vent faible ou fort la fouette à ses parois,
Lui prête ou lui retire, ou lui rend plus de voix ;

Dans les sons inégaux que son onde module
Chaque soupir de l'âme en note s'articule;
Harpe toujours tendue, où le vent et les eaux
Rendent dans leurs accords des chants toujours nouveaux,
Et qui semble la nuit, en ces notes étranges,
L'air sonore des cieux froissé du vol des anges!
Maintenant vous avez mon horizon dans l'œil,
Demain vous passerez, ma sœur, mon pauvre seuil!

SUITE DE LA LETTRE A SA SOEUR.

Valneige, 3 mai 1798.

Une cour le précède, enclose d'une haie
Que ferme sans serrure une porte de claie ;
Des poules, des pigeons, deux chèvres, et mon chien,
Portier d'un seuil ouvert et qui n'y garde rien,
Qui jamais ne repousse et qui jamais n'aboie,
Mais qui flaire le pauvre et l'accueille avec joie ;
Des passereaux montant et descendant du toit,
L'hirondelle rasant l'auge où le cygne boit ;
Tous ces hôtes, amis du seuil qui les rassemble,
Famille de l'ermite, y sont en paix ensemble ;
Les uns couchés à l'ombre en un coin du gazon,
D'autres se réchauffant contre un mur au rayon ;
Ceux-ci léchant le sel le long de la muraille,
Et ceux-là becquetant ailleurs l'herbe ou la paille ;
Trois ruches au midi sous leurs tuiles, et puis
Dans l'angle sous un arbre, au nord, un large puits
Dont la chaîne rouillée a poli la margelle,
Et qu'une vigne étreint de sa verte dentelle ;
Voilà tout le tableau ; sept marches d'escalier
Sonore, chancelant, conduisent au palier
Qu'un avant-toit défend du vent et de la neige,
Et que de ses réseaux un vieux lierre protége ;

SIXIÈME ÉPOQUE.

Là, suspendus le jour au clou de mon foyer,
Mes oiseaux familiers chantent pour m'égayer.

Jusqu'ici, grâce aux lieux, au ciel, à la nature,
Ton doux regard de sœur sourit à ma peinture;
Ta tendre illusion dure encor, mais, hélas!
Si tu veux la garder, ô ma sœur, n'entre pas!...
Mais non, pour vos deux cœurs je n'ai point de mystère,
Pourrais-je devant vous rougir de ma misère?
Entrez, ne plaignez pas ma riche pauvreté,
Ces murs ne sentent pas leur froide nudité!

Des travaux journaliers voilà d'abord l'asile,
Où le feu du foyer s'allume, où Marthe file;
Marthe, meuble vivant de la sainte maison,
Qui suivit dans le temps son vieux maître en prison,
Pauvre fille, à ces murs trente ans enracinée,
Partageant leur prospère ou triste destinée,
Me servant sans salaire et pour l'honneur de Dieu,
Surveillant à la fois la cure et le saint lieu,
Et qui, voyant de Dieu l'image dans son maître,
Croit s'approcher du ciel en vivant près du prêtre;
Quelques vases de terre, ou de bois, ou d'étain,
Où de Marthe attentive on voit briller la main;
Sur la table un pain noir sous une nappe blanche,
Dont chaque mendiant vient dîmer une tranche;
Des grappes de raisin que Marthe fait sécher,
De leur pampre encor vert décorent le plancher;
La séve en hiver même y jaunit leurs grains d'ambre.
De ce salon rustique on passe dans ma chambre;
C'est celle dont le mur s'éclaire du couchant:
Tu sais que pour le soir j'eus toujours du penchant,
Que mon âme un peu triste a besoin de lumière,
Que le jour dans mon cœur entre par ma paupière,
Et que j'aimais tout jeune à boire avec les yeux
Ces dernières lueurs qui s'éteignent aux cieux.

La chaise où je m'assieds, la natte où je me couche,
La table où je t'écris, l'âtre où fume une souche,
Mon bréviaire vêtu de sa robe de peau,
Mes gros souliers ferrés, mon bâton, mon chapeau,
Mes livres pêle-mêle entassés sur leur planche,
Et les fleurs dont l'autel se pare le dimanche,
De cet espace étroit sont tout l'ameublement.

Tout! oh non! j'oubliais son divin ornement,
Qui surmonte tout seul mon humble cheminée,
Ce Christ, les bras ouverts et la tête inclinée,
Cette image de bois du maître que je sers,
Céleste ami, qui seul me peuple ces déserts;
Qui, lorsque mon regard le visite à toute heure,
Me dit ce que j'attends dans cette âpre demeure,
Et, recevant souvent mes larmes sur ses pieds,
Fait resplendir sa paix dans mes yeux essuyés;
Ce Christ! tu le connais; c'est celui que ma mère
Colla dans l'agonie aux lèvres de mon père;
C'est celui que plus tard moi-même en un grand jour
Au pur sang d'un martyr je teignis à mon tour;
D'autres lèvres encore il conserve la trace,
Et Dieu sait de combien de pitié je l'embrasse!...

. . . .

SUITE DES LETTRES A SA SOEUR.

Valneige, 4 mai 1798.

Tu me demanderas de quoi j'existe ici ?
Je me le demandai, moi, bien souvent aussi ;
Mais pour l'homme et l'oiseau la Providence est grande :
De l'autel relevé la volontaire offrande,
Ces âmes qui, cherchant une voix pour prier,
A défaut d'ange, hélas ! nous glissent leur denier ;
Les époux qu'on bénit, les enfans qu'on baptise,
Ces dîmes du bonheur que l'on jette à l'église,
Quelques fonds que l'évêque adresse à ses curés,
Le jardin, le verger, quelques arpens de prés,
Les châtaignes, les noix, de petits coins de terre,
Que je bêche moi-même autour du presbytère,
Suffisent amplement pour moi, Marthe et le chien.
A la table frugale il ne nous manque rien :
Le lait de mon troupeau, le vin blanc de mes treilles,
Les fruits de mes pommiers, le miel de mes abeilles,
Tout abonde ; le pain y cuit pour l'indigent,
Et Marthe dans l'armoire a même un peu d'argent.
Qui m'eût dit qu'un peu d'or me ferait tant de joie ?
Je n'en ai pas besoin, prenez, je vous l'envoie !...

SUITE DES LETTRES A SA SOEUR.

5 mai 1798.

Voulez-vous maintenant, ô mes anges, savoir
Comment je fais toucher le matin et le soir,
Et par quelle insensible et monotone chaîne
Le jour s'unit au jour et forme la semaine ?
Ah ! chaque heure le sait quand elle s'accomplit :
La cloche avant le jour m'arrache de mon lit ;
Je crois entendre au son de sa voix balancée
L'ange qui du sommeil appelle ma pensée
Et lui donne à porter son fardeau pour le jour ;
Je convoque à l'autel les maisons d'alentour ;
Des vieillards, des enfans, quelques pieuses femmes,
Ceux qui sentent de Dieu plus de soif dans leurs âmes
D'un cercle rétréci m'entourent à genoux,
Le Dieu des humbles fois descend du ciel sur nous ;
Combien la sainte aurore et ses voûtes divines
Entendent de soupirs s'échapper des poitrines
Et d'aspirations de terre s'élancer ;
Et combien il est doux, ô ma sœur, de penser
Que tous ces poids du cœur que cette heure soulève
Sur ses propres soupirs au ciel on les élève,
Qu'à chacun à leur place on rapporte un saint don,
Grâce, miséricorde, amour, paix ou pardon ;
Que l'on est l'encensoir où tout cet encens brûle
Et la corbeille pleine où le pain qui circule,

Symbole familier du céleste aliment,
Va nourrir tout ce peuple avec un pur froment !
Du maître en peu de mots j'explique la parole :
Ce peuple du sillon aime la parabole,
Poëme évangélique, où chaque vérité
Se fait image et chair par sa simplicité.
Lorsque j'ai célébré le pieux sacrifice,
J'enseigne les enfans, je me fais leur nourrice,
Je donne goutte à goutte à leurs lèvres le lait
D'une instruction simple et tendre, et qui leur plaît.
Je rentre, et du matin la tâche terminée,
A ma table de fruits et de lait couronnée
Je m'assieds un moment, comme le voyageur
Qui s'arrête à moitié du jour et reprend cœur ;
Le reste du soleil dans mes champs je le passe
A ces travaux du corps dont l'esprit se délasse ;
A fendre avec la bêche un sol dur ; à semer
L'orge qu'un court été pressera de germer ;
A faucher mon pré mûr pour ma blonde génisse ;
A délier la gerbe afin qu'elle jaunisse ;
A faire à chaque plante à son heure pleuvoir
En insensible ondée un pesant arrosoir ;
Car de l'homme à la fois cette terre réclame
La sueur de son front et la sueur de l'âme !
Le soir quand chaque couple est rentré du travail,
Quand le berger rassemble et compte son bétail,
Mon bréviaire à la main je vais de porte en porte,
Au hasard et sans but comme le pied me porte,
M'arrêtant plus ou moins un peu sur chaque seuil,
A la femme, aux enfans, disant un mot d'accueil ;
Partout, portant un peu de baume à la souffrance,
Aux corps quelque remède, aux âmes l'espérance,
Un secret aux malades, aux partans un adieu,
Un sourire à chacun, à tous un mot de Dieu.

Ainsi passe le jour sans trop peser sur l'heure ;

Mais quand je rentre seul dans ma pauvre demeure,
Que ma porte est fermée, et que la longue nuit,
Excepté dans ma tempe, a fait tomber tout bruit,
Ah! ma sœur! c'est alors que mon âme blessée
Sent son mal, et retourne en saignant sa pensée,
Comme on retourne en vain le fiévreux dans son lit;
C'est alors qu'une image ou l'autre m'assaillit,
Que vous m'apparaissez, vous, ma sœur et ma mère,
Avec tout ce qui rend l'absence plus amère,
Avec vos traits si doux, avec vos douces voix,
Vos tendresses, vos mots, vos baisers d'autrefois,
Et que de ce passé la présence est si forte
Que je vous tends les bras, que mon âme m'emporte
Vers vous et dans le sein d'autre fantôme cher,
Que je crois les revoir, leur parler, les toucher,
Et qu'en ne retrouvant qu'un chevet solitaire
Mon cœur comme en tombant s'écrase contre terre ;
Alors pour m'arracher par force à ce transport,
Pour desserrer les dents du serpent qui me mord,
Le front brûlant, collé sur ma table de chêne,
J'attache mon esprit, comme avec une chaîne,
A ces livres usés du regard qui les lit,
Où le jour de ma lampe en m'éclairant pâlit;
Comme un esprit du doute et de la solitude
J'enivre ma raison de science et d'étude;
Tantôt, dans ces débris que l'histoire a laissés
Comme des siècles morts les pas presque effacés,
Je cherche à retrouver les traces d'une route,
Ce vain fil qui se brise entre les mains du doute,
Ce long dessein de Dieu qui mène les humains,
Fait de leurs monumens la fange des chemins,
Dissipe leur empire et leur foi comme un rêve,
Sur leur propre monceau de débris les élève,
Et du dogme et du temps qui ne croit plus finir
Ne fait qu'un marchepied pour l'obscur avenir.
Mais ce fil dans mes mains se brouille, à chaque haleine,

Dans l'énigme de Dieu dont chaque page est pleine ;
Des choses, des esprits l'éternel mouvement
N'est pour nous que poussière et qu'éblouissement :
Le mystère du temps dans l'ombre se consomme ;
Le regard infini n'est pas dans l'œil de l'homme,
Et devant Dieu caché dans sa fatalité,
Notre seule science est notre humilité !

Tantôt, las de sonder ces obscures merveilles,
Je livre aux bardes saints mon âme et mes oreilles,
J'écoute avec le cœur ces cœurs mélodieux
Qui, se brisant à terre en retombant des cieux,
En soupirs immortels sur la harpe éclatèrent,
Et pour diviniser leurs plaintes les chantèrent,
Oh ! de l'humanité ces hommes sont la voix,
Les mots harmonieux s'ordonnent à leur choix,
Comme au signe de Dieu s'ordonnent ses ouvrages,
Et vibrent en musique ou brillent en images ;
Leurs vers ont des échos cachés dans notre cœur ;
Ils versent aux soucis cette molle langueur,
Cet opium divin que dans sa soif d'extase
Le rêveur Orient puise en vain dans son vase ;
Mais eux, l'ange des vers leur apporte aux autels
Pour s'enivrer de Dieu des rêves immortels !
Ils versent goutte à goutte en mon âme attendrie,
Comme un sommeil du ciel, leur tendre rêverie ;
Mon songe, enfant des leurs, les suit, et quelquefois
Comme une voix qui chante entraîne une autre voix,
Ma lèvre, s'abreuvant aux flots de leurs ivresses,
Se surprend à chanter avec eux ses tristesses.

Plus souvent, desséché par mon affliction,
Je trempe un peu ma lèvre à l'*Imitation*,
Livre obscur et sans nom, humble vase d'argile,
Mais rempli jusqu'au bord des sucs de l'évangile,
Où la sagesse humaine et divine à longs flots

Dans le cœur altéré coulent en peu de mots ;
Où chaque âme, à sa soif, vient, se penche, et s'abreuve
Des gouttes de sueur du Christ à son épreuve ;
Trouve, selon le temps, ou la peine, ou l'effort,
Le lait de la mamelle ou le pain fort du fort ;
Et sous la croix où l'homme ingrat le crucifie,
Dans les larmes du Christ boit sa philosophie !...
Ainsi lisant, priant, écrivant tour à tour,
Tantôt le cœur trop plein et débordant d'amour,
Tantôt frappant mon sein sans que l'onde en jaillisse,
Ne trouvant qu'une lie au fond de tout calice,
Puis regardant fumer ma lampe qui pâlit,
Puis tombant à genoux sur les bords de mon lit,
Mouillant de pleurs mes draps qu'entre mes dents je froisse,
En sanglots étouffés comprimant mon angoisse ;
Puis quand du coup au cœur tout le sang a coulé,
Relevant vers la croix un regard consolé,
Ouvrant mes deux volets pour respirer à l'aise
Les brises de la nuit dont la fraîcheur m'apaise,
Le front pâle et terni d'une moite sueur,
Dans mes veilles sans fin je ressemble, ô ma sœur,
A ce Faust enivré des philtres de l'école,
De la science humaine éblouissant symbole,
Quand dans sa sombre tour, parmi ses instrumens,
On l'entendait causer avec les élémens,
Et qu'au lever du jour dans son laboratoire
On ne retrouvait plus qu'un peu de cendre noire !
Hélas ! si ce n'était la grâce du Seigneur,
Que retrouverait-on le matin dans mon cœur ?
Oui, c'est Faust, ô ma sœur, mais, dans ces nuits étranges,
Au lieu d'esprits impurs, consolé par les anges !
Oui, c'est Faust, ô ma sœur, mais Faust avec un Dieu.
Que de choses encor ! La cloche sonne, adieu.

. . . .

(Un grand nombre de pages manquaient ici au manuscrit.)

SEPTIÈME ÉPOQUE.

Du village de sa naissance,
3 juillet 1800.

Pressentimens secrets! malheur senti d'avance,
Ombre des mauvais jours qui souvent les devance,
Instincts qui de ma mère annonciez le trépas,
Je vous croyais trop peu, vous ne me trompiez pas!
Dans quel état, ô ciel! mes yeux l'ont retrouvée!
Hélas! par ma présence un moment soulevée,
La vie, en concentrant trop d'amour dans son cœur,
Semble avoir décimé les jours de sa langueur;
De jeunesse et d'amour cette âme encor si pleine
Tarit sous chaque aurore et tremble à chaque haleine;
Elle ne compte plus que soleil à soleil,
Et lorsque nous baisons ce front pâle au réveil,
Je ne puis de longtemps en détacher ma lèvre,
Car je sens qu'il m'échappe et que la mort me sèvre,
Que le dernier anneau du cœur va se briser
Et ne tient plus peut-être, hélas! qu'à ce baiser!...

Elle a voulu revoir ce ciel de son enfance,
Revenir et mourir au lieu de sa naissance;
Paris était pour elle un séjour étranger,
Son exil à ses yeux n'avait fait que changer :

Cette ville banale était pour elle amère.
Ah! la seule patrie est, aux yeux d'une mère,
Aux lieux où lui sourit, où l'aima son époux,
Où son doux premier-né grandit sur ses genoux,
Où ces anges gardiens du printemps de la femme
Laissèrent en partant leur rayon dans son âme!

Que ce séjour pourtant a d'angoisse à ses yeux!
Revenir étrangère aux champs de ses aïeux,
Pauvre et nue, au village où son humble opulence
Des détresses du pauvre était la providence!
De ceux qu'on reconnaît voir les yeux se baisser,
D'autres se détourner de peur de vous blesser,
D'autres, nouveaux venus, en secouant leurs têtes,
D'un air indifférent demander qui vous êtes?
Louer une chaumière en un coin du hameau
Pour respirer un peu de l'air de son berceau,
Jeter un œil furtif, de là, sur la demeure
Où l'on naquit, sur l'herbe ou l'arbre qui vous pleure,
Craindre qu'on vous impute à crime ce coup d'œil;
Se détourner de peur d'en rencontrer le seuil,
Et n'avoir pour jardin, pour abri, pour ombrage,
Que la ronce qui traîne aux sentiers du village,
Ou l'arbre sépulcral, le séculaire ormeau,
Dont l'ombre que l'on fuit n'appartient qu'au tombeau,
Et qui voit tous les soirs, au cercueil de famille,
S'asseoir un fils avec une mère et sa fille.
Voilà pourtant sa vie et la nôtre en ce lieu.
Oh! courage, ô mon cœur! la patrie est en Dieu!

Même lieu, 18 juillet 1800.

Qu'après avoir pleuré comme morte, la femme
A qui, jeune, on donna les prémices de l'âme,
Des bords lointains du monde, à son toit revenu,
On la trouve vivante au bras d'un inconnu,
Entre l'étonnement, la douleur et la joie,
Le cœur plein et serré dans ses larmes se noie,
S'interroge soi-même, et frémit de savoir
Lequel est plus affreux de perdre ou de revoir;
Ainsi, cette maison que j'avais tant pleurée,
Que je me figurais des flammes dévorée,
Elle est encor debout..., mais pour nous repousser;
Ce seuil qui fut à nous nous n'osons le passer;
Et mon cœur déchiré, que ce souvenir tue,
Ne sait s'il l'aime mieux intacte qu'abattue!

Même lieu, 20 juillet.

Hier, fatale idée! elle conçut l'envie
De revoir pas à pas le scène de sa vie,
La maison, le jardin, et de tout parcourir,
D'y revivre un moment, fallût-il en mourir!
Ma sœur et moi, cédant à tout par complaisance,

Du nouveau possesseur épiâmes l'absence,
Et, profitant de l'heure, appuyée à nos bras,
Jusqu'au seuil de l'enclos nous traînâmes ses pas.
Le concierge, attendri par ces deux voix de femmes,
Ouvrit furtivement la porte, et nous entrâmes.
Soit confiance en nous, ou soit cette pudeur
Qu'ainsi que l'innocence inspire le malheur,
Cet homme, retournant à ses travaux champêtres,
Du jardin, du logis, sembla nous laisser maîtres.
Oh! que son sentiment soit béni dans son cœur!
Ma mère, dont la joue avait repris couleur,
Ma mère, dont la force, un moment ranimée,
Empruntait de la vie à cette terre aimée,
Parcourant du regard et le ciel et les lieux,
Voyait tout son passé remonter sous ses yeux;
Le nuage des pleurs qui flottaient sur sa vue
Laissait à chaque aspect percer son âme émue.
Elle nous entraînait partout d'un pas rêveur,
Montrait du doigt de loin chaque arbre, chaque fleur,
Voulait s'en approcher, les toucher, reconnaître
S'ils ne frémiraient pas sous l'œil qui les vit naître,
Voir de combien de mains avaient grandi leurs troncs,
Les comparer de l'œil comme alors à nos fronts,
En froisser une feuille, en cueillir une branche,
Appeler par son nom chaque colombe blanche
Qui, partant de nos pieds pour voler sur les toits,
Rappelaient à son cœur nos ramiers d'autrefois;
Écouter si le vent dans l'herbe ou la verdure,
L'onde dans la rigole avaient même murmure;
Éprouver si le mur de la chère maison
Renvoyait aussi tiède au soleil son rayon;
Ou si l'ombre du toit, sur son vert seuil de mousse,
Au penchant du soleil s'allongeait aussi douce!
C'était à chaque chose une exclamation,
Un soupir, puis un mot de résignation,
Puis de son bras au nôtre une étreinte plus vive

Qui trahissait l'élan d'une âme convulsive.
Enfin de la demeure ouverte, d'un coup d'œil
Et d'un élan rapide elle franchit le seuil;
Elle nous entraîna d'un pas involontaire
Dans toute la maison, comme en un sanctuaire
Qu'elle semblait fouler avec recueillement,
N'osant ni respirer, ni faire un mouvement,
Comme si du passé l'image tendre et sainte
Devait au moindre bruit s'enfuir de cette enceinte.

Dans notre toit d'enfant presque rien de changé;
Le temps, si lent pour nous, n'avait rien dérangé :
C'était toujours la salle ouvrant sur la pelouse,
Le réduit qu'obscurcit la liane jalouse,
La chambre maternelle où nous vîmes au jour,
Celle de notre père, à côté, sur la cour,
Ces meubles familiers qui d'une jeune vie,
Sous notre premier toit, semblent faire partie,
Que l'on a toujours vus, connus, pensés, touchés;
Cette première couche où Dieu nous a couchés,
Cette table où servait la mère de famille,
Cette chaise où la sœur travaillant à l'aiguille
Auprès de la fenêtre en cet enfoncement,
Sous ses cheveux épars, penchait son front charmant;
Sur les murs décrépis ces deux vieilles gravures
Dont les regards étaient toujours sur nos figures;
Et près du vieux divan que la fleur nuançait,
L'estrade où de son pied ma mère nous berçait;
Tout était encor là, tout à la même place,
Chacun de nos berceaux avait encor sa trace;
Chacun de nous touchait son meuble favori,
Et comme s'il avait compris jetait un cri.

Mais ma mère entr'ouvrant la chambre paternelle
Et nous poussant du geste : « A genoux! nous dit-elle,
« Enfans, voilà le lit où votre père est mort! »

Puis tombant elle-même à genoux sur le bord,
Et des mains embrassant le pilier de la couche,
Comme nous en pleurant elle y colla sa bouche;
Ses larmes sur le bois ruisselaient à grands flots,
Et la chambre un moment fut pleine de sanglots...
Mais des pieds de chevaux dans la cour résonnèrent,
Le marteau retentit et les cloches sonnèrent.
A ce bruit tout à coup reprenant nos esprits,
Et comme des voleurs craignant d'être surpris,
Emportant dans mes bras ma mère évanouie
Dont cette émotion venait d'user la vie,
Dérobés aux regards par le mur de jasmin,
Je regagnai tremblant la porte du chemin,
Soutenant sur mon cœur ma mère à demi morte;
Et dans le moment même où la secrète porte
Se fermait doucement sous la main de ma sœur,
J'entendis les enfans du nouveau possesseur,
Sortant de la maison en joyeuse volée,
Courir de haie en haie et d'allée en allée,
Et leurs cris de bonheur monter et retentir
Sur les pas de la mort qui venait d'en sortir.

Même jour, le soir.

O vraie et lamentable image de la vie!
La joie entre par où la douleur est sortie!
Le bonheur prend le lit d'où fuit le désespoir!
A ce qui naît le jour Dieu fait place le soir;
La coupe de la vie a toujours même dose,
Mais une main la prend quand l'autre la dépose,
Hélas! et si notre œil pouvait parfois sonder

Ces coupes de bonheur qui semblent déborder,
Ne trouverions-nous pas que chaque joie humaine
Des cendres et des pleurs d'un autre est toujours pleine?

19 juillet 1800.

C'en est donc fait! ma mère! ah! ce dernier effort
De sa vie expirante a brisé le ressort!
O nuit de l'agonie et de la délivrance,
Écris-toi dans mon âme en larmes d'espérance !
Je veillais, en priant, seul, au bord de son lit,
L'étoile du matin parut, elle me dit :
« Courage, mon enfant, je sens que je vous quitte ;
« De ses derniers élans mon cœur pour vous palpite;
« Avant que cette étoile ait pâli dans le jour
« Je vous embrasserai de l'éternel séjour !
« Oh! réjouissez-vous, les vrais jours vont m'éclore;
« Pourtant sur cette terre embrassons-nous encore,
« Va réveiller ta sœur !... non, je te le défend,
« Écoute : dans son sein elle porte un enfant,
« Cette heure d'agonie à voir est trop cruelle,
« Il faut la lui sauver pour son fruit et pour elle!
« Il faut laisser ce voile entre elle et le trépas;
« Et mon dernier baiser tu le lui donneras!
« Tu sais quels saints devoirs ce grand moment réclame,
« Accomplis-les, mon fils, je te livre mon âme!
« Va, tu n'es plus pour moi que le prêtre de Dieu. »

Oh! béni soit celui qui du suprême adieu
M'adoucit à ce point l'heure toujours amère!
Et fait ouvrir le ciel par le fils à la mère!

Vous en fûtes témoins, anges du Dieu vivant !
Ah ! si mon faible cœur se révolta souvent,
Si trouvant le joug lourd et le devoir austère,
Je traînai comme un poids mon sacré caractère,
De tout ce qu'ici-bas j'avais sacrifié,
Ah ! par ce seul moment je me sentis payé,
Puisque Dieu permettait que par ce sacrifice
Cette mort pour ma mère adoucît son calice !

J'allumai ces flambeaux de la dernière nuit,
Double image du jour qui commence et qui fuit;
Dans le vase caché de l'humble Eucharistie
Des mourans à sa voix j'allai puiser l'hostie;
Et penché sur son front, de ma tremblante main,
Tout mouillé de mes pleurs je lui rompis le pain ;
La splendeur de sa foi rayonnait dans la chambre ;
Du chrême des mourans je touchai chaque membre,
Ce front où mes baisers voulaient suivre mes doigts,
Ces flancs qui sur son cœur m'avaient couvé neuf mois,
Ces bras qui, m'entourant, tout petit, de tendresse,
M'avaient fait tant de fois un berceau de caresse ;
Ces pieds, qui les premiers frayèrent mon chemin,
Dont toute trace allait disparaître demain !
Absorbée et présente à chaque grand symbole,
Quand tout fut accompli, reprenant la parole :
« Jocelyn, me dit-elle, encore, encore un don ! »
— « Et lequel, ô ma mère ? » — « Oh ! mon fils, ton pardon !
« Non le pardon de Dieu qui sur moi surabonde,
« Mais le pardon du fils que je laisse en ce monde !
« De ton amour pour nous pauvre jeune martyr,
« Une mère jamais n'aurait dû consentir
« A te laisser tenter ce dévoûment sublime !
« Ta vie est un désert, ton cœur est un abîme
« Que tu ne peux combler qu'à force de vertu !
« C'est moi qui l'ai creusé, dis, me pardonnes-tu ? »
Je collai sur ses mains mes lèvres en silence.

« Oh! que ma douce mort te soit ta récompense!
« Je t'ai fermé le monde, et c'est toi dont la main
« Du ciel ouvert par toi m'aplanit le chemin!
« Je vais t'y préparer, dit-elle, une demeure
« Plus durable, à mon tour, ô mon fils, et meilleure!
« Ici le cœur tarit, les longs bonheurs sont courts,
« Ton âme a sa patrie où l'on aime toujours! »
Puis sentant que la mort affaissait ses paupières :
« Récite-moi, mon fils, ces divines prières
« Qui de l'âme fidèle accompagnent l'essor,
« Afin qu'en expirant elle bénisse encor. »
J'obéis; sous mes pleurs je lui lus, dans ses *Heures*,
La tristesse de l'âme à ses dernières heures;
Ses lèvres, dont l'accent paraissait s'assoupir,
Murmuraient les répons de ce pieux soupir,
Comme l'écho lointain d'une voix affaiblie
Qui s'éloigne et déjà répond de l'autre vie;
Tout à coup au refrain je ne l'entendis plus,
Elle achevait au ciel les chants interrompus!...
Le livre s'échappa de mes mains qui s'ouvrirent,
Et l'hymne de la mort... mes sanglots le finirent!

1er août 1800, la nuit, au cimetière,
près du tombeau de sa mère.

O nuit! oh! couvre-moi de ta noire épaisseur;
Demain!... quoi! c'est demain que j'emmène ma sœur!
Demain j'aurai quitté pour jamais cette terre,
Ce sépulcre où mon âme entre auprès de ma mère!
Ah! sur ce lit d'argile où sa dépouille dort
N'ayant entre elle et moi que ce rideau de mort,

Cette couche de cendre, hélas! si peu profonde,
Qu'un cœur soulèverait et qui sépare un monde!
Nuit qui deviens mon jour, laisse-moi me coucher
Près du sol remué d'hier et le toucher!
M'enivrer de tristesse ainsi que d'une joie,
Écouter ce qu'au cœur de là-bas Dieu m'envoie,
Et la bouche collée au sol mystérieux
Le pétrir de mes mains, l'arroser de mes yeux!.,.

. . . .
. . . .

Béni sois-tu, mon cœur, et toi, ma foi divine,
De me parler si haut, si fort dans la poitrine!
En ce moment où l'œil ne voit que le trépas,
Que serais-je, grand Dieu, si vous ne parliez pas?
Si de mon seul instinct l'infaillible espérance
Ne me répondait pas que tout n'est qu'apparence,
Qu'un peu d'argile ici sur l'argile jeté
N'ensevelit pas l'âme et l'immortalité?
Que la vie, un moment détournée en sa course,
Ne s'anéantit pas en montant à sa source,
Ainsi que le rayon qui s'enfuit de nos yeux
Ne s'éteint pas là-haut en remontant aux cieux!
Non! tu vis, tu m'entends, tu me réponds, tu m'aimes,
Nos places ont changé, nos rapports sont les mêmes!
Ame qui fus ma mère, oh! parle, parle-moi,
Ma conversation est au ciel avec toi!

Seulement ici-bas, séparés par l'absence,
Nos cœurs qui se cherchaient souffraient de la distance;
Tu m'entends maintenant de partout; ton regard
Ne connaît plus ni lieu, ni retour, ni départ,
Ton amour ne tient plus dans ce doux cœur de femme,
Mais comme une atmosphère enveloppe mon âme!...
Aussi sur ce gazon mouillé de mes regrets

Si je viens dans la nuit te pleurer de plus près,
Ce n'est pas que mon cœur rêve que cette cendre
Se réchauffe à mon souffle et puisse mieux m'entendre :
Non, c'est l'aveugle instinct de la tendre douleur
Qui mène à notre insu les pieds où va le cœur,
Et dans l'illusion que le regret embrasse
Nous fait chercher encor le pas où fut la trace.

. . . .
. . . .

Oh ! coulez ! oh ! coulez ! mon cœur, épanche-toi !
O terre, bois mes pleurs ! ces pleurs c'est encor moi !
O sol de mon berceau, que ne puis-je te rendre
Ce corps pétri de toi ! que ne puis-je répandre
Toute ma vie en eau de mes yeux épuisés !
Restituer ces pleurs où je les ai puisés,
Comme le filet d'eau qui lassé de sa course
Tarit et rentre en terre à deux pas de sa source !...

. . . .
. . . .

Mère ! sous ton regard de tendresse interdit,
Non, tu ne savais pas ! je ne t'ai jamais dit,
Je ne me suis jamais dit peut-être à moi-même,
(C'est quand on a perdu qu'on sait comment on aime)
Non, je ne savais pas ! je ne dirai jamais
De quelle âme de fils, ô mère, je t'aimais !

. . . .
. . . .

L'aimer, mais pour l'aimer étais-je un autre qu'elle ?
N'étais-je pas nourri du suc de sa mamelle,
Éclos de son amour, réchauffé dans son flanc,

La moelle de ses os, le plus pur de son sang?
L'air qu'elle respirait dans sa chaste poitrine
Ne fut-il pas neuf mois celui de ma narine?
De son cœur près du mien le moindre battement
Ne m'inspirait-il pas le même sentiment?
Mon corps n'était-il pas tout son corps, et mon âme
Un foyer emprunté qu'allume une autre flamme?
De cette âme du ciel chaque vibration,
En me communiquant la même impulsion,
N'imprimait-elle pas à ma jeune pensée
La même impression en moi recommencée,
Comme un son dans les sons imprime un même accord,
Ou comme un flot du flot reçoit le pli du bord!
Cette pensée, ainsi de la sienne venue,
Est-ce une âme qui naît? une qui continue?

. . . .
. . . .
. . . .
. . . .

Et plus tard, quand bercé, grandi sur tes genoux,
Mon oreille s'ouvrait à tes accens si doux,
Que du monde et du ciel l'obscure intelligence
A travers ton sourire éclairait mon enfance,
Que tes saintes leçons façonnaient ma raison,
Que le bord de ta robe était mon horizon,
Et que toute mon âme, attentive à la tienne,
N'était que la lueur d'une autre dans la mienne,
O mère, qui pouvait démêler d'un regard
Cette existence à deux, faire à chacun sa part,
Distinguer toi de moi dans cette âme commune,
Restituer en deux ce qui sentait en une,
Dans nos doubles clartés voir laquelle avait lui,
Et, sans mentir au ciel, dire : C'est elle ou lui?

. . . .
. . . .

Aussi qu'étais-je ici que ta vivante image ?
Ton œil semblait avoir façonné mon visage ;
Jeune, dans la maison on ne distinguait pas
Le timbre de nos voix ni le bruit de nos pas ;
Par le frémissement de chaque même idée
Dans le même moment notre âme était ridée ;
Le même sentiment battait dans nos deux cœurs ;
Si tu devais pleurer, mes yeux roulaient des pleurs ;
S'il passait sur mon front quelque fraîche pensée,
D'un sourire avant moi ta lèvre était plissée.
Un en deux, toi le tronc, moi le tendre rameau,
Toi la voix, moi le son, toi la source et moi l'eau !
Union si profonde et si forte des âmes,
Que Dieu seul peut de l'œil en démêler les trames ;
Que lui seul peut savoir, en sondant nos deux cœurs,
Si c'est toi qui survis ou si c'est moi qui meurs.

. . . .
. . . .
. . . .
. . . .

Meurt ? oh ! non, car je crois ! meurt ? oh ! non, car tu vis !
Ma mère, oh ! dans ta mort je suis encor ton fils !
Dans l'éternel bonheur où la vertu t'appelle
Un ciel remplirait-il une âme maternelle ?
Non : si Dieu lui donnait le ciel sans son enfant,
Son cœur demanderait son fils ou le néant ;
Oh ! je crois au néant plutôt qu'à ton absence !
Sur la foi de mon cœur je marche en ta présence,
Je sens ce cœur brûlant sous ta main s'apaiser,

Mon front baissé frémit comme sous ton baiser.
Ah! de tout ce qui s'aime et de tout ce qui prie
La présence est en Dieu, car Dieu c'est leur patrie!

. . . .
. . . .

HUITIÈME ÉPOQUE.

Paris, 16 septembre 1800.

J'ai ramené ma sœur aux bras de son époux.
Que ce retour fut triste, et pourtant qu'il fut doux!
Comme ces beaux enfans sur ces genoux de femme
Des larmes au bonheur faisaient flotter cette âme!
Sous la morne couleur de sa robe de deuil
Que de joie en son sein, d'amour dans son coup d'œil!
Dans le cœur de la mère, hélas! la vie est double :
Quand son passé se ferme et son couchant se trouble,
Elle voit l'avenir plein de jour et d'espoir
Du front de ses enfans rayonner sur son soir;
Son âme, pour aimer, sur eux se multiplie.
Chaste amour, dans ta coupe il n'est donc point de lie?

Paris, 20 septembre 1800.

Avant de retourner à mon nid pour toujours,
Ils veulent me garder avec eux quelques jours,

Pour que ma pauvre sœur par degrés s'accoutume
Aux séparations ; et puis, je le présume,
Pour qu'avant de rentrer dans mon obscur réduit
Mon oreille du monde ait entendu le bruit,
Comme au pied de la dune on monte sur la crête
Pour écouter la vague et pour voir la tempête.

Oh! que le bruit humain a troublé mes esprits!
Quel ouragan de l'âme il souffle dans Paris!
Comme on entend de loin sa grande voix qui gronde,
Pleine des mille voix du peuple qui l'inonde,
Semblable à l'Océan qui fait enfler ses flots,
Monter et retomber en lugubres sanglots!
Oh! que ces grandes voix des grandes capitales
Ont de cris douloureux et de clameurs fatales,
D'angoisses, de terreurs et de convulsions!
On croit y distinguer l'accent des passions
Qui soufflant de l'enfer sur ce million d'âmes,
Entrechoquent entre eux ces hommes et ces femmes,
Font monter leur clameur dans le ciel comme un flux,
Ne forment qu'un seul cri de mille cris confus,
Ou qu'on entend le bruit des tempes de la terre
Que la fièvre à grands coups fait battre dans l'artère.
Quel poids pèse sur l'âme en entrant dans ces murs,
En voyant circuler dans ces canaux impurs
Ces torrens animés et cette vague humaine
Qu'un courant invisible en sens contraire entraîne,
Qui sur son propre lit flotte éternellement,
Et dont sans voir le but on voit le mouvement!
Quel orageux néant, quelle mer de tristesse,
Chaque fois que j'y rentre, en me glaçant, m'oppresse!
Il semble que ce peuple où je vais ondoyer
Dans ses gouffres sans fond du flot va me noyer;
Que le regard de Dieu me perd dans cette foule;
Que je porte à moi seul le poids de cette houle;
Que son immense ennui, son agitation

M'entraînent faible et seul dans son attraction ;
Que de ses passions la fièvre sympathique,
En coudoyant ce peuple, à moi se communique ;
Que son âme travaille et souffre dans mon sein,
Que j'ai soif de sa soif, que j'ai faim de sa faim ;
Que ma robe en passant se salit à ses crimes ;
Et que tourbillonnant dans ses mouvans abîmes,
Je ne suis pas pour lui plus qu'une goutte d'eau
Qui ne fait ni hausser, ni baisser son niveau,
Un jet de son écume, un morceau de sa vase,
Une algue de ses bords qu'il souille et qu'il écrase,
Et que si je venais à tomber sous ses pas,
Cette foule à mes cris ne s'arrêterait pas ;
Mais comme une machine à son but élancée
Passerait sur mon corps sans même une pensée !...
Et puis, faut-il le dire ? il est ici pour moi
Un éternel sujet de tristesse et d'effroi ;
Je me surprends sans cesse à penser, à me dire,
Tout tremblant : C'est ici que Laurence respire !
C'est ce bruit qu'elle entend, c'est ce ciel qu'elle voit,
Ce pavé qui la porte, et cette eau qu'elle boit ;
C'est dans cet Océan, dans ce désert immonde
Que cette perle pure est enfouie au monde !
Quand je lève mes yeux vers ces brillans séjours
Où les flambeaux le soir ressuscitent les jours,
Je me dis, en voyant une ombre à la fenêtre :
Cette ombre que je vois c'est la sienne peut-être !
Chaque char en roulant me semble l'emporter.
Ce coude que le mien le soir vient de heurter,
La trace de ce pied, la robe que je froisse,
Qui sait si ce n'est pas ?... Une poignante angoisse
De chaque aspect pour moi sort et vient m'assaillir.
J'entends des sons de voix qui me font tressaillir ;
J'entends des noms qui font rougir jusqu'à mon âme ;
Je frémis de lever les yeux sur une femme ;
Je tremble qu'à son front, rencontré par hasard,

Mon cœur ne meure en moi foudroyé d'un regard.
Puis je rentre, l'esprit courbé de lassitude,
Mais poursuivi des cris de cette multitude,
Trouvant l'isolement mais jamais le repos,
Le cœur amer et vide et plein de mille échos ;
Le bruit assourdissant de l'humaine tempête
Monte, gronde sans cesse et m'enivre la tête ;
Et seul, sans qu'il me tombe une goutte de foi,
J'entends à peine, hélas ! mon cœur qui prie en moi.
O nuits de ma montagne, heure où tout fait silence
Sous le ciel et dans moi ; lune qui se balance
Sur les cimes d'argent du pâle peuplier
Que l'haleine du lac à peine fait plier ;
Blanches lueurs du ciel sur l'herbe répandues
Comme du lin lavé les toiles étendues ;
Des brises ou de l'eau furtif bruissement ;
Des chiens par intervalle un lointain aboîment ;
Le chant du rossignol par notes sur des cimes,
Silence dans mon âme, ou quelques bruits intimes
Qu'un calme universel vient bientôt assoupir,
Et qu'un retour vers Dieu change en pieux soupir ;
O jours d'un saint labeur ! douces nuits de Valneige !
Oh ! que le temps me dure ! Oh ! quand vous reverrai-je !...

Paris, 24 septembre 1800.

i

Quel spectacle, Seigneur, vous donnez à vos anges
Dans ces grands chocs d'idée et ces luttes étranges !
Sur ce peuple qui peut savoir votre dessein ?
Vous avez mis, grand Dieu, deux âmes dans son sein :

L'une d'un vague instinct vers l'inconnu guidée,
Sonde la mer du doute et découvre l'idée;
Lui donne, en pétrissant le verbe dans sa main,
La forme qui la rend palpable au sens humain;
La tire comme l'or de sa mine profonde,
Et la frappe en monnaie à l'usage du monde :
L'autre, âme de soldat, toujours ferme et debout,
Comme un volcan divin dans sa poitrine bout,
Aspire aux quatre vents le souffle de la guerre,
Et pour champ de bataille a pris toute la terre ;
Et, par cette âme double à la fois agissant,
Il sert Dieu de son cœur et l'homme de son sang !
Semblable de nos jours au peuple de Moïse
Qu'en deux parts au combat le prophète divise,
L'une dans le vallon, mourant pour Israël,
L'autre sur les hauteurs, levant les mains au ciel!...

Pour lancer tous ses fils à sa lutte inégale,
Paris semble des camps la grande capitale ;
On voit par chaque porte entrer ses bataillons,
Renaissante moisson de ses sanglans sillons,
Qui, pour combler aux camps les lignes décimées,
Ressortent en chantant vers ses quatorze armées,
On ne voit qu'étendards par le plomb déchirés
Entraînant des soldats sous leurs lambeaux sacrés;
On n'entend retentir que le canon sonore
Dont des boulets vomis la gueule est pleine encore,
Et la ville ne voit briller à son réveil
Que d'épaisses forêts de fusils au soleil.
Et comme cette foule est prodigue de vie !
Et comme tout à coup au grand homme asservie,
Elle qui ne pouvait subir un joug plus doux,
Du tyran de sa gloire embrasse les genoux ;
Sous son geste nerveux d'elle-même s'incline,
Accepte sans effort sa rude discipline,
Et semble, en se pliant à son poignet d'airain,

Le cou de son cheval ou le gant de sa main !
Ah ! c'est qu'aussi le peuple a cet instinct rapide
Qui le fait s'élancer sur les pas de son guide ;
C'est que dans le péril la faible humanité
De Dieu même a reçu l'instinct de l'unité,
Et qu'afin qu'en grand peuple un grand homme la moule
Le bronze extravasé doit couler dans le moule.

Où les pousse pourtant ce vague entraînement ?
Pourquoi vont-ils combattre et mourir si gaîment ?
Leur esprit ne sait pas, leur instinct sait d'avance,
Ils vont, comme un boulet, où la force les lance,
Ébranler le présent, démolir le passé,
Effacer sous ton doigt quelque empire effacé,
Faire place sur terre à quelque destinée
Invisible pour nous, mais pour toi déjà née,
Et que tu vois déjà splendide, où nos esprits
N'aperçoivent encor que poussière et débris !
Ainsi, Seigneur, tu fais d'un peuple sur la terre
L'outil mystérieux de quelque grand mystère ;
Sans connaître jamais ses plans sur l'univers,
A la trame des temps travaillant à l'envers,
Les nations de l'œil à leur insu guidées
Sont dans la main de Dieu des instrumens d'idées !
Et l'homme, qui ne voit que poussière et que sang,
Et qui croit Dieu bien loin, se trompe en maudissant ;
Il ne sait pas, captif dans sa courte pensée,
Que d'une œuvre finie une autre est commencée,
Et qu'afin que l'épi divin puisse y germer,
On laboure la terre avant de la semer.

Oh ! que nos jugemens sont courts, et feraient rire
Dans le livre de Dieu celui qui saurait lire !
Que nous comprenons peu les dénoûmens du sort !
Et que souvent la vie est prise pour la mort !

HUITIÈME ÉPOQUE.

La caravane humaine un jour était campée
Dans des forêts bordant une rive escarpée,
Et ne pouvant pousser sa route plus avant,
Les chênes l'abritaient du soleil et du vent;
Les tentes, aux rameaux enlaçant leurs cordages,
Formaient autour des troncs des cités, des villages,
Et les hommes, épars sur des gazons épais,
Mangeaient leur pain à l'ombre et conversaient en paix.
Tout à coup, comme atteints d'une rage insensée,
Ces hommes se levant à la même pensée,
Portant la hache aux troncs, font crouler à leurs piés
Ces dômes où les nids s'étaient multipliés;
Et les brutes des bois sortant de leurs repaires,
Et les oiseaux fuyant les cimes séculaires,
Contemplaient la ruine avec un œil d'horreur,
Ne comprenaient pas l'œuvre, et maudissaient du cœur
Cette race stupide acharnée à sa perte,
Qui détruit jusqu'au ciel l'ombre qui l'a couverte!
Or, pendant qu'en leur nuit les brutes des forêts
Avaient pitié de l'homme et séchaient de regrets,
L'homme, continuant son ravage sublime,
Avait jeté les troncs en arche sur l'abime;
Sur l'arbre de ses bords gisant et renversé,
Le fleuve était partout couvert et traversé;
Et poursuivant en paix son éternel voyage,
La caravane avait conquis l'autre rivage.

C'est ainsi que le temps, par Dieu même conduit,
Passe pour avancer sur ce qu'il a détruit;
Esprit saint! conduis-les, comme un autre Moïse,
Par des chemins de paix à ta terre promise!!!...

Paris, 21 septembre 1800, le soir.

Quelle fièvre! Oh! chassez l'image qui me tue,
Est-ce un songe? est-ce une ombre? est-ce elle que j'ai vue?
Ah! c'est-elle! ô mon cœur, tu ne peux t'y tromper,
Nulle autre d'un tel coup ne pouvait te frapper!
La revoir!... mais montrée au doigt, mais avilie!
Oh! dans ma coupe encore il manquait cette lie!

Hier j'étais allé le soir dans un saint lieu
Pour entendre prêcher la parole de Dieu
Par un vieillard du temple, échappé du martyre,
Dont la voix sur ce peuple a reconquis l'empire.
La foule remplissait le portique et les murs.
Caché dans l'ombre, au pied d'un des piliers obscurs
Où les cierges du chœur, qui brûlaient par centaines,
Jetaient obliquement leurs lueurs incertaines,
J'attendais que le flot du peuple débordé,
Des tribunes au chœur, plein, eût tout inondé,
Et le front dans mes mains, appuyé sur la pierre,
J'entendais sans les voir les pas rouler derrière,
Et tout autour de moi les groupes curieux
Qui causaient à voix basse en promenant leurs yeux.
Tout à coup s'éleva comme un murmure immense
D'épis sur les sillons quand la brise y commence;
J'entendis frôler l'air, d'un plumage mouvant
Sur ma brûlante peau mon front sentit le vent.
Les rangs pressés s'ouvraient d'eux-même et faisaient place,
Et puis se refermaient soudain sur une trace.

HUITIÈME ÉPOQUE.

Ce n'était que rumeur et qu'exclamation
D'étonnement, d'ivresse et d'admiration ;
Un instinct machinal me fit tourner la tête
Pour voir l'objet charmant de la foule distraite ;
Mais il n'était plus temps, la femme avait passé,
Son sillon dans l'église était presque effacé ;
Je ne vis qu'une taille et des épaules nues
Où flottaient sous des fleurs des tresses répandues,
Et qu'un sourire errant, et l'amoureux regard
Annonçaient, devançaient, suivaient de toute part.
« C'est bien elle, » disait un jeune homme ; « oh ! c'est elle !
« Ce ciel dont on nous berce en a-t-il d'aussi belle ?
« Non jamais ces pavés n'ont frémi sous les pas
« D'anges aussi divins que l'ange d'ici-bas.
— « Elle ! » lui répondait son voisin ; « c'est son ombre
« Peut-être, car du temple elle craint jusqu'à l'ombre,
« Et jamais ses beaux pieds, d'adorateurs suivis,
« N'ont foulé pour prier la poudre des parvis.
« C'est là son seul défaut, hélas ! la tendre femme,
« On dit qu'au désespoir elle a vendu son âme ;
« On ne la vit jamais s'approcher du saint lieu ;
« Elle fait croire au ciel et ne croit pas à Dieu !
— « C'est elle cependant, tiens, en veux-tu la preuve ?
« Regarde sa ceinture et son collier de veuve.
« Vois qui la mène. — Eh bien ? — Eh bien, c'est lui !
« Lui, le martyr d'hier et l'élu d'aujourd'hui !
« Qu'il se hâte au bonheur ! car demain !... quel dommage
« Qu'une beauté si pure, ô Dieu ! soit si volage !
« Ou plutôt quel bonheur qu'elle fasse courir
« La coupe où chacun veut s'enivrer et mourir !
— « Mais au sermon, mon cher, que viendrait-elle faire ?
— « Elle y vient comme nous, ma foi, pour se distraire,
« Pour entendre des mots saintement cadencés,
« Ou sur l'orgue des airs qu'elle n'a pas dansés,
« Car on dit que depuis sa première aventure
« De l'orgue dans ses nuits elle aime le murmure,

« Sans doute en souvenir du beau mugissement
« Qu'elle entendait si haut chez son premier amant,
« Tu sais?... » Mais l'orateur, se levant de la chaire,
Murmura sourdement son texte et les fit taire;
Il parla du bonheur de mourir pour la foi,
Des martyrs immolés pour l'Église et le roi,
Et, sur leurs orphelins évoquant leur mémoire,
Toucha jusqu'aux sanglots son immense auditoire.
Des larmes de pitié montaient à tous les yeux;
Chacun se dépouillait de son denier pieux;
Une femme, on disait qu'orpheline elle-même,
Des malheurs de ces temps elle était un emblème,
Du vieillard précédée, une bourse à la main,
Parmi les rangs émus se frayait un chemin,
Et faisant résonner le don dans la corbeille,
A la sainte pitié sollicitait l'oreille.
On n'entendait au loin que sa timide voix,
Le prêtre qui frappait le pavé de sa croix,
Ou du denier sacré la chute monotone
Qui sonnait en tombant dans l'urne de l'aumône;
Des rangs voisins du mien bientôt elle approchait,
D'avance dans mon sein déjà ma main cherchait
L'obole de l'autel, quand, relevant la tête,
Mon regard dans le sien se rencontre et s'arrête,
Et comme fascinés par l'œil qu'en vain on fuit,
Chacun de nos regards suit l'autre qui le suit :
Elle semblait chercher à travers un nuage
A distinguer de loin les traits de mon visage,
Et je voyais le sien dans mon œil revenir
Comme une ombre montant du fond d'un souvenir.
A chaque pas de plus la fatale figure
M'entrait plus rayonnante au cœur; mais à mesure
Que mon œil ébloui, qui plongeait dans le sien,
Fixait son œil ouvert et fixe sur le mien,
Comme si tout son sang eût coulé par sa vue,
Je la voyais pâlir et changer en statue;

La prunelle immobile et le pied suspendu,
Le cou penché, le doigt vers ma place étendu,
Faire un pas, reculer, dans son sein qui se pâme
Chercher un cri qui meurt et qui manque à son âme,
Puis enfin, sans couleur, sans voix et sans regard,
Glisser inanimée aux bras du saint vieillard!
Moi-même, sans jeter un cri, sans faire un geste,
J'étais mort de sa mort, et j'ignore le reste.
. . . .
Quand je me réveillai comme de mon tombeau,
La nef était muette et vide; un seul flambeau
Brillait comme une étoile au cintre de l'église,
Le soir dans les vitraux faisait tinter la brise;
L'heure sonnait huit coups au cadran de la nuit;
De piliers en piliers je m'échappai sans bruit;
A force de douleur mon âme était tarie;
La revoir c'était trop! mais la revoir flétrie,
Mais la revoir tombée, ange d'illusion,
Le scandale du monde et sa dérision!
Par moi, par mon amour, par ma vertu, peut-être!
Oh! quel doute mortel en moi je sens renaître!
Ange que le bonheur aurait sanctifié,
Dieu, ce serait!... c'est moi qui t'ai sacrifié!

. . . .

STANCES A LAURENCE.

22 septembre 1800.

Vous l'ange d'autrefois, maintenant pauvre femme,
Vous ne vous trompiez pas, Laurence, oui, c'était moi!
C'était moi qui cherchais la moitié de mon âme!
    Hélas! et qui la pleure en toi!

Tu vis!... de quelle vie, ô ciel! quels mots étranges!
Dans le cuivre et le plomb diamant enchâssé,
Que Dieu laissa tomber sur la route des anges
    Et que l'impie a ramassé!

Souviens-toi de ce ciel vu de si près ensemble...
Du jour de la rencontre et du jour de l'adieu!
Oui, je fus meurtrier! oui, cette main qui tremble
    T'immola; mais c'était à Dieu!

Sacrifice insensé que ta faute condamne,
Vaine immolation de mon cœur combattu,
Ce que je respectais un autre le profane,
    Et l'enfer rit de ma vertu!

O Laurence! un retour au Dieu de ton jeune âge!
Un retour vers l'ami!... Grand Dieu! dans ma douleur
Je n'avais ici-bas conservé qu'une image:
    Ne la ternis pas dans mon cœur.

HUITIÈME ÉPOQUE.

Reviens, reviens au ciel qui te pleure et qui t'aime,
Si ce n'est pour ton âme, ô Laurence! pour moi;
Et s'il te faut de l'eau pour un second baptême,
    Oh! mes yeux en pleurent pour toi!

Ici deux; un là-haut; de notre double vie,
Non, il n'est pas brisé l'invisible lien :
Ton cœur avec mon cœur monte et se purifie
    Où mon cœur saigne avec le tien!

Oh! quand, jetant ton âme aux voluptés impures,
Tu ternis ce lis blanc que je t'avais gardé,
Penses-tu quelquefois que tu souilles d'ordures
    Ce cœur où Dieu s'est regardé?

Penses-tu quelquefois que tu troubles cette onde
Qui, sous un souffle humain bien loin de se ternir,
Ne devait réfléchir au soleil de ce monde
    Qu'un espoir et qu'un souvenir?

Ah! moi qui te voyais dans mes songes, Laurence,
A travers tant de pleurs, chaste auprès d'un époux,
Une ombre sur le front, au cœur une espérance,
    Et des enfans sur tes genoux!...

. . . .
. . . .

A Paris, 26 septembre 1800.

Nuit funeste! depuis qu'elle m'est apparue,
Et que je sais le nom, et l'hôtel et la rue,
Chaque fois que je sors l'instinct traîne mes pas
Vers ce seuil de mon ciel que je ne franchis pas,
Mais où couvert de nuit j'écoute de la porte
Que quelque voix du ciel ou de la terre en sorte,
Comme Adam, exilé des jardins du Seigneur,
Écoutait s'éloigner les voix de son bonheur.

Cette nuit comme hier je me glissai dans l'ombre :
Des nuages au ciel rendaient l'hôtel plus sombre,
Et la pluie, en lavant les pavés à grands flots,
De mes pas dans la rue étouffait les échos.
Les pieds dans le ruisseau, le front sous la gouttière,
Je m'assis dans un angle au bord du banc de pierre,
Sur la borne en granit, du coude m'appuyant,
Et tout caché dans l'ombre ainsi qu'un mendiant.
C'était l'heure où Paris, en jour transformant l'ombre,
En tonnerre incessant roule ses chars sans nombre;
Où sur la roue en feu ses enfans emportés
Vont chercher au hasard leurs mille voluptés.
Aux cris des serviteurs les portes colossales
Aux chars retentissans s'ouvraient par intervalles,
Et j'y voyais briller à travers le cristal
Des fronts resplendissans de l'ivresse du bal ;
J'entendais au dedans ces voix d'hommes, de femmes,
Ces sons des instrumens, ces bourdonnemens d'âmes

Où l'oreille en vain cherche une phrase à saisir,
Et qui n'est que la brise errante du plaisir;
Cette joie, en sortant de ces froides murailles,
M'enfonçait chaque fois un fer dans les entrailles,
Et j'aurais moins souffert (pardonne à mon remord,
Seigneur!) d'en voir sortir l'agonie et la mort!
Un torrent de pensées me roulait dans la tête :
Si j'entrais tout à coup au milieu de la fête,
Si frappant d'un regard ses yeux pétrifiés,
Comme l'ombre des temps par son cœur oubliés,
Et renversant du pied ces vases de délices,
Du nom tonnant de Dieu j'effrayais tous ces vices!
Si dérobant cet ange à l'air qui la corrompt,
Je rendais l'innocence et la vie à son front!...
Hélas! et de quel droit? suis-je encore son père?
N'ai-je pas renoncé même au doux nom de frère?
Et ne sommes-nous pas, depuis l'heure d'adieu,
L'un à l'autre étrangers partout, hormis en Dieu?
Oh! c'est donc en Dieu seul que je puis en silence
Bénir, prier, nommer, chercher, pleurer Laurence!
Elle pour qui cent fois j'aurais voulu mourir!
Seul à son aide, ô Dieu! je ne puis accourir!
Et de la froide borne en embrassant la pierre
Mes yeux fondaient en onde et ma bouche en prière.

. . . .

Pardonne-lui, mon Dieu! de chercher ici-bas
Cet amour que tu mis tout enfant sous ses pas,
Après avoir vécu deux ans de ces délices,
De le puiser encore aux profanes calices!
Ah! moi seul! ô mon Dieu! j'ai creusé dans son cœur
Ce vide que ne peut combler un froid bonheur;
Que la peine sur moi retombe avec le crime!
Frappez le tentateur, et non pas la victime!
O tendre, ô bon pasteur! rapporte dans tes bras

Cette brebis tombée aux piéges d'ici-bas!
Cette âme qui puisa l'amour avec la vie,
Et qui l'aspire encore à sa source tarie!
Si tu n'avais brisé sa coupe entre ses dents,
Qui sait ce que le ciel aurait versé dedans?
Qui sait de quels trésors cette âme est encor pleine?
Et comme des cheveux d'une autre Madeleine
Pour laver dans ses pleurs ses péchés oubliés,
Ce qu'il en coulerait de parfums sur tes piés?
Oh! que les miens, Seigneur, comptent à ses paupières!
Que par mes nuits sans fin, mes jeûnes, mes prières,
Que par l'eau de mes yeux son péché soit lavé!
Et j'allais à genoux tomber sur le pavé,
Quand les groupes joyeux du bal qui se retire
M'éveillèrent du ciel par des éclats de rire.

. . . .
. . . .

Le bruit avait cessé, le monde était sorti,
Des gonds et des verrous l'air avait retenti;
J'entendis sur ma tête ouvrir une fenêtre;
La lune dans le ciel venait de reparaître;
L'ombre des lourds balcons, me couvrant d'un pan noir,
Me noyait dans sa nuit, d'où je pouvais tout voir :
Une femme parut au balcon : c'était elle !
Quoique pâle et lassée, ô Dieu! qu'elle était belle!
Comme le monde avait, sous son précoce été,
Mûri sans la flétrir l'angélique beauté?
Comme sous ce costume et cette autre apparence
Mes regards traits pour traits retrouvaient tout Laurence!
Lui, dans elle a grandi, mais toujours elle en lui!
Son cou penché semblait porter un vaste ennui,
Son coude s'appuyait sur la rampe dorée,
Sa joue au clair de lune était décolorée,
Ses blonds cheveux déjà de son front détachés

Sur le fer du balcon flottaient tout épanchés,
Et je sentais l'odeur du vent qui les caresse
S'échapper en parfum de l'or de chaque tresse !
Oh ! des fleurs qui tombaient de ses cheveux l'odeur
Comment n'eût-elle pas enivré tout mon cœur !...

. . . .

Elle leva la tête, et regarda la lune
Longtemps, comme quelqu'un qu'une image importune ;
Avec un lent soupir elle étendit les bras,
Puis en les refermant sur son cœur dit : Hélas !
Puis d'un accent distrait, qu'un regard accompagne,
Murmura dans ses dents notre air de la montagne,
A voix basse et tremblante en chanta quelques mots...
L'air manqua sur sa lèvre et finit en sanglots ;
Elle s'interrompit comme avec violence,
Referma la fenêtre, et tout devint silence !

. . . .

Oh ! mon image alors, Laurence, était en toi !
Je n'avais que deux pas entre mon ciel et moi !
Qu'une vague de l'air, pour y monter, à fendre !
Qu'un souffle à laisser fuir, qu'un nom à faire entendre !
Et mon amour perdu retombait dans mes bras !
Et l'enfer ni le ciel ne l'en arrachaient pas !
Des doux sons de sa voix mon oreille était pleine !
L'air qu'elle respirait lui portait mon haleine ;
Un cri sorti du cœur, un geste, un mouvement,
Et nos cœurs confondus n'avaient qu'un battement ;
Et dans un seul élan nos âmes assouvies
Franchissaient pour s'unir l'abîme de nos vies !
Tu triomphas, mon Dieu, de ma fragilité ;
Mon silence entre nous remit l'immensité !

Je m'éloignai tremblant, son ombre sur ma trace,
Et je remis mon âme et la sienne à ta grâce.

En route, 28 septembre.

L'aurore dans Paris ne me retrouva pas,
Et mon cœur est déjà là-haut où vont mes pas!

NEUVIÈME ÉPOQUE.

Valneige, 12 octobre 1800.

O nid dans la montagne où mon âme s'abrite !
Me voici donc rentré pour jamais dans mon gîte,
Comme le passereau sans ailes pour courir
Qui dans un trou du mur s'abrite pour mourir ?
Oh ! d'un peu de repos que mon âme pressée
Y devançait de loin mes pas par ma pensée !
Que l'ombre des grands monts se noyant dans les cieux,
Quand je fus à leurs pieds, fut amie à mes yeux !
Comme je respirais, en montant leurs collines,
Les vents harmonieux exhalés des ravines,
Ces vents qui du mélèze au rameau dentelé
Sortent comme un soupir à demi consolé !
Que du premier sapin l'écorce me fut douce !
Que je m'étendis las et triste sur la mousse !
Que j'y collai ma bouche en silence et longtemps !
N'entendant que les coups en ma tempe battans,
Et l'assaut orageux de mes mille pensées
En larmes plus qu'en mots sur les herbes versées !
Combien de fois je bus dans le creux de ma main
Un peu d'eau du torrent qui borde le chemin !
Que souvent mon oreille à ses flots attentive

Crut reconnaître un cri dans ses bonds sur sa rive,
Et d'un frisson glacé me ridant tout entier,
M'arrêta palpitant sur le bord du sentier!
Enfin, le soir, je vis noircir entre les cimes
Des arbres, mes murs gris au revers des abîmes.
Les villageois épars sur leurs meules de foin
Du geste et du regard me saluaient de loin.
L'œil fixé sur mon toit sans bruit et sans fumée
J'approchais, le cœur gros, de ma porte fermée;
Là, quand mon pied poudreux heurta mon pauvre seuil,
Un tendre hurlement fut mon unique accueil;
Hélas! c'était mon chien couché sous ma fenêtre
Qu'avait maigri trois mois le souci de son maître.

Marthe filait assise en haut sur le palier;
Son fuseau de sa main roula sur l'escalier;
Elle leva sur moi son regard sans mot dire;
Et comme si son œil dans mon cœur eût pu lire,
Elle m'ouvrit ma chambre et ne me parla pas.
Le chien seul en jappant s'élança sur mes pas,
Bondit autour de moi de joie et de tendresse,
Se roula sur mes pieds enchaînés de caresse,
Léchant mes mains, mordant mon habit, mon soulier,
Sautant du seuil au lit, de la chaise au foyer,
Fêtant toute la chambre, et semblant aux murs même,
Par ses bonds et ses cris, annoncer ce qu'il aime,
Puis sur mon sac poudreux à mes pieds étendu
Me couva d'un regard dans le mien suspendu.
Me pardonnerez-vous, vous qui n'avez sur terre
Pas même cet ami du pauvre solitaire?
Mais ce regard si doux, si triste de mon chien
Fit monter de mon cœur des larmes dans le mien.
J'entourai de mes bras son cou gonflé de joie;
Des gouttes de mes yeux roulèrent sur sa soie;
O pauvre et seul ami, viens, lui dis-je, aimons-nous!
Car partout où Dieu mit deux cœurs, s'aimer est doux!

Hélas! rentrer tout seul dans sa maison déserte
Sans voir à votre approche une fenêtre ouverte,
Sans qu'en apercevant son toit à l'horizon
On dise : Mon retour réjouit ma maison ;
Une sœur, des amis, une femme, une mère
Comptent de loin les pas qui me restent à faire ;
Et dans quelques momens, émus de mon retour,
Ces murs s'animeront pour m'abriter d'amour !
Rentrer seul, dans la cour se glisser en silence
Sans qu'au-devant du vôtre un pas connu s'avance,
Sans que de tant d'échos qui parlaient autrefois
Un seul, un seul au moins tressaille à votre voix !
Sans que le sentiment amer qui vous inonde
Déborde hors de vous dans un seul être au monde,
Excepté dans le cœur du vieux chien du foyer
Que le bruit de vos pas errans fait aboyer !
N'avoir que ce seul cœur à l'unisson du vôtre
Où ce que vous sentez se reflète en un autre,
Que cet œil qui vous voit partir ou demeurer,
Qui sans savoir vos pleurs vous regarde pleurer,
Que cet œil sur la terre où votre œil se repose,
A qui, si vous manquiez, manquerait quelque chose,
Ah! c'est affreux peut-être! eh bien! c'est encor doux!

O mon chien ! Dieu seul sait la distance entre nous,
Seul il sait quel degré de l'échelle de l'être
Sépare ton instinct de l'âme de ton maître ;
Mais seul il sait aussi par quel secret rapport
Tu vis de son regard et tu meurs de sa mort,
Et par quelle pitié pour nos cœurs il te donne
Pour aimer encore ceux que n'aime plus personne.
Aussi, pauvre animal, quoique à terre couché,
Jamais d'un sot dédain mon pied ne t'a touché,
Jamais d'un mot brutal contristant ta tendresse
Mon cœur n'a repoussé ta touchante caresse.
Mais toujours, ah! toujours, en toi j'ai respecté

De ton maître et du mien l'ineffable bonté,
Comme on doit respecter sa moindre créature,
Frère à quelque degré qu'ait voulu la nature!
Ah! mon pauvre Fido, quand, tes yeux sur les miens,
Le silence comprend nos muets entretiens;
Quand, au bord de mon lit, épiant si je veille,
Un seul souffle inégal de mon sein te réveille;
Que lisant ma tristesse en mes yeux obscurcis
Dans les plis de mon front tu cherches mes soucis,
Et que pour la distraire attirant ma pensée,
Tu mords plus tendrement ma main vers toi baissée;
Que, comme un clair miroir, ma joie ou mon chagrin
Rend ton œil fraternel inquiet ou serein;
Que l'âme en toi se lève avec tant d'évidence,
Et que l'amour encor passe l'intelligence;
Non tu n'es pas du cœur la vaine illusion,
Du sentiment humain une dérision,
Un corps organisé qu'anime une caresse,
Automate trompeur de vie et de tendresse!
Non! quand ce sentiment s'éteindra dans tes yeux,
Il se ranimera dans je ne sais quels cieux.
De ce qui s'aima tant, la tendre sympathie,
Homme ou plante, jamais ne meurt anéantie:
Dieu la brise un instant, mais pour la réunir;
Son sein est assez grand pour nous tous contenir!
Oui, nous nous aimerons comme nous nous aimâmes.
Qu'importe à ses regards des instincts ou des âmes?
Partout où l'amitié consacre un cœur aimant,
Partout où la nature allume un sentiment,
Dieu n'éteindra pas plus sa divine étincelle,
Dans l'étoile des nuits dont la splendeur ruisselle,
Que dans l'humble regard de ce tendre épagneul
Qui conduisait l'aveugle et meurt sur son cercueil!!!

Oh! viens, dernier ami que mon pas réjouisse,
Ne crains pas que de toi devant Dieu je rougisse;

Lèche mes yeux mouillés! mets ton cœur près du mien,
Et, seuls à nous aimer, aimons-nous, pauvre chien!

                         Valneige, 9 novembre 1800,
                              un soir d'hiver.

Oh! que l'année est lente et que le jour s'ennuie
Pendant ces mois d'hiver où la sonore pluie,
Par l'ouragan fouettée et battant les vitraux,
Du verre ruisselant obscurcit les carreaux;
Que l'horizon voilé par les brumes glacées,
Ainsi que mes regards, rétrécit mes pensées,
Et que je n'entends rien que le vent noir du nord
Sifflant par chaque fente un gémissant accord,
Des cascades d'hiver la chute monotone,
L'avalanche en lambeaux qui bondit et qui tonne,
Et quelques gloussemens de poules dans la cour,
Et Marthe à son rouet qui file tout le jour.
Alors! ah! c'est alors que mon âme isolée,
Par tous les élémens dans mon sein refoulée,
Comme un foyer sans air se dévorant en moi,
Veut se fuir elle-même et cherche autour de soi,
Et sent l'ennui de vivre entrer par chaque pore,
Et regarde bien loin si quelqu'un l'aime encore,
S'il est un seul vivant qui, par quelque lien,
M'adresse un souvenir et se rattache au mien;
Et, ne voyant partout qu'indifférence et tombe,
Dans son vide sans bord de tout son poids retombe.

Tel par la caravane au désert oublié
L'homme cherche de l'œil la trace d'un seul pié,

Et regarde, aussi loin que peut porter sa vue,
S'il voit à l'horizon quelque point qui remue,
Quelque tente qui fume, ou quelque palmier vert
Qui rompe à son regard la ligne du désert,
Mais qui, n'apercevant que des sables arides
Dont le vent du simoun a labouré les rides,
Sans espoir qu'aucun pied vienne le secourir
Ferme les yeux au jour et s'assied pour mourir !

Puis comme un cœur brisé qu'un mot touchant ranime,
Et criant vers le ciel du fond de mon abîme,
Je jette à Dieu mon âme, et je me dis : En lui
J'ai les eaux de ma soif, la fin de mon ennui ;
J'ai l'ami dont le cœur de tout amour abonde,
La famille immortelle et l'invisible monde !
Et je prie, et je pleure, et j'espère, et je sens
L'eau couler dans mon cœur aride, et je descends
Dans mon jardin trempé par les froides ondées
Visiter un moment mes plantes inondées ;
Je regarde à mes pieds si les bourgeons en pleurs
Ont de mes perce-neige épanoui les fleurs,
Je relève sous l'eau les tiges abattues,
Je secoue au soleil les cœurs de mes laitues,
J'appelle par leurs noms mes arbres en chemin,
Je touche avec amour leurs branches de la main ;
Comme de vieux amis de cœur je les aborde,
Car dans l'isolement mon âme qui déborde
De ce besoin d'aimer, sa vie et son tourment,
Au monde végétal s'unit par sentiment ;
Et si Dieu réduisait les plantes en poussière,
J'embrasserais le sol et j'aimerais la pierre !...

Je caresse, en rentrant, sur la mur de ma cour
L'aile de mes pigeons tout frissonnans d'amour,
Ou je passe et repasse une main sur la soie
De mon chien, dont le poil se hérisse de joie ;

NEUVIÈME ÉPOQUE.

Ou s'il vient un rayon de blanc soleil, j'entends
Gazouiller mes oiseaux qui rêvent le printemps !
Et, répandant ainsi mon âme à ce qui m'aime,
Sur mon isolement je me trompe moi-même,
Et l'abîme caché de mon ennui profond
Se comble à la surface, et le vide est au fond !

8 décembre 1800.

Le pauvre colporteur est mort la nuit dernière ;
Nul ne voulait donner des planches pour sa bière ;
Le forgeron lui-même a refusé son clou :
« C'est un Juif, disait-il, venu je ne sais d'où,
« Un ennemi du Dieu que notre terre adore,
« Et qui, s'il revenait, l'outragerait encore ;
« Son corps infecterait un cadavre chrétien.
« Aux crevasses du roc traînons-le comme un chien.
« La croix ne doit point d'ombre à celui qui la nie,
« Et ce n'est qu'à nos os que la terre est bénie. »
Et la femme du juif et ses petits enfans
Imploraient vainement la pitié des passans,
Et disputant le corps au dégoût populaire
Retenaient par les pieds le mort sous le suaire.
Du scandale inhumain averti par hasard,
J'accourus, j'écartai la foule du regard ;
Je tendis mes deux mains aux enfans, à la femme ;
Je fis honte aux chrétiens de leur dureté d'âme,
Et, rougissant pour eux, pour qu'on l'ensevelît :
« Allez, dis-je, et prenez les planches de mon lit ! »

Puis pour leur enseigner un peu de tolérance,
La première vertu de l'humaine ignorance,

Et comment le soleil et Dieu luisent pour tous,
Et comment ses bienfaits s'épanchent malgré nous,
Je leur ai raconté la simple et courte histoire
Qui dans mon cœur alors tomba de ma mémoire.

Au temps où les humains se cherchaient un séjour,
Des hommes près du Nil s'établirent un jour ;
Amoureux et jaloux du cours qui les abreuve,
Ces hommes ignorans firent un dieu du fleuve.
Il donnera la vie à ceux qui le boiront,
Dirent-ils ; et c'est nous ! et les autres mourront !
Et lorsque par hasard d'errantes caravanes
Voulaient en puiser l'eau dans leurs outres profanes,
Ils les chassaient du bord avec un bras jaloux,
Et se disaient entre eux : L'eau du ciel n'est qu'à nous !
On ne vit qu'en nos champs, on ne boit qu'où nous sommes ;
Ceux-là ne boivent pas, et ne sont pas des hommes.
Or, l'ange du Seigneur, entendant ces discours,
Disait : Que les pensers de ces hommes sont courts !
Et pour leur enseigner à leurs dépens que l'onde
Du ciel qui la répand coule pour tout le monde,
Il amena de loin un peuple et ses chameaux
Qui voulaient, en passant le Nil, boire à ses eaux ;
Et pendant que du dieu les défenseurs stupides
Interdisaient son onde à leurs rivaux avides,
L'ange, du ciel fermé rouvrant le réservoir,
Sur l'une et l'autre armée à torrens fit pleuvoir ;
Et le peuple étranger but au lac des tempêtes,
Et l'ange dit à l'autre : Insensés que vous êtes,
La nue abreuve au loin ceux que vous refusez,
Et sa source est plus haut que celle où vous puisez.
Allez voir l'univers : chaque race a son fleuve,
Qui descend de ses bois, la féconde et l'abreuve ;
Et ces mille torrens viennent du même lieu,
Et toute onde se puise à la grâce de Dieu !
Il la verse à son heure et selon sa mesure,

En fleuves, en ruisseaux, plus bourbeuse ou plus pure.
Si les vôtres, mortels, sont plus clairs et plus doux,
Gardez-vous d'être fiers, et moins encor jaloux;
Sachez que vous avez des frères sur la terre ;
Que celui qui n'a pas ce qui vous désaltère
A la pluie en hiver, la rosée en été,
Que Dieu lui-même puise au lac de sa bonté,
Et qu'il donne ici-bas sa goutte à tout le monde,
Car tout peuple est son peuple et toute onde est son onde.
Cette religion qui nous enorgueillit,
C'est ce fleuve fait dieu dont on venge le lit;
Vous croyez posséder seul les clartés divines,
Vous croyez qu'il fait nuit derrière vos collines,
Qu'à votre jour celui qui ne s'éclaire pas
Marche aveugle et sans ciel dans l'ombre du trépas!
Or, sachez que Dieu seul, source de la lumière,
La répand sur toute âme et sur toute paupière ;
Que chaque homme a son jour, chaque âge sa clarté,
Chaque rayon d'en haut sa part de vérité,
Et que lui seul il sait combien de jour ou d'ombre
Contient pour ses enfans ce rayon toujours sombre!
Le vôtre est plus limpide et plus tiède à vos yeux;
Marchez à sa lueur en rendant grâce aux cieux!
Mais n'interposez pas entre l'astre et vos frères
L'ombre de vos orgueils, la main de vos colères ;
Pour faire à leurs regards luire la vérité,
Réfléchissez son jour dans votre charité :
Car l'ange qui de Dieu viendra faire l'épreuve
Juge le culte au cœur comme à l'onde le fleuve!
L'arc-en-ciel que Dieu peint est de toute couleur,
Mais l'éclat du rayon se juge à sa chaleur!
Cette morale en drame a retourné leur âme,
Et l'on se disputait les enfans et la femme.

. . . .

(Ici manquaient plusieurs feuilles du manuscrit.)

LES LABOUREURS.

Au hameau de Valneige, 16 mai 1801.

Quelquefois dès l'aurore, après le sacrifice,
Ma bible sous mon bras, quand le ciel est propice,
Je quitte mon église et mes murs jusqu'au soir,
Et je vais par les champs m'égarer ou m'asseoir,
Sans guide, sans chemin, marchant à l'aventure,
Comme un livre au hasard feuilletant la nature;
Mais partout recueilli ; car j'y trouve en tout lieu
Quelque fragment écrit du vaste nom de Dieu.
Oh! qui peut lire ainsi les pages du grand livre
Ne doit ni se lasser ni se plaindre de vivre !

La tiède attraction des rayons d'un ciel chaud
Sur les monts ce matin m'avait mené plus haut,
J'atteignis le sommet d'une rude colline
Qu'un lac baigne à sa base et qu'un glacier domine,
Et dont les flancs boisés aux penchans adoucis
Sont tachés de sapins par des prés éclaircis.
Tout en haut seulement des bouquets circulaires
De châtaigniers croulans, de chênes séculaires,
Découpant sur le ciel leurs dômes dentelés,
Imitent les vieux murs des donjons crénelés,
Rendent le ciel plus beau par leur contraste sombre,
Et couvrent à leurs pieds quelques champs de leur ombre.

NEUVIÈME ÉPOQUE.

On voit en se penchant luire entre leurs rameaux
Le lac dont les rayons font scintiller les eaux,
Et glisser sous le vent la barque à l'aile blanche,
Comme une aile d'oiseau passant de branche en branche;
Mais plus près, leurs longs bras sur l'abîme penchés,
Et de l'humide nuit goutte à goutte étanchés,
Laissaient pendre leur feuille et pleuvoir leur rosée
Sur une étroite enceinte au levant exposée,
Et que d'autres troncs noirs enfermaient dans leur sein,
Comme un lac de culture en son étroit bassin;
J'y pouvais, adossé le coude à leurs racines,
Tout voir, sans être vu, jusqu'au fond des ravines.

Déjà tout près de moi j'entendais par momens
Monter des pas, des voix et des mugissemens :
C'était le paysan de la haute chaumine
Qui venait labourer son morceau de colline,
Avec son soc plaintif traîné par ses bœufs blancs,
Et son mulet portant sa femme et ses enfans;
Et je pus, en lisant ma bible ou la nature,
Voir tout le jour la scène et l'écrire à mesure;
Sous mon crayon distrait le feuillet devint noir.
Oh! nature, on t'adore encor dans ton miroir.

———

Laissant souffler ses bœufs, le jeune homme s'appuie
Debout, au tronc d'un chêne, et de sa main essuie
La sueur du sentier sur son front mâle et doux;
La femme et les enfans tout petits, à genoux
Devant les bœufs privés baissant leur corne à terre,
Leur cassent des rejets de frêne et de fougère,
Et jettent devant eux en verdoyans monceaux
Les feuilles que leurs mains émondent des rameaux;
Ils ruminent en paix pendant que l'ombre obscure,
Sous le soleil montant, se replie à mesure,

Et laissant de la glèbe attiédir la froideur,
Vient mourir et border les pieds du laboureur.
Il rattache le joug, sous la forte courroie,
Aux cornes qu'en pesant sa main robuste ploie;
Les enfans vont cueillir des rameaux découpés,
Des gouttes de rosée encore tout trempés;
Au joug avec la feuille en verts festons les nouent,
Que sur leurs fronts voilés les fiers taureaux secouent,
Pour que leur flanc qui bat et leur poitrail poudreux
Portent sous le soleil un peu d'ombre avec eux;
Au joug de bois poli le limon s'équilibre,
Sous l'essieu gémissant le soc se dresse et vibre,
L'homme saisit le manche, et sous le coin tranchant
Pour ouvrir le sillon le guide au bout du champ.

    O travail, sainte loi du monde,
    Ton mystère va s'accomplir;
    Pour rendre la glèbe féconde,
    De sueur il faut l'amollir!
    L'homme, enfant et fruit de la terre,
    Ouvre les flancs de cette mère
    Qui germe les fruits et les fleurs;
    Comme l'enfant mord la mamelle
    Pour que le lait monte et ruisselle
    Du sein de sa nourrice en pleurs!

La terre, qui se fend sous le soc qu'elle aiguise,
En tronçons palpitans s'amoncelle et se brise;
Et tout en s'entr'ouvrant fume comme une chair
Qui se fend et palpite et fume sous le fer.
En deux monceaux poudreux les ailes la renversent.
Ses racines à nu, ses herbes se dispersent;

Ses reptiles, ses vers, par le soc déterrés,
Se tordent sur son sein en tronçons torturés;
L'homme les foule aux pieds, et, secouant le manche,
Enfonce plus avant le glaive qui les tranche;
Le timon plonge et tremble, et déchire ses doigts;
La femme parle aux bœufs du geste et de la voix;
Les animaux, courbés sur leur jarret qui plie,
Pèsent de tout leur front sur le joug qui les lie;
Comme un cœur généreux leurs flancs battent d'ardeur;
Ils font bondir le sol jusqu'en sa profondeur.
L'homme presse ses pas, la femme suit à peine;
Tous au bout du sillon arrivent hors d'haleine,
Ils s'arrêtent; le bœuf rumine, et les enfans
Chassent avec la main les mouches de leurs flancs.

Il est ouvert, il fume encore
Sur le sol, ce profond dessin!
O terre! tu vis tout éclore
Du premier sillon de ton sein;
Il fut un Éden sans culture,
Mais il semble que la nature,
Cherchant à l'homme un aiguillon,
Ait enfoui pour lui sous terre
Sa destinée et son mystère
Cachés dans son premier sillon!

Oh! le premier jour où la plaine
S'entr'ouvrant sous sa forte main,
But la sainte sueur humaine
Et reçut en dépôt le grain;
Pour voir la noble créature
Aider Dieu, servir la nature,
Le ciel ouvert roula son pli,
Les fibres du sol palpitèrent,

Et les anges surpris chantèrent
Le second prodige accompli !

Et les hommes ravis lièrent
Au timon les bœufs accouplés,
Et les coteaux multiplièrent
Les grands peuples comme les blés,
Et les villes, ruches trop pleines,
Débordèrent au sein des plaines,
Et les vaisseaux, grands alcyons,
Comme à leurs nids les hirondelles,
Portèrent sur leurs larges ailes
Leur nourriture aux nations !

Et pour consacrer l'héritage
Du champ labouré par leurs mains,
Les bornes firent le partage
De la terre entre les humains,
Et l'homme, à tous les droits propice,
Trouva dans son cœur la justice
Et grava son code en tout lieu,
Et pour consacrer ses lois même,
S'élevant à la loi suprême,
Chercha le juge et trouva Dieu !

Et la famille, enracinée
Sur le coteau qu'elle a planté,
Refleurit d'année en année,
Collective immortalité !
Et sous sa tutèle chérie
Naquit l'amour de la patrie,
Gland de peuple au soleil germé !
Semence de force et de gloire
Qui n'est que la sainte mémoire
Du champ par ses pères semé !

Et les temples de l'invisible
Sortirent des flancs du rocher,
Et par une échelle insensible,
L'homme de Dieu put s'approcher ;
Et les prières qui soupirent,
Et les vertus qu'elles inspirent,
Coulèrent du cœur des mortels.
Dieu dans l'homme admira sa gloire,
Et pour en garder la mémoire
Reçut l'épi sur ses autels!

———

Un moment suspendu, les voilà qui reprennent
Un sillon parallèle, et sans fin vont et viennent
D'un bout du champ à l'autre, ainsi qu'un tisserand,
Dont la main tout le jour sur son métier courant,
Jette et retire à soi le lin qui se dévide
Et joint le fil au fil sur sa trame rapide.
La sonore vallée est pleine de leurs voix ;
Le merle bleu s'enfuit en sifflant dans les bois,
Et du chêne à ce bruit les feuilles ébranlées
Laissent tomber sur eux les gouttes distillées.

Cependant le soleil darde à nu, le grillon
Semble crier de feu sur le dos du sillon.
Je vois flotter, courir sur la glèbe embrasée
L'atmosphère palpable où nage la rosée
Qui rejaillit du sol et qui bout dans le jour,
Comme une haleine en feu de la gueule d'un four ;
Des bœufs vers le sillon le joug plus lourd s'affaisse ;
L'homme passe la main sur son front, sa voix baisse ;
Le soc glissant vacille entre ses doigts nerveux ;
La sueur de la femme imbibe les cheveux ;
Ils arrêtent le char à moitié de sa course ;
Sur les flancs d'une roche ils vont lécher la source,

Et, la lèvre collée au granit humecté,
Savourent sa fraîcheur et son humidité.

———

Oh! qu'ils boivent dans cette goutte
L'oubli des pas qu'il faut marcher;
Seigneur, que chacun sur sa route
Trouve son eau dans le rocher;
Que ta grâce les désaltère;
Tous ceux qui marchent sur la terre
Ont soif à quelque heure du jour;
Fais à leur lèvre desséchée
Jaillir de ta source cachée
La goutte de paix et d'amour!

Ah! tous ont cette eau de leur âme:
Aux uns c'est un sort triomphant;
A ceux-ci le cœur d'une femme;
A ceux-là le front d'un enfant!
A d'autres l'amitié secrète,
Ou les extases du poëte;
Chaque ruche d'homme a son miel.
Ah! livre à leur soif assouvie
Cette eau des sources de la vie!
Mais ma source à moi n'est qu'au ciel.

L'eau d'ici-bas n'a qu'amertume
Aux lèvres qui burent l'amour,
Et de la soif qui me consume
L'onde n'est pas dans ce séjour;
Elle n'est que dans ma pensée
Vers mon Dieu sans cesse élancée,
Dans quelques sanglots de ma voix,
Dans ma douceur à la souffrance;

Et ma goutte à moi d'espérance
C'est dans mes pleurs que je la bois!

Mais le milieu du jour au repas les rappelle;
Ils couchent sur le sol le fer; l'homme dételle
Du joug tiède et fumant les bœufs, qui vont en paix
Se coucher loin du soc sous un feuillage épais;
La mère et les enfans, qu'un peu d'ombre rassemble,
Sur l'herbe, autour du père, assis, rompent ensemble
Et se passent entre eux de la main à la main
Les fruits, les œufs durcis, le laitage et le pain;
Et le chien, regardant le visage du père,
Suit d'un œil confiant les miettes qu'il espère.
Le repas achevé, la mère, du berceau
Qui repose couché dans un sillon nouveau,
Tire un bel enfant nu qui tend ses mains vers elle,
L'enlève et, suspendu, l'emporte à sa mamelle,
L'endort en le berçant du sein sur ses genoux,
Et s'endort elle-même un bras sur son époux.
Et sous le poids du jour la famille sommeille
Sur la couche de terre, et le chien seul les veille;
Et les anges de Dieu d'en haut peuvent les voir,
Et les songes du ciel sur leurs têtes pleuvoir!

Oh! dormez sous le vert nuage
De feuilles qui couvrent ce nid,
Homme, femme, enfans leur image,
Que la loi d'amour réunit!
O famille, abrégé du monde,
Instinct qui charme et qui féconde
Les fils de l'homme en ce bas lieu,
N'est-ce pas toi qui nous rappelle

Cette parenté fraternelle
Des enfans dont le père est Dieu !

Foyer d'amour où cette flamme
Qui circule dans l'univers
Joint le cœur au cœur, l'âme à l'âme,
Enchaîne les sexes divers,
Tu resserres et tu relies
Les générations, les vies
Dans ton mystérieux lien;
Et l'amour qui du ciel émane,
Des voluptés culte profane,
Devient vertu s'il est le tien !

Dieu te garde et te sanctifie :
L'homme te confie à la loi,
Et la nature purifie
Ce qui serait impur sans toi !
Sous le toit saint qui te rassemble
Les regards, les sommeils ensemble,
Ne souillent plus ta chasteté,
Et sans qu'aucun limon s'y mêle,
La source humaine renouvelle
Les torrens de l'humanité.

———

Ils ont quitté leur arbre et repris leur journée;
Du matin au couchant l'ombre déjà tournée
S'allonge au pied du chêne et sur eux va pleuvoir;
Le lac, moins éclatant, se ride au vent du soir;
De l'autre bord du champ le sillon se rapproche;
Mais quel son a vibré dans les feuilles? la cloche,
Comme un soupir des eaux qui s'élève du bord,
Répand dans l'air ému l'imperceptible accord,
Et par des mains d'enfans au hameau balancée

Vient donner de si loin son coup à la pensée ;
C'est l'angélus qui tinte et rappelle en tout lieu
Que le matin des jours et le soir sont à Dieu.
A ce pieux appel le laboureur s'arrête,
Il se tourne au clocher, il découvre sa tête,
Joint ses robustes mains d'où tombe l'aiguillon,
Élève un peu son âme au-dessus du sillon,
Tandis que les enfans, à genoux sur la terre,
Joignent leurs petits doigts dans les mains de leur mère.

Prière ! ô voix surnaturelle
Qui nous précipite à genoux,
Instinct du ciel qui nous rappelle
Que la patrie est loin de nous,
Vent qui souffle sur l'âme humaine
Et de la paupière trop pleine
Fait déborder l'eau de ses pleurs,
Comme un vent qui par intervalles
Fait pleuvoir les eaux virginales
Du calice incliné des fleurs !

Sans toi que serait cette fange?
Un monceau d'un impur limon
Où l'homme après la brute mange
Les herbes qu'il tond du sillon !
Mais par toi son aile cassée
Soulève encore sa pensée
Pour respirer au vrai séjour,
La désaltérer dans sa course
Et lui faire boire à sa source
L'eau de la vie et de l'amour !

Le cœur des mères te soupire,
L'air sonore roule ta voix,

La lèvre d'enfant te respire,
L'oiseau t'écoute aux bords des bois ;
Tu sors de toute la nature
Comme un mystérieux murmure
Dont les anges savent le sens ;
Et ce qui souffre, et ce qui crie,
Et ce qui chante, et ce qui prie,
N'est qu'un cantique aux mille accens.

———

O saint murmure des prières,
Fais aussi dans mon cœur trop plein,
Comme des ondes sur des pierres,
Chanter mes peines dans mon sein !
Que le faible bruit de ma vie
En extase intime ravie
S'élève en aspirations,
Et fais que ce cœur que tu brises,
Instrument des célestes brises,
Éclate en bénédictions.

———

Un travail est fini, l'autre aussitôt commence :
Voilà partout la terre ouverte à la semence ;
Aux corbeilles de jonc puisant à pleine main
En nuage poudreux la femme épand le grain ;
Les enfans, enfonçant les pas dans son ornière,
Sur sa trace, en jouant, ramassent la poussière
Que de leur main étroite ils laissent retomber
Et que les passereaux viennent leur dérober.
Le froment répandu, l'homme attelle la herse,
Le sillon raboteux la cahote et la berce ;
En groupe sur ce char les enfans réunis
Effacent sous leur poids les sillons aplanis ;

Le jour tombe, et le soir sur les herbes s'essuie ;
Et les vents chauds d'automne amèneront la pluie,
Et les neiges d'hiver sous leur tiède tapis
Couvriront d'un manteau de duvet les épis ;
Et les soleils dorés en jauniront les herbes,
Et les filles des champs viendront nouer les gerbes,
Et tressant sur leurs fronts les bluets, les pavots,
Iront danser en chœur autour des tas nouveaux ;
Et la meule broîra le froment sous les pierres ;
Et choisissant la fleur, la femme des chaumières,
Levée avant le jour pour battre le levain,
De ses petits enfans aura pétri le pain ;
Et les oiseaux du ciel, le chien, le misérable,
Ramasseront en paix les miettes de la table,
Et tous béniront Dieu dont les fécondes mains
Au festin de la terre appellent les humains !

    C'est ainsi que ta providence
    Sème et cueille l'humanité,
    Seigneur, cette noble semence
    Qui germe pour l'éternité.
    Ah ! sur les sillons de la vie
    Que ce pur froment fructifie !
    Dans les vallons de ses douleurs.
    O Dieu, verse-lui ta rosée ;
    Que l'argile fertilisée
    Germe des hommes et des fleurs !

(Ici plusieurs dates perdues.)

Valneige, juillet 1801.

Deux frères aujourd'hui se disputaient un champ
Dont la borne s'était déplacée en bêchant ;
Ils ont remis tous deux leur cause à ma parole,
Et je les ai jugés dans cette parabole.
Au premier temps du monde, où tout était commun,
Deux frères, comme vous, avaient deux champs en un.
Comme l'un prenait moins et l'autre davantage,
Ils vinrent un matin borner leur héritage ;
Un seul arbre planté vers le sommet du champ,
Dominait les sillons du côté du couchant ;
Un frère à l'autre dit : L'extrémité de l'ombre
De nos sillons égaux coupe juste le nombre,
Que l'ombre nous partage! Ainsi fut convenu.
Or l'ombre s'allongea quand le soir fut venu,
Et jusqu'au bout du champ, en rampant descendue,
Fit un seul possesseur de toute l'étendue.
Vite il alla chercher les témoins de la loi,
Et leur dit : Regardez, toute l'ombre est à moi ;
Et les juges humains, en hommes, le jugèrent,
Et le champ tout entier au seul frère adjugèrent,
Et l'autre, par le ciel dépouillé de son bien,
Accusa le soleil et s'en fut avec rien.
L'hiver vint, l'ouragan que la saison déchaîne
S'engouffrant une nuit dans les branches du chêne,
Et le combattant, seul, sans frère et sans appui,
Le balaya de terre et son ombre avec lui.
Le frère dépouillé voyant l'autre sans titre,
Descendant à son tour, alla chercher l'arbitre,

Et dit : Voyez... plus d'ombre ! ainsi tout est à moi !
Et le juge, prenant la lettre de la loi,
Jugea comme le vent, et le soleil et l'ombre ;
Et des sillons du champ sans égaler le nombre,
Lui donna l'héritage avec tout son contour,
Et tous deux eurent trop ou trop peu tour à tour ;
Et descendant du champ où la borne ainsi glisse,
Ils disaient dans leur cœur : Où donc est la justice ?
Or un sage, passant par là, les entendit,
Écouta leurs raisons en souriant, et dit :
On vous a mal jugés ; mais jugez-vous vous-même.
Votre borne flottante est de vos lois l'emblème :
La borne des mortels n'est jamais au milieu ;
Mesurez la colline à la toise de Dieu.
Elle n'est, mes amis, dans l'arbre ni la haie,
Ni dans l'ombre que l'heure ou prolonge ou balaie,
Ni dans la pierre droite avec ses deux garans,
Que renverse le soc ou roulent les torrens,
Ni dans l'œil des témoins, ni dans la table écrite,
Ni dans le doigt levé du juge qui limite :
La justice est en vous, que cherchez-vous ailleurs ?
La borne de vos champs ! plantez-la dans vos cœurs,
Rien ne déplacera la sienne ni la vôtre ;
Chacun de vous aura sa part dans l'œil de l'autre.
Les deux frères, du sage écoutant le conseil,
Ne divisèrent plus par l'ombre ou le soleil ;
Mais, dans leur équité plaçant leur confiance,
Partagèrent leur champ avec leur conscience,
Et devant l'invisible et fidèle témoin
Nul ne fit son sillon ni trop près ni trop loin.

Valneige, août 1801.

Quelquefois le passant insulte encor le prêtre ;
J'accepte en bénissant comme mon divin maître,
Et ce soir, pardonnant au sarcasme moqueur,
J'essayais dans ces vers de soulager mon cœur.

Peut-être il était beau quand Rome reine et mère,
De l'empire du monde évoquant la chimère,
Posait son pied d'airain sur la nuque des rois,
Lançait du Capitole une foudre bénie,
Et tentait d'allonger sa double tyrannie
   Jusqu'où va l'ombre de la croix ;

Quand ces pontifes-rois, distributeurs du monde,
Marquaient du doigt les parts sur une mappemonde,
Donnaient ou retiraient les royaumes donnés,
Citaient les fils d'Hapsbourg au ban du Janicule,
Et tendaient à baiser la poudre de leur mule
   A leurs esclaves couronnés ;

Quand ces pêcheurs, quittant la barque évangélique,
Tendaient sur l'univers leur filet politique,
Au lieu d'âmes pêchant des domaines de rois ;
Et, pour combler le fisc d'une oisive opulence,
Jetaient l'or ou le fer dans la sainte balance
   Où Jésus avait mis ses poids ;

Lorsque dans leurs palais, regorgeant de délices,
Tout l'or des nations coulait avec leurs vices ;

Que le Tibre, souillé de profanations,
S'étonnait de revoir des mains sacerdotales
Mener le grand triomphe ou d'autres saturnales
    Sur les tombeaux des Scipions ;

Il était beau peut-être, avec Pétrarque ou Dante,
D'allumer son courroux comme une lampe ardente,
De jeter sur l'autel sa sinistre lueur,
Et du temple avili déchirant les saints voiles,
De montrer sa souillure au soleil, aux étoiles,
    Et de crier sur lui : Malheur !

Lorsque du cavalier la main rude et farouche
Tourmente un mors d'acier et fait saigner sa bouche,
L'obéissant coursier peut parfois tressaillir ;
Quand on souffle longtemps le charbon sous le vase,
L'eau dormante à la fin, comme un cœur qui s'embrase,
    Peut se soulever et bouillir.

Alors quelque péril honorait quelque audace ;
Alors le fer sacré, plus prompt que la menace,
Cimentait dans le sang le dogme universel,
Ou l'interdit vengeur, ce Dieu tonnant de Rome,
Grondait sur le blasphème, arrachait l'homme à l'homme,
    Maudissait le pain et le sel !...

. . . .

Mais aujourd'hui, grand Dieu ! que la ville éternelle
Voit ses mornes déserts s'élargir autour d'elle,
Qu'en pleurs elle s'asseoit, veuve, entre deux tombeaux,
Que le vent seul, hélas ! soulève sa poussière,
Et que le Tibre nu voit tomber pierre à pierre
    Sa ville morte dans ses eaux !

Quand les martyrs du Christ, se levant de leurs tombes,

Ont ramené deux fois son peuple aux catacombes,
Et retrempé ses mains dans son sang répandu;
Quand l'ire du Seigneur, rude mais salutaire,
A courbé du genou sa tête jusqu'à terre
   Pour redresser l'arc détendu !

Quand deux fois en dix ans les Gaulois, dans la poudre,
Ont par leurs cheveux blancs traîné ces dieux sans foudre,
Et mis le temple à nud et l'autel à l'encan,
Et que de ces vieillards, qu'outrage encor la haine,
L'un mourut sans tombeau, l'autre possède à peine
   L'ombre courte du Vatican !

Quand le monde affranchi nage en paix dans son doute,
Que la croix du clocher redescend sous la voûte,
Et que si nous venons pour prier au saint lieu
On ferme à deux battans les portes de l'église,
De peur que des soupirs l'écho ne scandalise
   Ceux qui craignent l'ombre d'un Dieu !

De l'insulte à nos fronts lancer l'écume amère,
Ah ! c'est noyer l'agneau dans le lait de sa mère,
C'est fouetter l'innocent de son crime expié;
La malédiction revient sur le prophète,
Et le trait que l'injure a lancé sur sa tête
   Retombe et lui perce le pié !

Viens voir, jeune étranger, viens voir dans ma cabane
Si mon luxe sacré brille d'un or profane;
Tu n'y trouveras rien, dans son triste abandon,
Qu'un bâton, un pain noir que le pauvre partage,
Un livre que j'épelle aux enfans d'un village,
   Un Christ qui m'apprend le pardon !

. . . .
. . . .

Si pour vos soifs sans eau, l'esprit de l'Évangile
Est un baume enfermé dans un vase d'argile,
Homme! sans le briser, transvasez la liqueur;
Collez pieusement la lèvre à l'orifice,
Et recueillez les eaux de ce divin calice
    Goutte à goutte dans votre cœur :

. . . .
. . . .

Un mendiant trouva des médailles en terre;
Dans une langue obscure on y lisait : Mystère!
Méprisant l'effigie, il jeta son trésor;
Insensé, lui dit-on, quelle erreur est la tienne!
Qu'importe l'effigie ou profane ou chrétienne?
    O mendiant, c'était de l'or!

Valneige, 8 août 1801.

Et j'instruis les enfans du village, et les heures
Que je passe avec eux sont pour moi les meilleures;
Elles ouvrent le jour et terminent le soir.
Oh! par un ciel d'été qui n'aimerait à voir
Cette école en plein champ où leur troupe est assise?
Il est deux vieux noyers aux portes de l'église
Avec ses fondemens en terre enracinés,
Qui penchent leur feuillage et leurs troncs inclinés
Sur un creux vert de mousse où dans le cailloutage
S'échappe en bouillonnant la source du village.
De gros blocs de granit, que son onde polit,
Blanchis par son écume, interrompent son lit.

Sur ce tertre, glissant de colline en colline,
L'œil embrasse au matin l'horizon qu'il domine;
Et regarde, à travers les branches de noyer,
Les lacs lointains bleuir et la plaine ondoyer.
C'est là qu'aux jours sereins, rassemblés tous, leur troupe
Selon l'âge et le sexe en désordre se groupe.
Les uns au tronc de l'arbre adossés deux ou trois;
Les autres garnissant les marches de la croix;
Ceux-là sur les rameaux, ceux-ci sur les racines
Du noyer qui serpente au niveau des ravines;
Quelques-uns sur la tombe et sur les tertres verts
Dont les morts du printemps sont déjà recouverts,
Comme des blés nouveaux reverdissant sur l'aire
Où des épis battus ont germé dans la terre.
Cependant au milieu de ces fils du hameau,
Ma voix grave se mêle au murmure de l'eau,
Pendant que leurs brebis broutent l'herbe nouvelle
Sur la couche des morts; que l'agile hirondelle
Rase les bords de l'onde, attrapant dans son vol
L'insecte qui se joue au rayon sur le sol,
Et que les passereaux, instruits par l'habitude,
Enhardis par leur calme et par leur attitude,
Entourent les enfans et viennent sous leur main
S'abattre et s'attrouper pour émietter leur pain.

Je me pénètre bien de ce sublime rôle
Que sur ces cœurs d'enfans exerce ma parole;
Je me dis que je vais donner à leur esprit
L'immortel aliment dont l'ange se nourrit,
La vérité, de l'homme incomplet héritage,
Qui descend jusqu'à nous de nuage en nuage,
Flambeau d'un jour plus pur, que les traditions
Passent de mains en mains aux générations;
Que je suis un rayon de cette âme éternelle
Qui réchauffe la terre et qui la renouvelle,
L'étincelle de Dieu qui, brillant à son tour,

Dans la nuit de ces cœurs doit allumer son jour.
Et, la main sur leurs fronts baissés, je lui demande
De préparer mon cœur pour qu'un Verbe y descende !
D'élever mon esprit à la simplicité
De ces esprits d'enfans, aube de vérité !
De mettre assez de jour pour eux dans mes paroles,
Et de me révéler ces claires paraboles
Où le maître, abaissé jusqu'au sens des humains,
Faisait toucher le ciel aux plus petites mains !
Puis je pense tout haut pour eux; le cercle écoute,
Et mon cœur dans leurs cœurs se verse goutte à goutte.

Je ne surcharge pas leur sens et leur esprit
Du stérile savoir dont l'orgueil se nourrit ;
Bien plus que leur raison j'instruis leur conscience :
La nature et leurs yeux; c'est toute ma science !
Je leur ouvre ce livre, et leur montre en tout lieu
L'espérance de l'homme et la bonté de Dieu.
Pour leur enseigner Dieu, son culte et ses prodiges,
Je ne leur conte pas ces vulgaires prestiges
Qui, confondant l'erreur avec la vérité,
Font d'une foi céleste une crédulité,
Honte au Dieu trois fois saint prouvé par l'imposture !
Son témoin éternel, à nous, c'est sa nature !
Son prophète éternel, à nous, c'est sa raison !
Ses cieux sont assez clairs pour y lire son nom !

Avec eux chaque jour je déchiffre et j'épelle
De ce nom infini quelque lettre nouvelle,
Je leur montre ce Dieu, tantôt dans sa bonté
Mûrissant pour l'oiseau le grain qu'il a compté ;
Tantôt, dans sa sagesse et dans sa providence,
Gouvernant sa nature avec tant d'évidence !
Tantôt... Mais aujourd'hui c'était dans sa grandeur :
La nuit tombait; des cieux la sombre profondeur
Laissait plonger les yeux dans l'espace sans voiles

Et dans l'air constellé compter les lits d'étoiles
Comme à l'ombre du bord on voit sous des flots clairs
La perle et le corail briller au fond des mers.
Celles-ci, leur disais-je, avec le ciel sont nées :
Leur rayon vient à nous sur des millions d'années!
Des mondes, que peut seul peser l'esprit de Dieu,
Elles sont les soleils, les centres, le milieu ;
L'océan de l'Éther les absorbe en ses ondes
Comme des grains de sable, et chacun de ces mondes
Est lui-même un milieu pour des mondes pareils,
Ayant ainsi que nous leur lune et leurs soleils,
Et voyant comme nous des firmamens sans terme
S'élargir devant Dieu sans que rien le renferme!...
Celles-là, décrivant des cercles sans compas,
Passèrent une nuit, ne repasseront pas.
Du firmament entier la page intarissable
Ne renfermerait pas le chiffre incalculable
Des siècles qui seront écoulés jusqu'au jour
Où leur orbite immense aura fermé son tour.
Elles suivent la courbe où Dieu les a lancées ;
L'homme, de son néant, les suit par ses pensées!...
Et ceci, mes enfans, suffit pour vous prouver
Que l'homme est un esprit, puisqu'il peut s'élever
De ce point de poussière, et des ombres humaines,
Jusqu'à ces cieux sans fond et ces grands phénomènes ;
Car voyez, mesurez, interrogez vos corps!
Pour monter à ces feux faites tous vos efforts!
Vos pieds ne peuvent pas vous porter sur ces ondes ;
Votre main ne peut pas toucher, peser ces mondes ;
Dans les replis des cieux quand ils sont disparus,
Derrière leur rideau votre œil ne les voit plus ;
Nulle oreille n'entend sur la mer infinie
De leurs vagues d'Éther l'orageuse harmonie ;
Le souffle de leur vol ne vient pas jusqu'à vous ;
Sous le dais de la nuit ils vous semblent des clous ;
Et l'homme cependant arpente cette voûte ;

D'avance, à l'avenir, nous écrivons leur route ;
Nous disons à celui qui n'est pas encor né
Quel jour au point du ciel tel astre ramené
Viendra de sa lueur éclairer l'étendue,
Et rendre au firmament son étoile perdue.
Et qu'est-ce qui le sait? et qu'est-ce qui l'écrit?
Ce ne sont pas vos sens, enfans! c'est donc l'esprit ;
C'est donc cette âme immense, infinie, immortelle,
Qui voit plus que l'étoile et qui vivra plus qu'elle !...

. . . .
. . . .

Ces sphères, dont l'Éther est le bouillonnement,
Ont emprunté de Dieu leur premier mouvement!
Avez-vous calculé parfois dans vos pensées
La force de ce bras qui les a balancées?
Vous ramassez souvent dans la fronde ou la main
La noix du vieux noyer, le caillou du chemin,
Imprimant votre effort au poignet qui les lance ;
Vous mesurez, enfans, la force à la distance :
L'une tombe à vos pieds, l'autre vole à cent pas,
Et vous dites : Ce bras est plus fort que mon bras.
Eh bien ! si par leurs jets vous comparez vos frondes,
Qu'est-ce donc que la main qui lançant tous ces mondes,
Ces mondes dont l'esprit ne peut porter le poids
Comme le jardinier qui sème aux champs ses pois,
Les fait fendre le vide et tourner sur eux-même
Par l'élan primitif sorti du bras suprême,
Aller et revenir, descendre et remonter
Pendant des temps sans fin que lui seul sait compter,
De l'espace et du poids, et des siècles se joue,
Et fait qu'au firmament ces mille chars sans roue
Sont portés sans ornière et tournent sans essieu?
Courbons-nous, mes enfans! c'est la force de Dieu !..

Maintenant cherchez-vous quelle est l'intelligence
Qui croise tous les fils de cette trame immense,
Et les fait l'un vers l'autre à jamais graviter
Sans que dans leur orbite ils aillent se heurter?
Enfans, quand vous allez paître au loin vos génisses
Aux flancs de la montagne, aux bords des précipices,
Et qu'assis sur un roc vous avez sous vos pas
Ce lac bleu comme un ciel qui se déploie en bas,
Vous voyez quelquefois l'essaim des blanches voiles
Disséminé sur l'eau comme au ciel les étoiles,
De tous les points du lac se détacher des bords,
Sortir des golfes verts ou rentrer dans les ports,
Ou, se groupant en cercle, avec la proue écrire
Des évolutions que le regard admire;
Et vous ne craignez pas, mes amis, cependant,
Que ces frêles esquifs, l'un l'autre s'abordant,
Se submergent sous l'onde, ou que leurs blanches ailes,
Se froissant dans leur vol, se déchirent entre elles;
Car quoique sous la voile on ne distingue rien
Dans cet éloignement, pourtant vous savez bien
Que de chaque nacelle un pêcheur tient la rame,
Que chacun des bateaux a son œil et son âme,
Qui gouverne à son gré sa course de la main
Et lui fait discerner et choisir son chemin.
Eh bien! pour diriger sur l'eau cette famille,
S'il faut une pensée à la frêle coquille,
Ces mondes que de Dieu l'effort seul peut brider
N'en auraient-ils pas une aussi pour se guider?
Ils en ont, mes enfans! Dieu même est leur pilote!
C'est lui qui dans son ciel a fait cingler leur flotte;
Chacun de ces soleils, éclairé par son œil,
Sait sur ces océans son port ou son écueil;
Tous ont reçu de lui le signal et la route,
Pour paraître à son heure, à leur point de sa voûte.
L'œuvre de chaque globe à son appel monté
Est de glorifier sa sainte volonté,

De suivre avec amour le sentier qu'il lui trace,
Et de réfléter Dieu dans le temps et l'espace !
Et tous obéissans, de rayon en rayon,
Se transmettent son ordre et font luire son nom,
Et sa gloire en jaillit de système en système,
Et tout ce qu'il a fait lui rend gloire de même,
Et sans acception son œil monte et descend
De l'orbe des soleils aux cheveux de l'enfant !
Et jusqu'au battement de l'insensible artère
De l'insecte qui rampe à vos pieds sur la terre !..
Et ne vous troublez pas devant cette grandeur,
Ne craignez pas jamais que dans la profondeur
Des êtres, dont la foule obscurcit sa paupière,
L'ombre de ces grands corps vous cache sa lumière !
Ne dites pas, enfans, comme d'autres ont dit :
Dieu ne me connaît pas, car je suis trop petit ;
Dans sa création ma faiblesse me noie ;
Il voit trop d'univers pour que son œil me voie.

L'aigle de la montagne un jour dit au soleil :
Pourquoi luire plus bas que ce sommet vermeil?
A quoi sert d'éclairer ces prés, ces gorges sombres,
De salir tes rayons sur l'herbe dans ces ombres ?
La mousse imperceptible est indigne de toi !...
— Oiseau, dit le soleil, viens et monte avec moi !...
L'aigle, avec le rayon s'élevant dans la nue,
Vit la montagne fondre et baisser à sa vue,
Et quand il eut atteint son horizon nouveau,
A son œil confondu tout parut de niveau.
— Eh bien ! dit le soleil, tu vois, oiseau superbe,
Si pour moi la montagne est plus haute que l'herbe.
Rien n'est grand ni petit devant mes yeux géans :
La goutte d'eau me peint comme les océans ;
De tout ce qui me voit je suis l'astre et la vie,
Comme le cèdre altier l'herbe me glorifie ;
J'y chauffe la fourmi, des nuits j'y bois les pleurs,

Mon rayon s'y parfume en traînant sur les fleurs!
Et c'est ainsi que Dieu, qui seul est sa mesure,
D'un œil pour tous égal voit toute sa nature!...
Chers enfans, bénissez, si votre cœur comprend,
Cet œil qui voit l'insecte et pour qui tout est grand!

(Plusieurs dates manquent ici.)

21 octobre 1802.

Je suis le seul pasteur de ce pays sauvage;
Pauvre troupeau sans guide! Un homme tout en nage
Est monté jusqu'ici d'un village lointain;
Il a marché toujours depuis le grand matin;
Dans un petit hameau du chemin d'Italie,
Une femme malade est, dit-il, recueillie;
Jeune, belle et mourante, à ses derniers instans
Elle demande un prêtre : arriverai-je à temps?

A Maltaverne, sur la route d'Italie,
22 octobre 1802.

Une lampe éclairait seule la chambre obscure.
Et l'ombre des rideaux me cachait la figure;
Je ne distinguais rien dans cette obscurité
Qu'un front pâle et mourant sur l'oreiller jeté,

Et de longs cheveux blonds répandus en désordre
Que sur un sein, deux mains d'albâtre semblaient tordre,
Et qui, lorsque ses mains les laissaient s'épancher,
Roulaient des bords du lit jusque sur le plancher.
« Mon père, » murmura tout bas la voix de femme...
L'accent de cette voix alla jusqu'à mon âme
Je ne sais d'une voix quel vague souvenir
Y vibrait ; je ne pus qu'à demi retenir
Un cri que le respect refoula dans ma bouche,
Et je m'assis tremblant au chevet de la couche.
« Mon père, pardonnez, reprit la même voix ;
« Les chemins sont mauvais, les jours courts, les temps froids!
« Je vous ai fait venir de loin, bien loin peut-être ;
« Mais vous vous souvenez que votre divin maître,
« Sans craindre de souiller ses pieds ni ses habits,
« Rapportait sur son cou la moindre des brebis!
« Hélas! de sa bonté nulle ne fut moins digne :
« Pourtant je fus marquée autrefois de son signe,
« Et je veux, en quittant ce vallon de douleur,
« Revenir et mourir aux pieds du bon pasteur!
« J'ai tant perdu sa voie et rejeté ses grâces
« Qu'il a depuis longtemps abandonné mes tracés!
« Mais avant de juger mes fautes dans la foi,
« Comme homme, comme ami, mon père, écoutez-moi!
« Vous connaîtrez bientôt celles dont je m'accuse :
« Plus mes péchés sont grands, plus j'ai besoin d'excuse!

« Ma mère, qui mourut en me donnant le jour,
« Me retira trop tôt l'ombre de son amour ;
« Mon père, qui m'aimait avec trop de tendresse,
« Ne m'a jusqu'à quinze ans nourri que de caresse ;
« J'étais libre avec lui comme l'oiseau des champs,
« Et toutes mes vertus n'étaient que mes penchans.
« L'âme va comme l'onde où sa pente l'incline :
« Je ne savais qu'aimer. A quinze ans orpheline,
« Dirai-je mon bonheur? ou mon malheur? hélas!

« Fit descendre du ciel un ami sur mes pas.
« Un jeune homme au front d'ange, et tel qu'un cœur de femme
« En rapporte en naissant l'image dans son âme,
« Tel que plus tard, hélas! son cœur en rêve en vain!
« Fier, tendre, à l'œil de flamme, au sourire divin,
« Météore qui donne à l'âme un jour céleste,
« Et de la vie après décolore le reste!
« En un désert deux ans le sort nous enferma :
« Je l'aimai sans penser que j'aimais; il m'aima
« Sans distinguer l'amour d'une amitié plus pure,
« Car des habits trompeurs déguisaient ma figure ;
« Et notre grotte vit les amours innocens
« De ce ciel où l'amour n'a pas besoin des sens.
« Il m'aima! pardonnez, ô mon père, à mes larmes!
« Pour ma bouche expirante, oui, ce mot a des charmes!
« Il m'aima! lui? moi?... lui!... ce mot fait mon orgueil!
« Il résonne encor doux au bord de mon cercueil!
« Quels que soient les remords dont ma vie est semée,
« Dieu me regardera puisque j'en fus aimée!... »

Son accent s'élevait, mais je n'entendais plus.
Laurence!... c'était elle! un bruit sourd et confus
Tintait dans mon oreille et grondait dans ma tête;
Mon front, mon cœur, mon sang n'étaient qu'une tempête;
Les objets s'effaçaient sous mon regard errant ;
Mes pensers dans mon front roulaient comme un torrent,
Et mon esprit flottant sur toutes, sur aucune,
En vain comme un éclair voulait en saisir une;
Chacune tour à tour fuyait et m'entraînait ;
Dans mon chaos d'esprit tout croulait, tout tournait ;
Si je parlais, ma voix me ferait reconnaître;
Avant le saint pardon je la tûrais peut-être!
Indiscret confident, si je n'osais parler
Ses douloureux secrets allaient se révéler ;
Coupable de parler, coupable de me taire,
J'allais trahir sa vie ou mon saint ministère!

Pouvais-je, homme de Dieu, me récuser ? oh non!
Oh! qui lui donnerait mieux le divin pardon?
De quel cœur plus ami la brûlante prière
Appellerait la paix de Dieu sur sa paupière ?
Quels pleurs s'uniraient plus à ses pleurs ? quelle main
Du festin de la mort lui romprait mieux le pain?
Et quel adieu plus tendre, à ce départ suprême,
L'accompagnerait mieux que cette voix qu'elle aime ?
Oh! sans doute c'était Dieu qui me l'envoyait,
Et qui par ce seul jour en une heure payait
De mon amour vaincu le si long sacrifice :
Il m'avait réservé ce jour dans sa justice !
Me rapportant Laurence à son dernier moment,
Sa grâce du pardon me faisait l'instrument !
J'allais donner le ciel dans l'auguste mystère
A celle à qui j'aurais voulu donner la terre !
Et j'allais envoyer m'attendre dans les cieux
Le souffle de mon sein, le rayon de mes yeux!
Dans la confusion de ce doute terrible,
J'étais sans mouvement comme un bloc insensible.
Le trouble de mes sens enfin s'atténua;
Sa voix reprit son timbre; elle continua :

« Hélas! de lui, mon père, à peine séparée,
« Le monde sait jusqu'où je me suis égarée;
« L'époux à qui mon sort sans mon cœur fut uni,
« Du crime de m'aimer par mon cœur fut puni;
« Mon dégoût lui rendait en horreur ses tendresses,
« Et voyait un opprobre en ses moindres caresses :
« Il mourut d'amertume, hélas! en m'adorant;
« Je ne lui pardonnai de m'aimer qu'en mourant !...

. . . .
. . . .

« Veuve et libre à vingt ans, et déjà renommée

« Pour ma beauté partout avec mon nom semée,
« Des flots d'adorateurs roulèrent sur mes pas ;
« Je les laissai m'aimer, mais moi, je n'aimai pas :
« L'ombre de mon ami, m'entourant d'un nuage,
« Toujours entre eux et moi jetait sa chère image ;
« Et d'un œil attendri quand je leur souriais,
« Hélas! les insensés! c'est lui que je voyais!
« Tant d'un éclat trop pur l'âme jeune éblouie
« Ternit toute autre chose ensuite dans la vie!
« Ah! malheur à qui voit devant ses yeux passer
« Une apparition qui ne peut s'effacer!
« Le reste de ses jours est bruni par une ombre :
« Après un jour divin, mon père, tout est sombre!...

. . . .
. . . .

« Pourtant lasse du vide où mon cœur se perdait,
« Ivre du souvenir brûlant qui débordait,
« J'essayai quelquefois de me tromper moi-même.
« De regarder un front et de dire : Je l'aime!
« J'écoutais comme si mon cœur avait aimé ;
« Mais froide au sein du feu que j'avais allumé,
« Je sentais tout à coup défaillir ma pensée,
« Transir mon cœur brûlant sous une main glacée ;
« Je repoussais l'objet indigne loin de moi,
« Je disais en courroux : Va-t'en! ce n'est pas toi!...
« Et cherchant au hasard parmi ce qui m'adore
« Une autre illusion, je la chassais encore!
« D'un angélique amour l'ineffaçable odeur,
« Au moment de tomber, me remontait au cœur ;
« Et la goutte du ciel, sur mes lèvres restée,
« Rendait toute autre coupe amère et détestée ;
« Aussi, bien que tant d'ombre ait terni ma beauté,
« Bien qu'un monde, témoin de ma légèreté,
« Sur mes goûts fugitifs mesurant mes faiblesses,

« M'ait mise au rang honteux des grandes pécheresses ;
« Bien que j'eusse voulu, du mal faisant mon bien,
« Venger sur d'autres cœurs les tortures du mien,
« Ou payer de ma vie ou de ma renommée
« La puissance d'aimer comme j'étais aimée ;
« Quoique ne regardant que d'un cœur ennemi
« Le Dieu qui m'arrachait mon frère et mon ami,
« Je le dis devant vous, devant ce Dieu lui-même,
« Devant la vérité qui luit au jour suprême ;
« Devant le cher fantôme et le saint souvenir
« De celui qu'en mentant je craindrais de ternir,
« Non par ma force, hélas ! mais par mon impuissance,
« Par mépris, par dégoût, plus que par innocence,
« Mon cœur est resté vierge et pur jusqu'à ce jour !
« Oui, mon âme est encor vierge à force d'amour,
« Et rapporte au tombeau, sans l'avoir altérée,
« L'image de celui qui l'avait consacrée !

. . . .
. . . .

« Et cependant mes jours, brûlés par la douleur,
« S'en allaient desséchés et pâlis dans leur fleur ;
« Et je sentais ma vie, à sa source blessée,
« Mourir, toujours mourir aux coups d'une pensée !
« Comme un arbre au printemps que le ver pique au cœur,
« Mon front jeune cachait ma mortelle langueur,
« Mais je voyais la mort, là tout près, sur ma voie,
« Et j'en avais dans l'âme une féroce joie !
« C'était le seul remède à mon mal sans espoir ;
« Pourtant avant la mort je voulus encor voir
« Le lieu de notre exil, ces monts, ce point de terre
« Qui fut de mon bonheur deux ans le sanctuaire,
« Et retrouver, en songe au moins, dans ce séjour,
« Ma première innocence et mon céleste amour ;
« Je revis le désert et la roche escarpée,

« Et là du dernier coup mon âme fut frappée.
« Tout mon bonheur passé se leva sous mes pas ;
« Je pressai mille fois son ombre dans mes bras ;
« Chaque pan de rocher, du lac, des précipices,
« Ramenèrent pour moi des heures de délices ;
« Ce cœur qui les cherchait n'a pu les soutenir :
« Comme on meurt de douleur, il meurt de souvenir !
« Et l'on me rapporta de la grotte, éperdue,
« Et mourant d'une mort que j'ai trop attendue !... »

. . . .
. . . .

Elle se tut; ses dents grinçaient; puis reprenant :
« Vous savez qui je fus, jugez-moi maintenant ! »
Sur sa couche incliné, l'œil au ciel, les mains hautes,
Je la bénis du cœur et j'entendis ses fautes !
Quand elle eut achevé, je lui dis quelques mots,
Tout étouffés de pleurs, tout brisés de sanglots,
Où l'accent altéré de ma voix trop émue,
A son oreille encor la laissait inconnue.
Je cherchais dans mon cœur ces trésors de pardon
Dont pour la dernière heure un Dieu nous a fait don ;
Puis avant de verser l'innocence à son âme :
« Vous en repentez-vous de ces péchés, madame?
« Je tiens sur votre front l'indulgence en suspens;
« Dieu n'attend que ce mot ! » — « Oh ! oui, je me repens
« De tout ce que mon cœur reproche à ma pensée,
« De mes jours prodigués, de ma vie insensée,
« D'avoir tant soupiré pour ramener ailleurs
« Ce que Dieu n'alluma qu'une fois dans deux cœurs,
« De cet oubli du ciel dont je fus prévenue
« Par cette grâce même, hélas ! qui m'a perdue !
« De ce temps en soupirs pour du vent consumé !
« Je me repens de tout, hors de l'avoir aimé !
« Et si devant ce Dieu mon amour est coupable,

« Que dans l'éternité sa vengeance m'accable!
« Je ne puis m'arracher du cœur, même aujourd'hui,
« Le seul être ici-bas qui m'ait fait croire en lui!
« Et dans mes yeux mourans son image est si belle,
« Que je ne comprends pas le ciel même sans elle!
« Oh! s'il était là, lui! si Dieu me le rendait!
« Même à travers la mort, oh! s'il me regardait!
« Si cette heure à ma vie eût été réservée!
« Si j'entendais sa voix, je me croirais sauvée!
« Sa voix m'adoucirait jusqu'au lit du tombeau! »

« Laurence! entendez-la! » criai-je. Le flambeau
Jeta comme un éclair du ciel dans l'ombre obscure;
Elle se souleva pour fixer ma figure :
« Dieu! c'est bien lui, » dit-elle. « Oui, Laurence! oui, c'est moi!
« Ton frère, ton ami, là, vivant devant toi!
« C'est moi que le Seigneur au jour de grâce envoie
« Pour te rendre la main et t'aplanir la voie,
« Pour laver plus que toi tes péchés dans mes pleurs!
« Tes fautes, mon enfant, ne sont que tes malheurs;
« C'est moi seul qui jetai le trouble dans ta vie;
« Tes péchés sont les miens, et je t'en justifie!
« Peines, crimes, remords, sont communs entre nous;
« Je les prends tous sur moi pour les expier tous;
« J'ai du temps, j'ai des pleurs, et Dieu, pour innocence,
« Va te compter là-haut ma dure pénitence!
« Ah! reçois de ce cœur au tien prédestiné
« Le plus tendre pardon qu'il ait jamais donné!
« Reçois de cette main, que Dieu seul t'a ravie,
« Ta précoce couronne et l'éternelle vie!
« Réunis à l'entrée, au terme du chemin,
« Tous les dons du Seigneur t'attendaient dans ma main.
« Aime-la pour ces dons de Dieu! crois, aime, espère!
« Laurence, cette main t'absout au nom du Père! »
Et comme j'achevais le signe de la croix,
Et que les mots sacrés expiraient dans ma voix,

Je sentis ses doigts froids saisir ma main contrainte,
L'attirer sur sa bouche en une ardente étreinte;
Et quand à ce transport je voulus m'opposer,
Son âme avait passé dans ce dernier baiser!
Et ma main que serrait encor sa main raidie,
Resta toute la nuit dans sa main refroidie;
Jusqu'à ce que le ciel commençant à pâlir,
Les femmes du hameau vinrent l'ensevelir!...

. . . .
. . . .

Au hameau de Maltaverne,
24 octobre 1802.

Ouvert le testament. C'est à moi qu'elle donne
Tous ses biens; qu'en ferais-je? Elle prie, elle ordonne
Qu'au tombeau paternel son corps soit rapporté
La nuit, par un seul prêtre, à la fosse, escorté,
Pour que son cœur mortel s'endorme et ressuscite
Au seul lieu d'ici-bas que sa pensée habite!

. . . .
. . . .

Ah! Laurence! ah! c'est moi, moi qui t'y coucherai;
Dans ta tombe, ô ma sœur, c'est moi qui t'étendrai!
De cette voix jadis si chère à ton oreille,
Oh! que ce soit aussi moi seul qui t'y réveille!
Ce corps je le reçois, mais ces biens je les rends,
Ce n'est que dans le ciel que nous sommes parens!

Mon nom, dans cet écrit, que le feu le dévore :
Dieu le sait, il suffit; que le monde l'ignore !

26 octobre 1802, de la Grotte
des Aigles.

O mon Dieu ! congédie enfin ton serviteur,
Il tombe, il a fini son œuvre de douleur !

. . . .
. . . .

27 octobre.

Quatre hommes des chalets, sur des branches de saules,
Étaient venus chercher le corps sur leurs épaules ;
Nous partîmes la nuit, eux, un vieux guide et moi.
Je marchais le dernier, un peu loin du convoi,
De peur que le sanglot, que j'étouffais à peine,
Ne trahît dans le prêtre une douleur humaine,
Et que sur mon visage en pleurs, on ne pût voir
Lutter la foi divine avec le désespoir.
C'était une des nuits sauvages de novembre
Dont la rigueur saisit l'homme par chaque membre,
Où sur le sol qui meurt d'âpres sensations,

Tout frissonne ou gémit dans des convulsions.
Les sentiers creux, glissans, sous une fine pluie,
Buvaient les brouillards froids que la montagne essuie ;
Les nuages rasaient les arbres dans leur vol,
La feuille en tourbillon ondoyait sur le sol ;
Les vents lourds de l'hiver, qui soufflaient par rafales,
Échappés des ravins, hurlaient par intervalles,
Secouaient le cercueil dans les bras des porteurs,
Et détachant du drap la couronne de fleurs
Qu'avaient mise au linceul les femmes du village,
M'en jetaient en sifflant les feuilles au visage :
Symbole affreux du sort, qui jette avec mépris
Au front de l'homme heureux son bonheur en débris !
La lune, qui courait entre les pâles nues,
Tantôt illuminait les pins des avenues,
Et tantôt, retirant dans le ciel sa clarté,
Nous laissait à tâtons percer l'obscurité ;
Et moi, pour accomplir mon cruel ministère,
Sous mon front mort et froid renfermant mon mystère,
J'essayais de chanter, dans un saignant effort,
Quelques notes des chants consacrés à la mort ;
Et ma voix chaque fois, dans mon sein repoussée,
Se brisait en tronquant l'antienne commencée,
Et mes pleurs dans mes chants ravalés à grands flots,
Sortant avec mes cris, les changeaient en sanglots.
O chant de paix des morts que démentait mon âme !
Chœur funèbre chanté pendant l'horreur du drame !
Ah ! vous n'êtes jamais sorti des voix d'un chœur,
En faisant éclater plus de fibres du cœur !
Et cependant, mon Dieu ! faut-il que je l'avoue ?
Un éclair quelquefois souriait sur ma joue,
Une amère douceur venait me soulager,
Comme un homme qui sent son fardeau plus léger.
Je me disais de l'âme, en m'excitant moi-même :
Allons, je n'ai donc plus qu'à suivre ce que j'aime !
Plus rien derrière moi sur ce bord du tombeau !

Plus rien dans cet exil à regretter de beau !
Tout ce qu'aima mon œil a déserté la terre !
J'y suis encor, Seigneur, mais j'y suis solitaire,
Et je n'ai plus ici qu'à m'asseoir un instant,
Et qu'à tendre les mains vers ces mains qu'on me tend !

. . . .
. . . .

De temps en temps, lassés de leur funèbre charge,
Les porteurs s'arrêtaient, et sur la verte marge
Des sentiers parcourus déposant leur fardeau,
S'éloignaient altérés pour chercher un peu d'eau ;
Seul alors, je restais un moment en prière,
A genoux, et le front sur le front de la bière,
Et laissant sur le bois mes lèvres se poser,
De l'éternel amour chaste et secret baiser !
Puis je me relevais et reprenais ma course,
Comme si j'avais bu moi-même à quelque source !

Déjà le crépuscule et son pâle rayon
Dévoilait par degrés à mes yeux l'horizon.
Comme un homme qui rêve à demi dans un rêve
Un fantôme adoré qui de l'ombre se lève.
Chaque place parlait de Laurence à mes yeux :
C'était la roche creuse où le berger pieux
Venait cacher pour nous le pain de nos délices ;
C'était l'onde écumante au fond des précipices,
L'arche où le premier jour je l'avais aperçu,
La rive où sur mon cœur mes bras l'avaient reçu,
La neige où je croyais voir encor goutte à goutte
Le sang d'un père, hélas ! qui nous traçait la route ;
Puis le vallon rempli pour nous de tant de jours
D'innocente amitié, de célestes amours ;
Le lac ridant ses eaux comme un tissu de soie,
Dont les vagues, pour nous, semblaient bondir de joie ;

Les cinq chênes, sur l'herbe étendant leurs bras noirs,
Ces lieux de nos bonheurs et de nos désespoirs,
Où le drame divin de tout notre jeune âge
Avait à chaque site attaché son image!
Et nous la déposions quelquefois, par hasard,
A la place, au soleil, sur l'herbe, où mon regard
Se souvenait soudain de l'avoir vue assise
Avec moi sur les fleurs, fleurs que son cercueil brise!
Et son rire et ses dents, ses yeux, son front, sa voix,
Me rentraient dans le cœur comme un coin dans le bois!
Et je me détournais un peu vers le rivage
Pour que le vent du lac me séchât le visage!...

. . . .
. . . .

Enfin près du sépulcre à son père creusé,
Pour la dernière fois le corps fut déposé;
Le front dans mes deux mains, je m'assis près de l'onde,
Pendant que l'on ouvrait dans la terre profonde
Le lit de son sommeil où j'allais la coucher;
Chaque coup dans le sol que j'entendais bêcher
Faisait évanouir une de ces images
Qui me montaient au cœur à l'aspect de ces plages,
Les brisait tour à tour comme un flot sur l'écueil,
Et toutes les menait s'abîmer au cercueil!
Quand il fut préparé, dans le sillon suprême
Je voulus sur mes bras la recevoir moi-même,
Afin que ce beau corps sous ma main endormi,
S'appuyât, même là, contre ce cœur ami!
La pressant sur mon sein comme une pauvre mère
Qui pose en son berceau son fruit dormant, à terre,
Sur le sol aplani, muet, je l'étendis;
Et tirant doucement le sable, j'entendis
La terre sous mes pieds, par le pâtre jetée,
Tomber et retentir à sourde pelletée,

Jusqu'à ce que la tombe exhaussant son niveau
Me rendît au grand jour les pieds sur son tombeau !

. . . .
. . . .

Alors pour passer seul tout ce jour de mystère,
Feignant d'avoir encor quelque saint ministère,
Je dis négligemment aux hommes du convoi
De descendre à pas lents la montagne sans moi ;
Et je demeurai seul pour pleurer en silence
L'heure, l'heure sans fin de l'éternelle absence !
Oh ! ce qui se passa dans ces veilles de deuil
Entre cette âme et moi couché sur ce cercueil,
Ce qui se souleva d'amour et d'espérance
Du fond de cette fosse où m'appelait Laurence,
Si ma main le pouvait, je ne l'écrirais pas!
Il est des entretiens de la vie au trépas,
Il est des mots sacrés que l'âme peut entendre,
Que nulle langue humaine en accens ne peut rendre,
Qui brûleraient la main qui les aurait écrits,
Et qu'il faut, même à soi, mourir sans avoir dits !

. . . .
. . . .

Quand j'eus seul devant Dieu pleuré toutes mes larmes,
Je voulus sur ces lieux si pleins de tristes charmes,
Attacher un regard avant que de mourir,
Et je passai le soir à les tous parcourir.
Oh ! qu'en peu de saisons les étés et les glaces
Avaient fait du vallon évanouir nos traces !
Et que sur ces sentiers si connus de mes piés,
La terre en peu de jours nous avait oubliés !
La végétation, comme une mer de plantes,
Avait tout recouvert de ses vagues grimpantes ;

La liane et la ronce entravaient chaque pas;
L'herbe que je foulais ne me connaissait pas;
Le lac, déjà souillé par les feuilles tombées,
Les rejetait partout de ses vagues plombées;
Rien ne se reflétait dans son miroir terni,
Et son écume morte aux bords avait jauni;
Des chênes qui couvraient l'antre de leurs racines,
Deux, hélas! n'étaient plus que de mornes ruines,
Leurs troncs couchés à terre étaient noirs et pourris;
Les lézards de leurs cœurs s'étaient déjà nourris;
Un seul encor debout, mais tronqué par l'orage,
Étendait vers la grotte un long bras sans feuillage,
Comme ces noirs poteaux qu'on plante avec la main
Pour surmonter la neige et marquer un chemin;
Ah! je connaissais trop cette fatale route;
Mes genoux fléchissant m'entraînaient vers la voûte;
J'y marchais pas à pas sur des monceaux mouvans
De feuillages d'automne entassés par les vents;
En foulant ces débris que le temps décompose,
J'entendis résonner et craquer quelque chose
Sous mon pied; vers le sol jauni je me baissai;
C'étaient des ossemens, et je les ramassai;
Je reconnus, aux pieds, notre pauvre compagne,
Notre biche oubliée en quittant la montagne,
Et qui, morte sans doute ou de faim ou de deuil,
Avait laissé ses os blanchis sur notre seuil!
J'entrai sans respirer dans la grotte déserte,
Comme un mort, dont les siens ont oublié la perte,
Rentrerait inconnu dans sa propre maison
Dont les murs qu'il bâtit ne savent plus son nom!
Mon regard d'un coup d'œil en parcourut l'enceinte,
Et retomba glacé comme une lampe éteinte;
O temple d'un bonheur sur la terre inconnu,
Hélas! en peu de temps qu'étiez-vous devenu?
Le sable et le limon, qui comblaient la poterne,
Ne laissaient plus entrer qu'un jour blafard et terne;

Le lierre, épaississant ses ténébreux réseaux,
Interceptait la brise et le reflet des eaux ;
La vase, amoncelée au canal de la source,
Dans le creux de la roche avait changé sa course ;
Et la coupe de pierre, aux éternels accords,
N'avait plus qu'une mousse aride sur ses bords ;
Nul oiseau n'y buvait ou n'y lavait ses ailes ;
Les nids de nos pigeons et de nos hirondelles,
Par la dent des renards détachés et mordus,
Flottaient contre la voûte à leurs fils suspendus,
Avec leurs blancs duvets, leurs plumes, leurs écailles,
Qui jonchaient le terrain ou souillaient les murailles ;
Dans ce séjour de paix, d'amour, d'affection,
Tout n'était que ruine et profanation ;
A la place où Laurence avait dormi naguère
Ses doux sommeils d'enfant sur son lit de fougère,
La bête fauve avait dans l'ombre amoncelé
Son repaire d'épine aux broussailles mêlé ;
Et des os décharnés, des carcasses livides,
Débris demi rongés par ses petits avides,
Avec des poils sanglans répandus à l'entour,
Souillaient ce seuil sacré d'innocence et d'amour.
Je reculai d'horreur ! O vil monceau de boue,
O terre qui produis tes fleurs et qui t'en joue !
Oh ! voilà donc aussi ce que tu fais de nous !
Nos pas sur tes vallons, tu les laboures tous !
Tu ne nous permets pas d'imprimer sur ta face
Même de nos regrets la fugitive trace ;
Nous retrouvons la joie où nous avons pleuré,
La brute souille l'antre où l'ange a demeuré !
L'ombre de nos amours, au ciel évanouie,
Ne plane pas deux jours sur notre point de vie ;
Nos cercueils, dans ton sein, ne gardent même pas
Ce peu de cendre aimée où nous traînent nos pas.
Nos pleurs, cette eau du ciel que versent nos paupières,
En lavant les tombeaux se trompent de poussières ;

Le sol boit au hasard la moelle de nos yeux.
Va, terre, tu n'es rien! ne pensons plus qu'aux cieux!

Je me relevai fort de ce cri de colère.
Quand je sortis de l'antre et retrouvai la terre,
L'avalanche, d'en haut, au lac avait roulé,
Un blanc tapis de neige avait tout nivelé,
La tombe n'était plus qu'un léger monticule
Pareil au blanc monceau qu'un enfant accumule ;
L'ouragan balayait ces ondoyans sillons,
Et luttant au-dessus contre ses tourbillons,
(Ah! je les reconnus), deux pauvres tourterelles,
Dont la poudre glacée embarrassait les ailes,
Cherchant à s'échapper de ce tombeau mouvant,
Tournoyaient, s'abattaient ensemble sous le vent ;
J'appelai par leurs noms ces oiseaux, nos symboles,
Mais l'ouragan de glace emportait mes paroles,
Puis, sans penser ni voir, je descendis en bas,
Et comme si du plomb eût entraîné mes pas!

. . . .
. . . .

ÉCRIT SUR UNE PAGE DE L'*IMITATION DE JÉSUS-CHRIST*.

Valneige, novembre 1802.

Quand celui qui voulut tout souffrir pour ses frères,
Dans sa coupe sanglante eut vidé nos misères,
Il laissa dans le vase une âpre volupté ;
Et cette mort du cœur qui jouit d'elle-même,

Cet avant-goût du ciel dans la douleur suprême,
    O mon Dieu! c'est ta volonté!

J'ai trouvé comme lui dans l'entier sacrifice,
Cette perle cachée au fond de mon calice;
Cette voix qui bénit à tout prix, en tout lieu!
Quand l'homme n'a plus rien en soi qui s'appartienne,
Quand de ta volonté ta grâce a fait la sienne!
    Le corps est homme, et l'âme est Dieu!

Valneige, 19 mai 1803.

Hélas! depuis six mois j'avais cessé d'écrire;
Mon âme chaque jour de mille morts expire.
Depuis que la misère et les contagions
Montent pour décimer ces hautes régions,
Qu'importait à mes yeux ce miroir de ma vie!
Mes yeux sont tout trempés des larmes que j'essuie;
Le loisir du matin ne va pas jusqu'au soir,
Je n'ai ni le désir, ni l'heure de m'asseoir;
Le chevet des mourans est ma place assidue :
A leur longue agonie un peu de paix rendue,
Le signe de la croix tenu devant leurs yeux,
Un serrement de main, un geste vers les cieux,
Les saints honneurs rendus à leur pauvre suaire,
C'est le seul bien, hélas! que je puisse leur faire.
Grâce à moi, sous leur chaume ils ne meurent pas seuls,
L'un après l'autre ils ont tous mes draps pour linceuls,
Et le sol, que mes mains ont creusé pour leur bière,
Ouvre à chacun son lit d'argile au cimetière.

Depuis deux ou trois jours cependant le fléau
Commence à s'amortir dans mon pauvre hameau.
Hélas! il était temps! que de toits sans fumées!
Que de champs sans semence et de portes fermées!
A la ville, au contraire, il s'accroît tous les jours.
Les pauvres qu'il choisit y meurent sans secours,
Les hôpitaux sont pleins d'infirmes qu'il entasse,
Et les morts aux mourans ne font pas assez place;
Les temples trop étroits sont encombrés; leur seuil
Des cadavres pressés repousse le cercueil;
Le bras des fossoyeurs à bêcher se fatigue;
Une place au sépulcre est un don que l'on brigue;
Les morts vont au tombeau par immenses convois,
Où pour mille cercueils ne marche qu'une croix.
La population se jette aux gémonies,
Les prêtres décimés manquent aux agonies,
Leur pied fraie aux mourans les sentiers du tombeau,
Et, comme le pasteur marche après le troupeau,
Les y mènent le soir, le lendemain les suivent.
A peine jusqu'ici trois ou quatre survivent,
Et pour les assister dans leur pieux devoir,
Je descends chaque jour et reviens chaque soir.
Oh! que mon pied court vite au chemin de la tombe!
Quelle grâce d'en haut, mon Dieu, si je succombe!
Si moi qui donnerais pour rien mes jours flétris,
Pour mes frères sauvés vous leur donniez un prix!
Oh! pour rendre, Seigneur, un époux à la femme,
Une mère à l'enfant, prenez âme pour âme!

. . . .
. . . .

Valneige, 16 décembre 1803.

Ce soir je remontais pour descendre demain,
Le cœur saignant, les pieds tout meurtris du chemin,
L'esprit anéanti du poids de leur misère,
Comme Jésus montant sous la croix son Calvaire;
Je récitais tout bas les psaumes consacrés
Pour les âmes de ceux que j'avais enterrés.
La nuit enveloppait les muettes campagnes;
Seulement, en montant, les crêtes des montagnes,
Que la lune tardive allait bientôt franchir,
D'une écume de jour commençaient à blanchir.
Elle parut enfin comme un charbon de braise
Qu'on tire, avant le jour, du creux de la fournaise,
Et glissant sur la pente en ruisseau de clarté,
M'éclaira mon sentier de tout autre écarté :
Dur sentier suspendu sur le bord des abîmes,
S'enfonçant dans la gorge et remontant les cimes;
Puis enfin, contournant la pente du rocher,
Allant avec mes yeux aboutir au clocher.

J'avais monté longtemps; mon front à large goutte
Découlait de sueur dont je lavais ma route.
Quand je fus à peu près à moitié du chemin,
Au pas où, le sentier coupé par le ravin,
L'arche du petit pont, où le torrent dégorge,
Joint une rive à l'autre au creux noir de la gorge,
Sur le pied de la croix qui s'élève au milieu
Je m'assis un moment pour respirer un peu.

Un silence complet endormait la nature ;
Le torrent desséché s'étendait sans murmure ;
Je comptais les rochers de son lit peu profond,
Par la lune baignés, blanchissans jusqu'au fond ;
Et dans l'air de la nuit, sans haleine et sans voiles,
On aurait entendu palpiter les étoiles.
Je fus tiré du sein de ma réflexion
Par un étrange bruit de respiration ;
J'écoutai : c'était bien une pénible haleine
Qui sortait sous le pont d'une poitrine humaine,
Et qu'au fond du ravin, de moment en moment,
Entrecoupait un faible et sourd gémissement.
Je refuse un instant le souffle à ma poitrine ;
Au bas du parapet, l'œil tendu, je m'incline ;
Je regarde, j'appelle, et rien ne me répond.
Par le lit du torrent je descends sous le pont.
La lune en inondait l'arche basse et profonde,
Où ses rayons tremblaient sur le sable au lieu d'onde,
Et, répandant assez de jour pour l'éclairer,
Laissaient l'œil et les pas libres d'y pénétrer.
De ronces et de joncs écartant quelque tige,
J'entrai d'un pas tremblant sous cette arche : que vis-je !
Un jeune homme, le corps sur le sable étendu,
Le frisson de la mort sur sa peau répandu,
Sans regard et sans voix, le bras sur quelque chose
De long, d'étroit, de blanc, qui près de lui repose,
Et que dans son instinct, sa main ouverte encor,
Semblait contre son cœur presser comme un trésor.
Je recule d'un pas, la pitié me rapproche ;
Recueillant un peu d'eau dans le creux d'une roche,
J'en baigne avec la main son front évanoui ;
Il rouvre un œil mourant, par la lune ébloui,
Jette un regard confus sur mon habit, regarde
Si rien n'a déplacé le long fardeau qu'il garde,
Cherche en vain dans sa voix un mot pour me bénir,
Se met sur son séant, et ne peut s'y tenir...

Je lui fis, avec peine, avaler une goutte
D'un flacon de vin vieux que j'avais pour ma route,
Et quand il eut repris ses forces à demi :
« Que faites-vous ici, lui dis-je, mon ami,
« Sous cette arche, à cette heure? Êtes-vous un coupable
« Que son crime poursuit, ou quelque misérable
« Qui, n'ayant plus de toit pour abriter son front,
« Pendant les nuits d'hiver se cache sous le pont?
« Coupable ou malheureux, vous n'avez rien à taire :
« Pardonner, soulager, c'est tout mon ministère ;
« Je suis l'œil et la main et l'oreille de Dieu,
« Sa providence à tous, le curé de ce lieu ! »
Un éclair, à ce nom, parcourut son visage ;
Il joignit ses deux mains : « Le curé du village?
« Vous ! vous ! s'écria-t-il, ne me trompez-vous pas?
« Ah ! c'est Dieu qui nous a jetés là sous vos pas ;
« O bon Samaritain, c'est lui qui vous envoie !
« Arriver jusqu'à vous, puis mourir avec joie ! » —
« Qu'attendez-vous de moi? lui dis-je. » — « Hélas ! voyez,
« Voyez ce qu'en tombant je dépose à vos piés ! »
Et retirant son corps qui projetait une ombre
Sur le côté de l'arche et du fardeau plus sombre,
Je vis sur la poussière un grand coffre de bois :
Un lambeau de lin blanc en couvrait les parois ;
Une croix de drap noir, petite, inaperçue,
Du côté le plus large au lin était cousue ;
Une image de sainte, au bas, avec des lis,
Comme le pauvre peuple en suspend à ses lits ;
Un rameau de buis sec, plus haut une couronne
De ces fleurs de papier qu'aux fiançailles l'on donne,
Que tresse un fil de cuivre aux oripeaux d'argent,
Pauvre luxe fané de l'amour indigent !
A ces signes, hélas ! si présens à mon âme,
Je reconnus soudain le cercueil d'une femme !
« Malheureux ! m'écriai-je en un premier transport,
« Parlez, que faisiez-vous? profaniez-vous la mort?

« Vouliez-vous dérober au tombeau son mystère?
« Osiez-vous disputer sa dépouille à la terre? »
Son front à ce soupçon se redressa d'effroi,
Il joignit ses deux mains sur le cercueil : « Ah! moi!
« Moi profaner la mort et dépouiller la tombe!
« Ah! si depuis deux jours sous ce poids je succombe,
« C'est pour n'avoir pas pu des vivans obtenir
« Une main de l'autel qui voulût la bénir,
« Une prière à part, hélas! pour sa pauvre âme!
« Cette bière est à moi, cette morte est ma femme! »
— « Expliquez-vous, lui dis-je, et sur ce cher linceul,
« S'il est vrai, mon enfant, vous ne prirez pas seul;
« Mes larmes tomberont du cœur avec les vôtres,
« Je n'en ai plus pour moi, mais j'en ai pour les autres. »
Je m'assis près du corps, dans le lit du torrent.
« J'étais, monsieur, dit-il, un pauvre tisserand.
« A celle que j'aimais marié de bonne heure,
« De travail et d'espoir dans notre humble demeure
« Nous vivions; nos amours avaient été bénis
« D'un enfant de trois ans vienne la Saint-Denis.
« Que nous étions heureux tous trois, toujours ensemble,
« Autour de ce métier où la tâche rassemble!
« Que de chants, de regards, de sourires d'amour,
« Sur la trame, entre nous, s'échangeaient tout le jour!
« Ma femme, à mes côtés, travaillant à l'aiguille,
« Me passant la navette, et la petite fille
« De mon métier déjà comprenant les outils,
« Garnissant les fuseaux, ou dévidant les fils;
« Et le soir, quand le lin reposait sur la trame,
« Quel plaisir de nous voir, assis avec ma femme,
« Auprès de la fenêtre, où quelques pots de fleurs,
« D'iris, de réséda, nous soufflaient les odeurs;
« Regarder en repos le soleil, qui se couche,
« De ses longs rayons d'or jouant sur notre couche;
« Manger sur nos genoux nos fruits et notre pain,
« Nous agacer du coude ou nous prendre la main,

« Pendant que l'un de nous, de son pied qu'il soulève,
« Berçait dans son berceau l'enfant riant d'un rêve!
« Ah! monsieur, il me semble encor que je les vois!
« Cette image me tue et me coupe la voix!
« Le travail allait bien alors; chaque semaine,
« Le travail assidu suffisait à la peine;
« La toile ne manquait jamais sur le métier,
« Et nous pouvions manger notre pain tout entier :
« Nous n'avions au bon Dieu que des grâces à rendre!
« Combien l'amour heureux rend la prière tendre!
« Et combien dans nos yeux de larmes de bonheur,
« De ses dons tous les soirs rendaient grâce au Seigneur!
« Hélas! ce temps fut court; Dieu du fond de l'abîme
« Fit souffler dans les airs le mal qui nous décime;
« Nos voisins tour à tour succombaient à ses coups,
« Et d'étage en étage il monta jusqu'à nous.
« Respirant la première une fièvre brûlante,
« Comme un tendre bourgeon qui gèle avant la plante,
« Notre enfant entre nous mourut en un clin d'œil.
« Je vendis sa croix d'or pour avoir un cercueil;
« Sa mère de ses mains lui mit sa robe blanche,
« La para pour la mort comme pour un dimanche,
« Et, la couvrant cent fois de baisers et de pleurs,
« Jonchant ses beaux pieds joints des débris de nos fleurs,
« De son dernier bijou lui fit le sacrifice,
« Pour qu'avec les grands morts on lui fît un service;
« Moi-même, dépouillant mon unique trésor,
« Arrachant de mon doigt, hélas! mon anneau d'or,
« J'achetai du gardien de la funèbre enceinte
« La fosse de trois pieds creusée en terre sainte!...

« Le mal dans la maison une fois introduit,
« Ma femme entre mes bras mourut la même nuit;
« Sans or, sans médecin, sans prêtre, sans remède,
« Je ne pus qu'appeler tous les saints à son aide,
« Réchauffer ses pieds froids, de mon corps, dans mes bras;

« La disputer longtemps, souffle à souffle, au trépas.
« Souvent, dans cette nuit de l'angoisse mortelle,
« En me serrant la main : Promets-moi, me dit-elle,
« Que tu ne laisseras jamais jeter mon corps
« Sans bière et sans tombeau dans le fossé des morts ;
« Mais que tu feras faire un service à l'église,
« Pour que plus vite au ciel notre ange nous conduise,
« Et que plus près de Dieu, pour toi priant là-haut,
« Nous puissions à nous deux te rappeler plus tôt !
« Je lui promis, mon père, et sur cette promesse
« Son âme s'en alla tout heureuse en caresse.
« Hélas ! je promettais ; je croyais obtenir
« Plus qu'en ces jours si durs je ne pouvais tenir !
« Par la longue misère ou par la maladie,
« La charité publique était tout attiédie.
« Je cherchai vainement parmi nos froids amis
« De quoi faire accomplir ce que j'avais promis :
« Des planches, un linceul et des clous pour la bière,
« Une messe à son âme, un coin au cimetière !...

« Je revins morne et seul près d'un cierge m'asseoir,
« Le regardant brûler d'un œil de désespoir.
« Quand il fut consumé, dans un transport féroce,
« Je lui fis un linceul de sa robe de noce ;
« J'arrachai, je clouai les planches de son lit,
« Dans ce cercueil d'amour ma main l'ensevelit ;
« Puis, attendant cette heure où dans la matinée
« Au service des morts la messe est destinée,
« Et chargeant sur mon dos ce cher et sacré poids,
« J'allai prendre mon rang, seul, au bout des convois.
« Mais, de tous les quartiers éloignés de la ville,
« Les tombereaux venaient s'encombrer à la file,
« Hélas ! et dans leur mort, comme de leur vivant,
« Les plus riches, monsieur, passaient encor devant.
« Repoussé le dernier, toujours de bière en bière,
« Courbé sous mon fardeau, je me traînais derrière ;

« L'église était déjà remplie, et le cercueil,
« Sans cortége et sans pleurs, fut repoussé du seuil!

« Deux jours entiers, monsieur, d'églises en églises,
« Je tentai d'obtenir les prières promises,
« Ou de surprendre au moins, saintement importun,
« La bénédiction que l'on donne en commun;
« Et deux jours, mendiant en vain la sépulture,
« Dans la chambre sans lit, sans feu, sans nourriture,
« Je rapportai plus lourd mon fardeau de douleur...
« Enfin, Dieu me fit naître une pensée au cœur.
« Allons, dis-je en moi-même, à la montagne; un prêtre
« Là-haut par charité la recevra peut-être,
« Et, prenant en pitié ma misère et mon vœu,
« Lui bénira gratis sa place au champ de Dieu.

« Je repris sur mon dos ma charge raffermie;
« Je sortis dans la nuit de la ville endormie,
« Comme un voleur furtif, tremblant au moindre bruit,
« Par l'ange de ma femme à mon insu conduit;
« M'enfonçant au hasard dans la gorge inconnue,
« Me guidant sur le son des cloches dans la nue,
« Sous le poids de mon âme et de trois jours de mort
« Pliant à chaque pas, succombant sous l'effort,
« Me relevant un peu, me traînant sous la bière,
« Les genoux et les mains déchirés par la pierre.
« Enfin, sentant mon cœur me défaillir ici,
« Et craignant qu'avant l'heure où l'air est éclairci,
« Le pied du voyageur nous heurtât dans sa marche,
« J'ai tiré mon fardeau sous l'abri de cette arche.
« Déjà mort, à vos soins mon regard s'est rouvert;
« La grâce du Seigneur à vous m'a découvert!... »

. . . .
. . . .

« O mon frère, lui dis-je, ô modèle de l'homme!...
« De quelque nom obscur que la terre vous nomme,
« Oh! quelle charité ne rougit devant vous?
« Ah! sous tant de fléaux qui s'acharnent sur nous,
« Quand l'homme que l'on jette et traîne sur la claie
« N'est plus qu'un vil fumier qu'un fossoyeur balaie,
« A qui la terre même a fermé le tombeau,
« Pour le cœur contristé, qu'il est doux, qu'il est beau
« De voir l'humanité dans une classe obscure,
« Par de semblables traits révéler sa nature,
« Conserver à la mort tant de fidélité,
« Ne voir dans le cercueil que l'immortalité!
« Et combien on est fier, dans ce poids de misère,
« D'être homme avec cet homme et de le nommer frère!
« Ah! venez avec moi, courage! levez-vous!
« L'ange de vos amours marchera devant nous;
« A la terre de Dieu je porterai moi-même
« Ce corps, dont l'âme au ciel vous regarde et vous aime;
« Je creuserai sa fosse à l'ombre du Seigneur,
« Je ferai pour ses os comme pour une sœur.
« Mais, ô mon cher enfant! consolez-vous; son âme
« N'a pas besoin là-haut que ma voix la réclame;
« Aux regards de celui qu'un soupir satisfait,
« Quelle prière vaut ce que vous avez fait?
« Quel office, ô mon fils, que cette nuit mortelle,
« Cette route, ce sang, cette sueur pour elle!
« Ah! dans son saint trésor Dieu n'a jamais compté
« De tribut qui vers lui plus suave ait monté!
« Venez, nous n'avons plus qu'à la rendre à la terre;
« La nuit baisse, et le jour... cachons-lui ce mystère. »
Et prenant un côté du cercueil sous mon bras,
Le jeune homme prit l'autre, et, mesurant nos pas,
Par ces rudes sentiers lentement nous montâmes;
Nos membres fléchissans s'appuyaient sur nos âmes;
Nos deux fronts inondaient le cercueil de sueur;
Et le matin jetait sa première lueur,

Quand sur le seuil désert de l'église fermée
Je remis le mourant et sa dépouille aimée.
J'ornai secrètement l'autel, sans réveiller
Marthe, l'enfant de chœur, ni le vieux marguillier ;
Je célébrai du jour le solennel service ;
Des morts dans le Seigneur, seul je chantai l'office,
Et la voix de l'époux, du seuil du saint enclos,
Aux psaumes de la mort répondait en sanglots ;
Puis creusant de mes mains la fosse au cimetière,
J'y descendis, pleurant, pour y coucher la bière ;
J'y jetai le premier la terre ; et puis l'époux ;
Ma pelle referma la couche en peu de coups,
Et la croix surmonta le lit du dernier somme.
Quand tout fut accompli, l'infortuné jeune homme,
Triomphant dans ses pleurs, s'assit sur le tombeau,
Comme un homme arrivé s'asseoit sur son fardeau.

Valneige, 27 décembre 1803.

Il est mort ce matin. O paix à sa pauvre âme !
Je rouvrirai pour lui la couche où dort sa femme !

. . . .
. . . .

28 décembre, de son lit.

Au lit mystérieux que referme la mort,
Heureux l'œil qui se clôt et le front qui s'endort
Sur l'oreiller divin d'une sainte espérance!
O sommeil! ô réveil! ô ma mère! ô Laurence!
Le moment tant prié serait-il donc venu?

. . . .

Je me sens un besoin de repos inconnu,
Un voile sur mes yeux, des ombres dans ma chambre,
Des ailes dans le cœur, du plomb dans chaque membre;
D'un air plus attendri mon chien lèche ma main,
Prévoirait-il ma mort?... ah! si c'était demain!...

. . . .
. . . .

(Le journal, interrompu par une maladie longue et
douloureuse, ne fut jamais repris.)

ÉPILOGUE.

On eût dit que la mort avait fermé le livre ;
Mais sa force à ce coup l'avait laissé survivre ;
Et ce fut, je présume, à peu près vers ce temps
Que je fis sa rencontre à la fin d'un printemps,
Qu'un premier entretien confondit nos deux âmes,
Et que, du premier jour, tous deux nous nous aimâmes.
Depuis ce moment-là, jusqu'à ses cheveux blancs,
A sa maison de paix je montais tous les ans.
Elle était à mon cœur une source d'eau bonne
Qu'on sait dans les rochers sans la dire à personne,
Et que dans sa mémoire on réserve avec soin
Pour aller, à la soif, la chercher au besoin.
Chaque fois que ma vie était un peu fanée,
Qu'un chagrin me pesait dans le cours de l'année,
Mon instinct près de lui me portant aussitôt,
Dans un coin de mon cœur mettait tout en dépôt,
Pour aller dans son sein le verser à son heure,
Et rapporter la paix qui comblait sa demeure !
Où trouver maintenant ma pauvre goutte d'eau,
Et ce banc sur la route où poser mon fardeau ?
Et puis comme il m'aidait dans mes douces études !
Comme il connaissait bien toutes les habitudes
Des plantes, des oiseaux, des insectes de Dieu !
Comme il me disait juste à quelle heure, en quel lieu,

Sous quel rayon du soir, sur quelle verte pente
Ma main tomberait mieux sur l'insecte ou la plante !
Et comme de l'hysope aux plus superbes fleurs,
De tout ce qui végète il m'enseignait les mœurs !
Il n'avait pourtant, lui, ni grand herbier ni livre ;
Je recueillais tout mort, mais lui voyait tout vivre ;
Je savais mieux les noms, les genres, les contours ;
Lui, les saveurs, les goûts, les instincts, les amours ;
Pour lui chaque herbe était un rayon d'évidence,
Un signe du grand mot où luit la Providence ;
De ce signe divin par la sagesse écrit
Je contemplais la terre, et lui lisait l'esprit,
Et, prêtant à chaque herbe une claire étincelle
D'âme distincte au sein de l'âme universelle,
Il la voyait sentir, penser, agir, aimer ;
Et la nature ainsi qu'il savait animer,
Avec ses sentimens, ses grâces infinies,
Et ses transitions fondant en harmonies,
Devenait sous sa langue un poëme sans fin,
Mais toujours émouvant l'âme et toujours divin,
Car le nom de l'auteur, brillant sur chaque page,
De jour et de chaleur inondait tout l'ouvrage ;
Jamais on n'y lisait avec lui sans bénir,
Et sans sentir aux yeux une larme venir !

A présent que j'ai lu dans cette âme si tendre,
Je reviens sur sa vie, et j'ai peine à comprendre
Comment il a vécu comme un autre ses jours,
Après avoir noyé tant d'âme dans leur cours ?
J'aurais cru qu'une mort précoce et volontaire
Aurait déraciné cet homme de la terre,
Ou que son front, chargé de mystère et d'ennui,
Aurait jeté toujours une ombre devant lui !

Il n'en fut pas ainsi, j'en bénis Dieu ; sa vie,
Quoique troublée au fond, ne parut point tarie ;

ÉPILOGUE.

Elle continua de couler doucement,
Sans devancer jamais sa pente d'un moment,
Et sans rendre son eau plus trouble ou plus amère
Pour celui qui regarde ou qui s'y désaltère;
La douleur qu'elle roule était tombée au fond;
Je ne soupçonnais pas même un lit si profond :
Nul signe de fatigue ou d'une âme blessée
Ne trahissait en lui la mort de la pensée ;
Son front, quoique un peu grave, était toujours serein;
On n'y pouvait rêver la trace d'un chagrin
Qu'au pli que la douleur laisse dans le sourire,
A la compassion plus tendre qu'il respire,
Au timbre de sa voix ferme dans sa langueur,
Qui répondait si juste aux fêlures du cœur.
Il se fit de la vie une plus mâle idée :
Sa douleur d'un seul trait ne l'avait pas vidée;
Mais, adorant de Dieu le sévère dessein,
Il sut la porter pleine et pure dans son sein,
Et ne se hâtant pas de la répandre toute,
Sa résignation l'épancha goutte à goutte,
Selon la circonstance et le besoin d'autrui,
Pour tout vivifier sur terre autour de lui !

S'il poursuivit ainsi son chemin jusqu'au terme,
C'est qu'en ses saintes mains le bâton était ferme;
C'est que sa tendre foi, qui n'était plus qu'espoir,
Dorait le but d'avance et le lui faisait voir :
L'heure dont on est sûr de tant de confiance
S'attend sans amertume et sans impatience;
Dans les chemins connus on marche à petits pas;
Et quand on sait le terme, on est moins vite las.

Et puis les demi-cœurs et les faibles natures
Meurent du premier coup et des moindres blessures;
Mais les âmes que Dieu fit d'un acier plus fort,
De l'ardeur du combat vivent jusqu'à la mort;

De leur sein déchiré leur sang en vain ruisselle,
Plus il en a coulé, plus il s'en renouvelle,
Et souvent leur blessure est la source de pleurs
D'où le baume et l'encens distillent mieux qu'ailleurs!

J'ai trouvé quelquefois, parmi les plus beaux arbres
De ces monts, où le bois est dur comme les marbres,
De grands chênes blessés, mais où les bûcherons,
Vaincus, avaient laissé leur hache dans les troncs :
Le chêne dans son nœud la retenant de force,
Et recouvrant le fer de son bourlet d'écorce,
Grandissait, élevant vers le ciel, dans son cœur,
L'instrument de sa mort, dont il vivait vainqueur!
C'est ainsi que ce juste élevait dans son âme,
Comme une hache au cœur, ce souvenir de femme!

Lorsque après cette fin que je n'avais pu voir,
J'eus accompli pour lui le funèbre devoir,
De tout ce qu'il laissait me faisant ma famille,
Je voulus emmener Marthe, la pauvre fille!
Elle me répondit, en me montrant du doigt
L'arbuste enraciné dans les fentes du toit :
« A ces murs, comme lui, ma vie a pris racines ;
« On me laissera bien vieillir sous ces ruines.
« Qu'est-ce qui soignerait le chien abandonné ?
« On m'y rapportera le pain que j'ai donné ! »
Je sifflai vainement le chien du pauvre prêtre ;
Il s'émut à la voix de l'ami de son maître,
Mais flairant le sentier qui menait au cercueil,
Sans faire un pas plus loin, il me suivit de l'œil ;
Les oiseaux affranchis revinrent à leur cage ;
Et je n'emportai rien de son cher héritage,
Que son saint crucifix de buis et de laiton,
Ces feuillets déchirés, sa Bible et son bâton.

Depuis ce jour, au mois où l'on coupe les seigles,

ÉPILOGUE.

Je monte tous les ans la montagne des Aigles,
Et, de mon pauvre ami le récit à la main,
De la grotte, en lisant, je refais le chemin ;
Du drame de ses jours j'explore le théâtre,
Et j'y trouve souvent son vieil ami le pâtre,
Qui, laissant ruminer à l'ombre son troupeau,
Rêve des deux amans, assis sur leur tombeau ;
Car, malgré le mystère et malgré la distance,
Jocelyn dort aussi près du corps de Laurence.
Lorsque dans la montagne on sut par mes discours
Le secret divulgué de ces saintes amours,
Ses pauvres paroissiens, par pitié pour son âme,
Rapportèrent sa cendre au *tombeau de la dame*,
Et depuis sept printemps ils sont couchés tous trois
Aux lieux qu'ils ont aimés, et sous la même croix.
Souvent, des jours entiers, j'y rêve ou j'y médite,
Car on aime ce sol qu'une dépouille habite,
Comme on aime à s'asseoir sur le banc de gazon,
Où, lorsque le soleil a quitté l'horizon,
La brume du couchant que l'heure en paix déplie,
Vous enveloppe d'ombre et de mélancolie,
Mais où le rayon mort, qui voile sa splendeur,
Laisse longtemps sur l'herbe un reste de tiédeur !

NOUVEL ÉPILOGUE.

VARIANTE.

Là, sans doute la mort avait fermé le livre.
Je voulus engager la servante à me suivre,
Elle me répondit, en me montrant du doigt
L'arbuste enraciné dans les fentes du toit :
« A ces murs, comme lui, ma vie a pris racines ;
« On me laissera bien vieillir sous ces ruines.
« Qu'est-ce qui soignerait ce seuil abandonné ?
« On m'y rapportera le pain que j'ai donné ! »
Je sifflai vainement le chien du jeune prêtre ;
Il s'émut à la voix de l'ami de son maître,
Mais flairant le sentier qui menait au cercueil,
Sans faire un pas plus loin, il me suivit de l'œil ;
Les oiseaux affranchis revinrent à leur cage ;
Et je n'emportai rien de son pauvre héritage,
Que sur sa croix de bois son vieux Christ de laiton,
Ces feuillets déchirés, sa Bible et son bâton.

Six mois après, au temps où l'on coupe les seigles,
Je vins herboriser aux montagnes des Aigles,
Et, de mon pauvre ami le récit à la main,
De la grotte, en lisant, je cherchais le chemin.
Du drame de ses jours j'explorais le théâtre,
Lorsque je rencontrai par hasard le vieux pâtre ;
Je m'assis près de lui, sur l'herbe, au bord des flots ;
Nous causâmes ensemble à peu près en ces mots :

LE PATRE.

Qui cherchez-vous, monsieur, dans ces déserts?

MOI.

          La place
D'une histoire d'amour que ce livre retrace,
La grotte où deux enfans, sous les yeux du Seigneur,
Eurent tant d'innocence avec tant de bonheur;
Montrez-moi le tombeau de la dame inconnue.

LE PATRE.

Quoi! cette histoire aussi jusqu'à vous est venue?

MOI.

J'étais le seul ami de l'un des deux amans,
(En lui montrant le manuscrit.)
Et j'ai là le récit de tous leurs sentimens.

LE PATRE.

Je voudrais bien savoir si ce livre me nomme?

MOI.

Vous?

LE PATRE.

Oui, moi.

MOI.

   Et comment?

LE PATRE.

        Je ne suis qu'un pauvre homme,
Et c'est moi qui fus cause, hélas! sans le savoir,
De leur bonheur trop court et de leur désespoir.

MOI.

Quoi! vous seriez?...

LE PATRE.

    C'est moi qui leur montrai la route

De la grotte, et deux ans les cachai sous sa voûte;
C'est moi qui les nourris, elle et lui, de mon pain.
Tenez, voyez là-haut, au-dessus du sapin,
A droite, un peu plus bas que cette aiguille blanche,
Vous suivrez le ravin comblé par l'avalanche;
Par une gorge étroite, après, vous descendrez
Jusqu'aux rives du lac bordé de petits prés;
Et là, près de la grève où son écume flotte,
Vous verrez trois tombeaux à deux pas d'une grotte.

MOI.

Trois tombeaux? Le récit ne parle que de deux,
Le proscrit et Laurence.

LE PATRE.

Et leur ami près d'eux.

MOI.

Quoi! Jocelyn ici? Vous vous trompez.

LE PATRE.

Lui-même.
Il repose en ces lieux auprès de ce qu'il aime.
Instruite, on ne sait trop comment, des grands secrets,
Quand Marthe eut tout trahi par des mots indiscrets,
Ses pauvres paroissiens, par pitié pour son âme,
Rapportèrent son corps au tombeau de la dame,
Et depuis deux saisons ils sont couchés tous trois
Aux lieux qu'ils ont aimés et sous la même croix.

MOI.

Ah! vers ces trois tombeaux, berger, menez-moi vite;
J'aime à fouler le sol que sa dépouille habite,
Comme on aime à s'asseoir sur le bloc attiédi
Où le rayon du jour à peine est refroidi.
Allons! le jour encore éclaire la montagne!

LE PATRE.

N'attendez pas, monsieur, que je vous accompagne;
Pour la dernière fois j'ai foulé ces sommets,
Allez-y seul; mes pieds n'y monteront jamais!

MOI.

Avez-vous donc, berger, peur de ce coin de terre?

LE PATRE.

Il se passe, monsieur, là-haut quelque mystère
Que l'homme encor pécheur profane en regardant;
C'est comme un Dieu caché dans un buisson ardent.

MOI.

Qu'avez-vous vu? Parlez!

LE PATRE.

Oh! des choses étranges
Et faites seulement pour les regards des anges!

MOI.

Ne m'ouvrez pas ainsi votre cœur à demi;
Je crois en Dieu, berger, et j'étais leur ami!

LE PATRE.

Vous voulez donc, monsieur, que je vous le raconte?
Dieu sait si je vous mens, et pourtant j'en ai honte.
Vous direz, c'est un rêve! et je ne dormais pas!
Un jour, près des tombeaux j'avais porté mes pas;
Pour ces trois chers défunts j'avais dit mes prières,
Fait trois signes de croix et baisé leurs trois pierres;
Puis, les yeux par mes pleurs encor tout obscurcis,
Non loin, au bord du lac, pensif, j'étais assis.
Aucun vent n'en frôlait la surface limpide,
L'eau profonde y dormait, transparente et sans ride,
Et je laissais mes yeux, qui regardaient sans voir,

Avec distraction flotter sur ce miroir.
La cime des glaciers avec ses neiges blanches,
La grotte et ses tombeaux, les chênes et leurs branches,
Et le dôme serein d'un pan de firmament,
Tout s'y réfléchissait, clair, dans l'éloignement;
Soudain l'onde immobile, où mon regard se plonge,
S'illumine; et je vois, comme l'on voit en songe,
Deux figures sortir du ciel resplendissant,
Aux cimes du glacier descendre en s'embrassant,
Et, comme deux oiseaux dont l'aile est éclairée,
S'abattre sur la grotte et planer à l'entrée.
Ébloui des clartés que l'eau semblait darder,
Sans haleine, j'osais à peine regarder;
Mais l'image dans l'eau s'éclairant à mesure,
Je reconnus, monsieur, l'une et l'autre figure.

MOI.

Et c'était?...

LE PATRE.

Jocelyn! et Laurence avec lui!
Si j'avais pu marcher je me serais enfui;
Mais je restai cloué de terreur à ma place,
Et mes yeux, malgré moi, les voyaient dans la glace.
Vêtus d'air et de jour au lieu de vêtemens,
Se tenant par la main ainsi que deux amans;
Sur l'herbe qui frémit leurs pieds joints s'arrêtèrent,
Et, de là, sans parler, leurs regards se portèrent
Sur les sites, les eaux, les arbres du beau lieu
Comme quand on arrive, ou qu'on va dire adieu;
Tour à tour l'un à l'autre, ils se montraient du geste,
Du temps de leurs amours, hélas! le peu qui reste,
Les plantes, les rochers, les chênes éclaircis,
La mousse au bord du lac où l'on s'était assis,
La source extravasée et les nids d'hirondelles,
Et la plume par terre arrachée à leurs ailes;
Puis ils se regardaient, souriant, elle et lui,

Comme quelqu'un qui voit son idée en autrui ;
Et Laurence, abaissant une main jusqu'aux herbes,
Des mille fleurs des prés cueillait de grosses gerbes,
Feuille à feuille, au hasard, nuançait leurs couleurs,
Et de la tête aux pieds se vêtissait de fleurs,
Comme une aurore au ciel se revêt de la nue ;
Et l'amant embaumé s'enivrait de sa vue.
Et comme pour venir assister à leurs jeux,
Tout ce qu'ils appelaient ressuscitait pour eux,
Et les plantes croissaient à leur seule pensée,
Et la biche accourait lécher leur main baissée,
Et le chien au soleil se couchait à leurs piés,
Et les pigeons enfuis de leurs nids effrayés
Par Laurence nommés revenaient d'un coup d'aile
Becqueter son épaule et planer autour d'elle ;
Et puis je vis venir d'en haut, monter d'en bas,
Hommes, femmes, enfans, que je ne connus pas ;
A ces noces du ciel, foule que Dieu convie,
Qui viennent retracer et bénir une vie !
Jocelyn, lui du moins, tous les reconnaissait,
Car par son nom mortel chacun le bénissait ;
Et deux anges de Dieu sur l'herbe descendirent ;
Sur le couple béni leurs ailes s'étendirent,
Et ces ailes formaient comme un grand dôme bleu
Pour ombrager leurs fronts d'un invisible feu ;
Et j'entendis les voix d'un million de génies
Se répandre sur l'onde en vagues d'harmonies ;
Et pendant qu'ils chantaient, les anges du Seigneur,
Aux doigts des deux amans, rougissant de bonheur,
Passaient le double anneau des noces éternelles,
Et sur leurs fronts baissés, ouvrant un peu leurs ailes,
Laissaient percer du ciel un rayon de l'amour :
Et mes yeux, foudroyés de ce céleste jour,
Virent les deux amans ne former qu'un seul être
Où l'un ne pouvait plus de l'autre se connaître,
Et dans un lumineux évanouissement

Fondre comme une étoile au jour du firmament !
Et comme, pour mieux voir, je détournais la tête,
Tout le lac frissonna du vol de la tempête,
Et roula dans ses bruits, avec solennité,
Laurence ! Jocelyn ! amour ! éternité !

DES

DEVOIRS CIVILS DU CURÉ.

Nous avons cru devoir placer ici ce portrait du curé de village, écrit, en 1831, par M. Alphonse de Lamartine, et inséré dans le *Journal des Connaissances utiles*. Nos lecteurs retrouveront avec plaisir ces pages restées dans la mémoire de tous ceux qui les lurent alors.

DES

DEVOIRS CIVILS DU CURÉ.

Il est un homme, dans chaque paroisse, qui n'a point de famille, mais qui est de la famille de tout le monde; qu'on appelle comme témoin, comme conseil, ou comme agent dans tous les actes les plus solennels de la vie civile; sans lequel on ne peut naître ni mourir, qui prend l'homme au sein de sa mère, et ne le laisse qu'à la tombe, qui bénit ou consacre le berceau, la couche conjugale, le lit de mort et le cercueil; un homme que les petits enfans s'accoutument à aimer, à vénérer et à craindre; que les inconnus mêmes appellent *mon père;* aux pieds duquel les chrétiens vont répandre leurs aveux les plus intimes, leurs larmes les plus secrètes; un homme qui est le consolateur par état de toutes les misères de l'âme et du corps, l'intermédiaire obligé de la richesse et de l'indigence, qui voit le pauvre et le riche frapper tour à tour à sa porte : le riche pour y verser l'aumône secrète, le pauvre pour la recevoir sans rougir; qui, n'étant d'aucun rang social, tient également à toutes les classes : aux classes inférieures, par la vie pauvre, et souvent par l'humilité de la naissance; aux classes élevées, par l'éducation, la science et l'élévation de sentimens qu'une religion philanthropique inspire et commande; un homme enfin qui sait tout, qui a le droit de tout dire, et dont la parole tombe de haut sur les intelligences et sur les cœurs avec l'au-

torité d'une mission divine et l'empire d'une foi toute faite!
— Cet homme, c'est le curé : nul ne peut faire plus de bien ou plus de mal aux hommes, selon qu'il remplit ou qu'il méconnaît sa haute mission sociale.

Qu'est-ce qu'un curé? c'est le ministre de la religion du Christ, chargé de conserver ses dogmes, de propager sa morale, et d'administrer ses bienfaits à la partie du troupeau qui lui a été confiée.

De ces trois fonctions du sacerdoce ressortent les trois qualités sous lesquelles nous allons considérer le curé, c'est-à-dire comme prêtre, comme moraliste, et comme administrateur spirituel du christianisme dans la commune. De là aussi découlent les trois espèces de devoirs qu'il a à accomplir pour être complétement digne de la sublimité de ses fonctions sur la terre, et de l'estime ou de la vénération des hommes.

Comme prêtre ou conservateur du dogme chrétien, les devoirs du curé ne sont point accessibles à notre examen; le dogme mystérieux et divin de sa nature, imposé par la révélation, accepté par la foi, cette vertu de l'ignorance humaine, se refuse à toute critique; le prêtre n'en doit compte, comme le fidèle, qu'à sa conscience et à son église, seule autorité dont il relève. Cependant ici même la haute raison du prêtre peut influer utilement dans la pratique sur la religion du peuple qu'il enseigne. Quelques crédulités banales, quelques superstitions populaires se sont confondues dans les âges de ténèbres et d'ignorance avec les hautes croyances du pur dogme chrétien; la superstition est l'abus de la foi : c'est au ministre éclairé d'une religion qui supporte la lumière, parce que toute la lumière est venue d'elle, à écarter ces ombres qui en ternissent la sainteté, et qui feraient confondre à des yeux prévenus le christianisme, cette civilisation pratique, cette raison suprême, avec les industries pieuses ou les crédulités grossières des cultes d'erreur ou de déception. Le devoir du curé est de laisser tomber ces abus de la foi, et de réduire les croyances trop complaisantes de son peuple à la grave et mystérieuse simplicité du dogme chrétien, à la contemplation de sa morale, au développement progressif de ses œuvres de perfection. La vérité n'a jamais besoin de l'erreur, et les ombres n'ajoutent rien à la lumière.

Comme moraliste, l'œuvre du curé est plus belle encore. Le christianisme est une philosophie divine écrite de deux manières : comme histoire, dans la vie et la mort du Christ ; comme préceptes, dans les sublimes enseignemens qu'il a apportés au monde. Ces deux paroles du christianisme, le précepte et l'exemple, sont réunies dans le Nouveau-Testament ou l'Évangile. Le curé doit l'avoir toujours à la main, toujours sous les yeux, toujours dans le cœur. Un bon prêtre est un commentaire vivant de ce livre divin. Chacune des paroles mystérieuses de ce livre répond juste à la pensée qui l'interroge, et renferme un sens pratique et social qui éclaire et vivifie la conduite de l'homme. Il n'y a point de vérité morale ou politique qui ne soit en germe dans un verset de l'Évangile ; toutes les philosophies modernes en ont commenté un, et l'ont oublié ensuite ; la philanthropie est née de son premier et unique précepte, la charité. La liberté a marché dans le monde sur ses pas, et aucune servitude dégradante n'a pu subsister devant sa lumière ; l'égalité politique est née de la reconnaissance qu'il nous a forcés à faire de notre égalité, de notre fraternité devant Dieu ; les lois se sont adoucies, les usages inhumains se sont abolis, les chaînes sont tombées, la femme a reconquis le respect dans le cœur de l'homme. A mesure que sa parole a retenti dans les siècles, elle a fait crouler une erreur ou une tyrannie, et l'on peut dire que le monde actuel tout entier, avec ses lois, ses mœurs, ses institutions, ses espérances, n'est que le Verbe évangélique plus ou moins incarné dans la civilisation moderne ! Mais son œuvre est loin d'être accomplie ; la loi du progrès ou du perfectionnement, qui est l'idée active et puissante de la raison humaine, est aussi la loi de l'Évangile ; il nous défend de nous arrêter dans le bien, il nous sollicite toujours au mieux, il nous interdit de désespérer de l'humanité, devant laquelle il ouvre sans cesse des horizons plus éclairés; et plus nos yeux s'ouvrent à la lumière, plus nous lisons de promesses dans ses mystères, de vérités dans ses préceptes, et d'avenir dans nos destinées!

Le curé a donc toute morale, toute raison, toute civilisation, toute politique dans sa main, quand il tient ce livre. Il n'a qu'à ouvrir, qu'à lire, et qu'à verser autour de lui le trésor de lumière et de perfection dont la Providence lui a remis la clé. Mais comme celui du Christ, son enseignement doit être double : par la vie et par la parole ; sa vie doit être, autant que le comporte l'infirmité humaine, l'explication sensible de sa doctrine, une parole vivante ! L'Église l'a placé là comme exemple plus que comme oracle; la parole peut lui faillir, si la nature lui en a refusé le don ; mais la parole qui se fait entendre à tous c'est la vie : aucune langue humaine n'est aussi éloquente et aussi persuasive qu'une vertu.

Le curé est encore administrateur spirituel des sacremens de son église et des bienfaits de la charité. Ses devoirs en cette qualité se rapprochent de ceux que toute administration impose. Il a affaire aux hommes; il doit connaître les hommes; il touche aux passions humaines, il doit avoir la main délicate et douce, pleine de prudence et de mesure. Il a dans ses attributions les fautes, les repentirs, les misères, les nécessités, les indigences de l'humanité ; il doit avoir le cœur riche et débordant de tolérance, de miséricorde, de mansuétude, de compassion, de charité et de pardons! Sa porte doit être ouverte à toute heure à celui qui l'éveille, sa lampe toujours allumée, son bâton toujours sous sa main; il ne doit connaître ni saisons, ni distances, ni contagion, ni soleil, ni neiges, s'il s'agit de porter l'huile au blessé, le pardon au coupable, ou son Dieu au mourant. Il ne doit y avoir devant lui, comme devant Dieu, ni riche, ni pauvre, ni petit, ni grand, mais des hommes, c'est-à-dire des frères en misères et en espérances. Mais s'il ne doit refuser son ministère à personne, il ne doit pas l'offrir sans prudence à ceux qui le dédaignent ou le méconnaissent. L'importunité de la charité même aigrit et repousse plus qu'elle n'attire ; il doit souvent attendre qu'on vienne à lui ou qu'on l'appelle ; il ne doit pas oublier que sous le régime de liberté absolue de tous les cultes, qui est la loi de notre état social, l'homme ne doit compte de sa religion qu'à Dieu et à sa conscience. Les droits et les devoirs civils du curé ne commencent que là où on lui dit : Je suis chrétien.

Le curé a des rapports administratifs de plusieurs natures : avec le gouvernement, avec l'autorité municipale, avec sa fabrique.

Ses rapports avec le gouvernement sont simples : il lui doit ce que lui doit tout citoyen français, ni plus, ni moins, obéissance dans les choses justes. Il ne doit se passionner ni pour ni contre les formes ou les chefs des gouvernemens d'ici-bas ; les formes se modifient, les pouvoirs changent de noms et de mains, les hommes se précipitent tour à tour du trône : ce sont choses humaines, passagères, fugitives, instables de leur nature ; la religion, gouvernement éternel de Dieu sur la conscience, est au-dessus de cette sphère des vicissitudes, des versatilités politiques ; elle se dégrade en y descendant ; son ministre doit s'en tenir soigneusement séparé. Le curé est le seul citoyen qui ait le droit et le devoir de rester neutre dans les causes, dans les haines, dans les luttes des partis qui divisent les opinions et les hommes ; car il est avant tout citoyen du royaume éternel, père commun des vainqueurs et des vaincus, homme d'amour et de paix, ne pouvant prêcher que paix et qu'amour ; disciple de celui qui a refusé de verser une goutte de sang pour sa défense, et qui a dit à Pierre : Remettez ce glaive dans le fourreau !

Avec son maire, le curé doit être dans des rapports de noble indépendance en ce qui concerne les choses de Dieu, de douceur et de conciliation dans tout le reste ; il ne doit ni briguer l'influence, ni lutter d'autorité dans la commune ;

il ne doit oublier jamais que son autorité commence et finit au seuil de son église, au pied de son autel, dans la chaire de vérité, sur la porte de l'indigent et du malade, au chevet du mourant; là il est l'homme de Dieu : partout ailleurs le plus humble, le plus inaperçu des hommes.

Avec sa fabrique, ses devoirs se bornent à l'ordre et à l'économie que la pauvreté de la plupart des paroisses comporte. Plus nous avançons dans la civilisation et dans l'intelligence d'une religion tout immatérielle, moins le luxe extérieur devient nécessaire à nos temples. Simplicité, propreté, décence dans les objets qui servent au culte, c'est tout ce que le curé doit demander à sa fabrique. Souvent même l'indigence de l'autel a quelque chose de vénérable, de touchant et de poétique, qui frappe et attendrit le cœur par le contraste, plus que les ornemens de soie et les candélabres d'or. Qu'est-ce que nos dorures et nos grains de sable étincelans, devant celui qui a tendu le ciel et semé les étoiles? Le calice d'étain fait courber autant de fronts que les vases d'argent ou de vermeil. Le luxe du christianisme est dans ses œuvres, et la véritable parure de l'autel, ce sont les cheveux du prêtre blanchis dans la prière et dans la vertu, et la foi et la piété des fidèles agenouillés devant le Dieu de leurs pères.

Pour se nourrir et se vêtir, pour payer et nourrir l'humble femme qui le sert, pour tenir sa porte ouverte à toutes les indigences des allans et des venans, le curé a deux rétributions : l'une de l'État, 750 fr.; l'autre autorisée par l'usage, et qu'on appelle le casuel. Ce casuel, assez élevé dans certaines villes où il sert à payer les vicaires, dans la plupart des villages produit peu ou rien au curé. A peine donc a-t-il l'étroit nécessaire, le *res angusta domi*, et cependant nous lui dirons encore, dans l'intérêt de la religion comme dans celui de sa considération locale : « Oubliez le casuel ;
« recevez-le du riche qui insiste pour vous faire accepter ;
« refusez-le du pauvre qui rougit de ne pas vous l'offrir,
« ou chez qui se mêle à la joie du mariage, au bonheur de

« la paternité, au deuil des funérailles, la pensée impor-
« tune de chercher au fond de sa bourse quelques rares
« pièces de monnaie pour payer vos bénédictions, vos
« larmes ou vos prières ; souvenez-vous que si nous nous
« devons *gratis* les uns aux autres le pain de la vie maté-
« rielle, à plus forte raison nous devons-nous *gratis* le pain
« céleste ; et rejetez loin de vous le reproche de faire payer
« aux enfans les grâces sans prix du père commun, et de
« mettre un tarif à la prière ! » Mais nous disons aux fidèles : « Le salaire de l'autel est insuffisant ! »

Comme homme, le curé a encore quelques devoirs pure-
ment humains, qui lui sont imposés seulement par le soin de
sa bonne renommée, par cette grâce de la vie civile et domestique qui est comme la bonne odeur de la vertu. Retiré dans
son humble presbytère, à l'ombre de son église, il doit en
sortir rarement. Il lui est permis d'avoir une vigne, un jardin, un verger, quelquefois un petit champ, et de les cul-
tiver de ses propres mains ; d'y nourrir quelques animaux
domestiques, de plaisir ou d'utilité, la vache, la chèvre, des
brebis, le pigeon, des oiseaux chantans, le chien surtout, ce
meuble vivant du foyer, cet ami de ceux qui sont oubliés
du monde, et qui pourtant ont besoin d'être aimés par
quelqu'un ! De cet asile de travail, de silence et de paix, le
curé doit peu s'éloigner pour se mêler aux sociétés bruyantes
du voisinage ; il ne doit que dans quelques occasions solen-
nelles tremper ses lèvres avec les heureux du siècle dans la
coupe d'une hospitalité somptueuse ; le pauvre est ombra-
geux et jaloux, il accuse promptement d'adulation ou de sen-
sualité l'homme qu'il voit souvent à la porte du riche à l'heure
où la fumée de son toit s'élève et lui annonce une table mieux
servie que la sienne. Plus souvent, au retour de ses courses
pieuses, ou quand la noce ou le baptême ont réuni les amis
du pauvre, le curé peut-il s'asseoir un moment à la table
du laboureur et manger le pain noir avec lui ; le reste de sa
vie doit se passer à l'autel, au milieu des enfans auxquels
il apprend à balbutier le catéchisme, ce code vulgaire de la

plus haute philosophie, cet alphabet d'une sagesse divine. Dans les études sérieuses parmi les livres, société morte du solitaire, le soir, quand le marguillier a pris les clés de l'église, quand l'*Angelus* a tinté dans le clocher du hameau, on peut voir quelquefois le curé, son bréviaire à la main, soit sous les pommiers de son verger, soit dans les sentiers élevés de la montagne, respirer l'air suave et religieux des champs et le repos acheté du jour, tantôt s'arrêter pour lire un verset des poésies sacrées, tantôt regarder le ciel ou l'horizon de sa vallée, et redescendre à pas lents dans la sainte et délicieuse contemplation de la nature et de son auteur.

Voilà sa vie et ses plaisirs; ses cheveux blanchissent, ses mains tremblent en élevant le calice, sa voix cassée ne remplit plus le sanctuaire, mais retentit encore dans le cœur de son troupeau; il meurt; une pierre sans nom marque sa place au cimetière, près de la porte de son église. Voilà une vie écoulée! voilà un homme oublié à jamais! Mais cet homme est allé se reposer dans l'éternité, où son âme vivait d'avance, et il a fait ici-bas ce qu'il y avait de mieux à y faire : il a continué un dogme immortel; il a servi d'anneau à une chaîne immense de foi et de vertu, et laissé aux générations qui vont naître une croyance, une loi, un Dieu.

VERS

IMPROVISÉS A LA GRANDE CHARTREUSE.

Jéhova de la terre a consacré les cimes ;
Elles sont de ses pas le divin marchepied ;
C'est là qu'environné de ses foudres sublimes
    Il vole, il descend, il s'assied.

Sina, l'Olympe même, en conservent la trace ;
L'Oreb, en tressaillant, s'inclina sous ses pas ;
Thor entendit sa voix, Gelboé vit sa face ;
    Golgotha pleura son trépas.

Dieu que l'Hébron connaît, Dieu que Cédar adore !
Ta gloire à ces rochers jadis se dévoila ;
Sur le sommet des monts nous te cherchons encore :
    Seigneur, réponds-nous ; es-tu là ?

Paisibles habitans de ces saintes retraites,
Comme au pied de ces monts où priait Israël,
Dans le calme des nuits, des hauteurs où vous êtes
    N'entendez-vous donc rien du ciel ?

Ne voyez-vous jamais les divines phalanges
Sur vos dômes sacrés descendre et se pencher ?
N'entendez-vous jamais des doux concerts des anges
    Retentir l'écho du rocher ?

Quoi ! l'âme en vain regarde, aspire, implore, écoute ;
Entre le ciel et nous est-il un mur d'airain?
Vos yeux, toujours levés vers la céleste voûte,
  Vos yeux sont-ils levés en vain?

Pour s'élancer, Seigneur, où ta voix les appelle,
Les astres de la nuit ont des chars de saphirs ;
Pour s'élever à toi, l'aigle au moins a son aile ;
  Nous n'avons rien que nos soupirs !

Que la voix de tes saints s'élève et te désarme ;
La prière du juste est l'encens des mortels ;
Et nous, pécheurs, passons : nous n'avons qu'une larme
  A répandre sur tes autels.

A M. A. DE LAMARTINE,

APRÈS LA LECTURE DE SON POEME DE JOCELYN,

PAR M. JULES DE RESSÉGUIER.

Pendant le soir bruyant, pendant la nuit muette,
Mon cœur a dévoré ton saint livre, ô poëte !
Et lorsqu'à ma fenêtre a reparu le jour
Je relisais ces chants de prière et d'amour,
Ces chants de deuil, d'espoir, de vie et d'agonie,
Et puis je te nommais en disant : ô génie !
Et de mon cœur soudain les battemens pressés,
Mes soupirs retenus longtemps, mes pleurs versés,
L'intérieur élan qui vers Dieu nous élève,
Des images passant devant moi comme un rêve,
Des troubles inconnus dans tous mes sens restés,
Quelques mots de tes vers au hasard répétés,
Et Marthe, et Jocelyn, et sa mère, et Laurence,
Et ce chien dont l'instinct d'une âme a l'apparence,
Êtres créés par toi, dans ma famille admis,
Nés d'hier seulement, et déjà vieux amis ;
Ce drame, qui d'amour et de pleurs se compose,
La mort, dont la pensée épouvante et repose,
L'homme esclave du corps, l'être immatériel,
Le combat sur la terre et le triomphe au ciel,
Et partout tant d'éclat, que des jeunes années
On croit voir reverdir toutes les fleurs fanées :

Voilà les sentimens qui me viennent de toi,
Voilà ce que ton livre a fait passer en moi.

A Byron, barde anglais, toi, poëte de France,
On te compare, ainsi que la belle espérance
Au sombre désespoir; et c'est avec raison
Que l'univers a fait cette comparaison.
Ta poésie est tout, rayon, flamme, mystère,
Ce qui pare, colore ou parfume la terre ;
C'est le vent de l'aurore et la brise des soirs,
Les nuages montant de l'or des encensoirs,
La fleur entre les noirs barreaux de l'esclavage,
Les perles que la mer roule sur son rivage,
Le cygne sur le lac, l'aigle au-dessus des monts,
Ce que nous dit tout bas le cœur, quand nous aimons.
Tantôt la vérité, tantôt la parabole,
Et toujours de la vie un éclatant symbole.

Il faut l'accord céleste à nos claviers humains,
Et les notes du ciel bondissent sous tes mains.
Il faut un baume au mal que le sort nous destine,
Et ce baume est pour moi dans tes vers, Lamartine !
Cher nom, beau nom, grand nom !... qui résume à la fois
Tout ce qu'ont de plus doux les âmes et les voix.

RÉPONSE DE M. A. DE LAMARTINE

A M. JULES DE RESSÉGUIER.

Non, cette suave harmonie
Qui dompte et caresse tes sens,
Poëte, n'est pas mon génie ;
Tu m'embaumes de ton encens !

Je ne suis que la folle brise
Qui court sur la plaine et les bois,
Souffle d'air que chaque herbe brise,
Et qui, par lui-même, est sans voix.

Mais s'il rencontre dans l'enceinte
Des vieux temples aux vents ouverts,
Près de l'autel la harpe sainte,
On entend de divins concerts.

Je suis cette haleine qui joue
Sur la harpe à l'accord dormant.
Est-ce donc la brise qu'on loue,
Ou l'harmonieux instrument ?

Je suis le doigt et toi le livre ;
Mon cœur te révèle le tien ;
Mais chaque note qui t'enivre,
C'est ton encens et non le mien.

RÉPONSE DE M. A. DE LAMARTINE.

Ton cœur sonore de poëte
Est semblable à ces urnes d'or
Où la moindre aumône qu'on jette
Résonne comme un grand trésor!

Des fleurs qu'à nos lyres tu donnes
Nous ne prenons que la moitié;
Mais les roses de nos couronnes,
Tu les parfumes d'amitié!

RECUEILLEMENS

POÉTIQUES.

LETTRE

A M. LÉON BRUYS D'OUILLY

SERVANT DE PRÉFACE.

Je vous envoie, mon cher ami, le petit volume de poésies nouvelles que M. Charles Gosselin réclame et que vous voulez bien vous charger de lui porter parmi vos bagages. Les poëtes seuls doivent se charger de ces commissions à la fois sérieuses et futiles, comme on ne donne les choses légères à porter qu'aux mains des enfans.

Mon éditeur ne se contente pas de vers; il veut encore un titre. Dites-lui d'appeler ce volume *Recueillemens poétiques*. Ce titre rend parfaitement l'impression que j'ai eue en écrivant ces poésies. C'est le nom des heures que j'y ai trop rarement consacrées.

Vous me demandez, mon cher ami, comment, au milieu de mes travaux d'agriculteur, de mes études philosophiques, de mes voyages et du mouvement politique qui m'emporte quelquefois dans sa sphère tumultueuse et passionnée, il peut me rester quelque liberté d'esprit et quelques heures d'audience pour cette poésie de l'âme qui ne parle qu'à voix basse dans le silence et dans la solitude! C'est comme si vous demandiez au soldat ou au matelot s'il leur reste un moment pour penser à ce qu'ils aiment et pour prier Dieu, dans le bruit du camp ou dans l'agitation de la mer. Tout homme a en soi une merveilleuse faculté d'expansion et de concentration, de se livrer au monde sans se perdre soi-même, de se quitter et de se retrouver tour à tour. Voulez-vous que je vous dise mon secret? c'est la division du temps; son heure a chaque chose, et il y en a pour tout. Bien entendu que je parle de l'homme qui vit comme nous, à cent lieues de Paris et à dix lieues de toute ville, entre deux montagnes, sous son chêne ou sous son figuier. Et puisque vous voulez le récit vrai et confidentiel d'une de mes journées de paysan que vous trouvez trop pleines et que je sens si vides, tenez, le voilà : prenez et lisez, comme dit solennellement le grand poëte des Confessions, J.-J. Rousseau.

Mais d'abord souvenez-vous que, pour vivre ainsi double, il faut se coucher de bonne heure et que votre lampe s'éteigne quand la lampe du tisserand et celle de la fileuse brillent encore, comme des étoiles tombées à terre, à travers les branches, sur les flancs noirs de nos collines. Il faut entendre en s'endormant les chants éloignés des jeunes garçons du village qui reviennent de la veillée dans les étables, et qui se répondent en s'affaiblissant comme un sonore invitation au sommeil.

Suadentque cadentia sidera somnos.

Notre ami et maître Virgile savait tout cela.

Quand donc l'année politique a fini, quand la chambre, les conseils généraux de département, les conseils municipaux de village, les élections, les moissons, les vendanges, les semailles me laissent deux mois seul et libre dans cette chère masure de Saint-Point que vous connaissez, et où vous avez osé coucher quelquefois sous une tour qui tremble aux coups du vent d'ouest, ma vie de poëte recommence pour quelques jours. Vous savez mieux que personne qu'elle n'a jamais été qu'un douzième tout au plus de ma vie réelle.

La poésie n'a été pour moi que ce qu'est la prière, le

plus beau et le plus intense des actes de la pensée, mais le plus court et celui qui dérobe le moins de temps au travail du jour. La poésie, c'est le chant intérieur.

Que penseriez-vous d'un homme qui chanterait du matin au soir? Je n'ai fait des vers que comme vous chantez en marchant quand vous êtes seul débordant de force dans les routes solitaires de vos bois. Cela marque le pas et donne la cadence aux mouvemens du cœur et de la vie. Voilà tout.

L'heure de ce chant pour moi, c'est la fin de l'automne; ce sont les derniers jours de l'année qui meurt dans les brouillards et dans les tristesses du vent. La nature âpre et froide nous refoule alors au dedans de nous-mêmes; c'est le crépuscule de l'année; c'est le moment où l'action cesse au dehors; mais l'action intérieure ne cessant jamais, il faut bien employer à quelque chose ce superflu de force qui se convertirait en mélancolie dévorante, en désespoir et en démence, si on ne l'exhalait pas en prose ou en vers! Béni soit celui qui a inventé l'écriture, cette conversation de l'homme avec sa propre pensée, ce moyen de le soulager du poids de son âme! il a prévenu bien des suicides!

A ce moment de l'année, je me lève bien avant le jour; cinq heures du matin n'ont pas encore sonné à l'horloge lente et rauque du clocher qui domine mon jardin, que j'ai quitté mon lit, fatigué de rêves, rallumé ma lampe de cuivre et mis le feu au sarment de vigne qui doit réchauffer ma veille dans cette petite tour voûtée, muette et isolée, qui ressemble à une chambre sépulcrale habitée encore par l'activité de la vie. J'ouvre ma fenêtre; je fais quelques pas sur le plancher vermoulu de mon balcon de bois. Je regarde le ciel et les noires dentelures de la montagne qui se découpent nettes et aiguës sur le bleu pâle d'un firmament d'hiver, ou qui noient leurs cimes dans un lourd océan de brouillards; quand il y a du vent, je vois courir les nuages sur les dernières étoiles qui brillent et disparaissent tour à tour comme des perles de l'abîme que la vague recouvre et découvre dans ses ondulations. Les branches noires et dépouillées des noyers du cimetière se tordent et se plaignent sous la tourmente des airs, et l'orage nocturne ramasse et roule leur tas de feuilles mortes qui viennent bruire et bouillonner au pied de la tour comme de l'eau.

A un tel spectacle, à une telle heure, dans un tel silence, au milieu de cette nature sympathique, de ces collines où l'on a grandi, où l'on doit vieillir, à dix pas du tombeau où repose en nous attendant tout ce qu'on a le plus pleuré sur la terre, est-il possible que l'âme qui s'éveille et qui se trempe dans cet air des nuits, n'éprouve pas un frisson universel, ne se mêle pas instantanément à toute cette magnifique confidence du firmament et des montagnes, des étoiles et des prés, du vent et des arbres, et qu'une rapide et bondissante pensée ne s'élance pas du cœur pour monter à ces étoiles, et de ces étoiles pour monter à Dieu? Quelque chose s'échappe de moi pour se confondre à toutes ces choses, un soupir me ramène à tout ce que j'ai connu, aimé, perdu dans cette maison et ailleurs; une espérance forte et évidente comme la Providence, dans la nature, me reporte au sein de Dieu où tout se retrouve : une tristesse et un enthousiasme se confondent dans quelques mots que j'articule tout haut sans crainte que personne les entende, excepté le vent qui les porte à Dieu. Le froid du matin me saisit : mes pas craquent sur le givre, je referme ma fenêtre, et je rentre dans ma tour où le fagot réchauffant petille et où mon chien m'attend.

Que faire alors, mon cher ami, pendant ces trois ou quatre longues heures de silence qui ont à s'écouler en novembre entre le réveil et le mouvement de la lumière et du jour? Tout dort dans la maison et dans la cour; à peine entend-on quelquefois un coq, trompé par la lueur d'une étoile, jeter un cri qu'il n'achève pas et dont il semble se repentir, ou quelque bœuf endormi et rêvant dans l'étable pousser un mugissement sonore qui réveille en sursaut le bouvier. On est sûr qu'aucune distraction domestique, aucune visite importune, aucune affaire du jour ne viendra vous surprendre de deux ou trois heures et tirailler votre pensée. On est calme et confiant dans son loisir. Car le jour est aux hommes, mais la nuit n'est qu'à Dieu.

Ce sentiment de sécurité complète est à lui seul une volupté. J'en jouis un instant avec délices. Je vais, je viens, je fais mes six pas dans tous les sens, sur les dalles de ma chambre étroite, je regarde un ou deux portraits suspendus au mur, images mille fois mieux peintes en moi; je leur parle, je parle à mon chien qui suit d'un œil intelligent et inquiet tous mes mouvemens de pensée et de corps. Quelquefois je tombe à genoux devant une de ces chères mémoires du passé mort; plus souvent, je me promène en élevant mon âme au Créateur et en articulant quelques lambeaux de prières que notre mère nous apprenait dans notre enfance et quelques versets mal cousus de ces psaumes du saint poëte hébreu, que j'ai entendu chanter dans les cathédrales et qui se retrouvent çà et là, dans ma mémoire, comme des notes éparses d'un air oublié.

Cela fait (et tout ne doit-il pas commencer et finir par cela?) je m'assieds près de la vieille table de chêne où mon père et mon grand-père se sont assis. Elle est couverte de livres froissés par eux et par moi : leur vieille Bible, un grand Pétrarque in-4°, édition de Venise en deux énormes volumes, où ses œuvres latines, sa politique, ses philosophies, son *Africa*, tiennent deux mille pages, et où ses immortels sonnets en tiennent sept. Parfaite image de la vanité et de l'incertitude du travail de l'homme qui passe sa vie à élever un monument immense et laborieux à sa mémoire, et dont la postérité ne sauve qu'une petite pierre pour lui faire une gloire et une immortalité. Un Homère, un Virgile, un volume de lettres de Cicéron, un tome dépareillé de Châteaubriand, de Goethe, de Byron, tous philosophes ou poëtes, et une petite Imitation de Jésus-Christ, bréviaire philosophique de ma pieuse mère, qui conserve la trace de ses doigts, quelquefois de ses larmes, quelques notes d'elle, et qui contient à lui seul plus de philosophie et plus de poésie que tous ces poëtes et tous ces philosophes. Au milieu de tous ces volumes poudreux et épars, quelques feuilles de beau papier blanc, des crayons et des plumes qui invitent à crayonner et à écrire.

Le coude appuyé sur la table et la tête sur la main, le cœur gros de sentimens et de souvenirs, la pensée pleine de vagues images, les sens en repos ou tristement bercés par les grands murmures des forêts qui viennent tinter et expirer sur mes vitres, je me laisse aller à tous mes rêves; je ressens tout, je pense à tout, je roule nonchalamment un crayon dans ma main, je dessine quelques bizarres images d'arbres ou de navires sur une feuille blanche; le mouvement de la pensée s'arrête, comme l'eau dans un lit de fleuve trop plein; les images, les sentimens s'accumulent, ils demandent à s'écouler sous une forme ou sous une autre, je me dis : Écrivons. Comme je ne sais pas écrire en prose faute de métier et d'habitude, j'écris des vers. Je passe quelques heures assez douces à épancher sur le papier, dans ces mètres qui marquent la cadence et le mouvement de l'âme, les sentimens, les idées, les souvenirs, les tristesses, les impressions dont je suis plein : je me relis plusieurs fois à moi-même ces harmonieuses confidences de ma propre rêverie; la plupart du temps je les laisse inachevées et je les déchire après les avoir écrites. Elles ne se rapportent qu'à moi, elles ne pourraient être lues par d'autres; ce ne seraient pas peut-être les moins poétiques de mes poésies, mais qu'importe! Tout ce que l'homme sent et pense de plus fort et de plus beau, ne sont-ce pas les confidences qu'il fait à l'amour, ou les prières qu'il adresse à voix basse à son Dieu ? Les écrit-il? non sans doute, l'œil ou l'oreille de l'homme les profanerait. Ce qu'il y a de meilleur dans notre cœur n'en sort jamais.

Quelques-unes de ces poésies matinales s'achèvent cependant; ce sont celles que vous connaissez, des Méditations, des Harmonies, Jocelyn, et ces pièces sans nom que je vous envoie. Vous savez comment je les écris, vous savez combien je les apprécie à leur peu de valeur; vous savez combien je suis incapable du pénible travail de la lime et de la critique sur moi-même. Blâmez-moi, mais ne m'accusez pas, et en retour de trop d'abandon et de faiblesse, donnez-moi trop de miséricorde et d'indulgence. *Naturam sequere!*

Les heures que je puis donner ainsi à ces gouttes de poésie, véritable rosée de mes matinées d'automne, ne sont pas longues. La cloche du village sonne bientôt l'angélus avec le crépuscule; on entend dans les sentiers rocailleux qui montent à l'église ou au château, le bruit des sabots des paysans, le bêlement des troupeaux, les aboiemens des chiens de berger et les cahots criards des roues de la charrue sur la glèbe gelée par la nuit; le mouvement du jour commence autour de moi, me saisit et m'entraîne jusqu'au soir. Les ouvriers montent mon escalier de bois et me demandent de leur tracer l'ouvrage de leur journée; le curé vient et me sollicite de pourvoir à ses malades ou à ses écoles, le maire vient, et me prie de lui expliquer le texte confus d'une loi nouvelle sur les chemins vicinaux, loi que j'ai faite et que je ne comprends pas mieux que lui. Des voisins viennent, et me somment d'aller avec eux tracer une route ou borner un héritage; mes vignerons viennent m'exposer que la récolte a manqué et qu'il ne leur reste qu'un ou deux sacs de seigle pour nourrir leur femme et cinq enfans pendant un long hiver; le courrier arrive chargé de journaux et de lettres qui ruissellent comme une pluie de paroles sur ma table, paroles quelquefois douces, quelquefois amères, plus souvent indifférentes, mais qui demandent toutes une pensée, un mot, une ligne. Mes hôtes, si j'en ai, se réveillent et circulent dans la maison; d'autres arrivent et attachent leurs chevaux harassés aux barreaux de fer des fenêtres basses. Ce sont des fermiers de nos montagnes en veste de velours noir, en guêtres de cuir; des maires des villages voisins, de bons vieux curés à la couronne de cheveux blancs, trempés de sueur; de pauvres veuves des villes prochaines qui seraient heureuses d'un bureau de poste ou de timbre, qui croient à la toute-puissance d'un homme dont le journal du chef-lieu a parlé, et qui se tiennent timidement en arrière sous les grands tilleuls de l'avenue avec un ou deux pauvres enfans à la main. Chacun a son souci, son rêve, son affaire ; il faut les entendre, serrer la main à l'un, écrire un billet pour l'autre, donner quelque espérance à tous. Tout cela se fait en rompant, sur le coin de la table chargée de vers, de prose et de lettres, un morceau de ce pain de seigle odorant de nos montagnes, assaisonné de beurre frais, d'un fruit du jardin, d'un raisin de la vigne. Frugal déjeuner de poëte et de laboureur dont les oiseaux attendent les miettes sur mon balcon. Midi sonne ; j'entends mes chevaux caressans hennir et creuser du pied le sable de la cour, comme pour m'appeler. Je dis bonjour et adieu aux hôtes de la maison qui restent jusqu'au soir ; je monte à cheval et je pars au galop, laissant derrière moi toutes les pensées du matin pour aller à d'autres soucis du jour. Je m'enfonce dans les sentiers creux et escarpés de nos vallées : je gravis et je redescends pour gravir encore nos montagnes ; j'attache mon cheval à bien des arbres, je frappe à plusieurs portes ; je retrouve ici et là mille affaires pour moi ou pour les autres, et je ne rentre qu'à la nuit après avoir savouré, pendant six ou sept heures de routes solitaires, tous les rayons du soleil, toutes les teintes des feuilles jaunissantes, toutes les odeurs, tous les bruits gais ou tristes de nos grands paysages dans les jours d'automne. Heureux si en rentrant harassé de fatigue, je trouve par hasard au coin du feu quelque ami arrivé pendant mon absence, au cœur simple, à la parole poétique, qui, en allant en Italie ou en Suisse, s'est souvenu que mon toit est près de sa route, et qui, comme Hugo, Nodier, Quinet, Suë ou Manzoni, vient nous apporter un écho lointain des bruits du monde et goûter avec indulgence un peu de notre paix.

Voilà, mon cher ami, la meilleure part de vie de l'année pour moi. Que Dieu la multiplie et soit béni pour ce peu de sel dont il l'assaisonne ; mais ces jours s'envolent avec la rapidité des derniers soleils qui dorent entre deux brouillards les cimes pourprées des jeunes peupliers de nos prés.

Un matin, le journal annonce que les chambres sont convoquées pour le milieu ou la fin de décembre. De ce jour, toute joie du foyer et toute paix s'évanouissent ; il faut préparer ce long interrègne domestique que produit l'absence dans un ménage rural, pourvoir aux nécessités de Saint-Point, à celles d'un séjour onéreux de six mois à Paris, *res angusta domi*, il faut partir.

Je sais bien qu'on me dit : Pourquoi partez-vous ? ne tient-il pas à vous de vous enfermer dans votre quiétude de poëte et de laisser le monde politique travailler pour vous ? Oui, je sais qu'on me dit cela ; mais je ne réponds pas : j'ai pitié de ceux qui me le disent. Si je me mêlais à la politique pour plaisir ou pour vanité, on aurait raison ; mais si je m'y mêle par devoir comme tout passager dans un gros temps met sa main à la manœuvre, on a tort ; j'aimerais mieux chanter au soleil sur le pont, mais il faut monter à la vergue et prendre un ris, ou déployer la voile. Le labeur social est le travail quotidien et obligatoire de tout homme qui participe aux périls ou aux bénéfices de la société. On se fait une singulière idée de la politique dans notre pays et dans notre temps. Eh ! mon Dieu, il ne s'agit pas le moins du monde pour vous et pour moi de savoir à quelles pauvres et passagères individualités appartiendront quelques années de pouvoir ? Qu'importe à l'avenir que telle ou telle année du gouvernement d'un petit pays qu'on appelle la France ait été marquée par le consulat de tels ou tels hommes ; c'est l'affaire de leur gloriole, c'est l'affaire du calendrier. Mais il s'agit de savoir si le monde social avancera ou rétrogradera dans sa route sans terme ; si l'éducation du genre humain se fera par la liberté ou par le despotisme qui l'a si mal élevé jusqu'ici ; si les législations seront l'expression du droit et du devoir de tous ou de la tyrannie de quelques-uns ; si l'on pourra enseigner à l'humanité à se gouverner par la vertu plus que par la force ; si l'on introduira enfin dans les rapports politiques des hommes entre eux et des nations entre elles, ce divin principe de fraternité qui est tombé du ciel sur la terre pour détruire toutes les servitudes et pour sanctifier toutes les disciplines; si on abolira le meurtre légal; si on effacera peu à peu du code des nations ce meurtre en masse qu'on appelle la guerre; si les hommes se gouverneront enfin comme des familles, au lieu de se parquer comme des troupeaux; si la liberté sainte des consciences grandira enfin avec les lumières de la raison, multipliées par le verbe, et si Dieu, s'y réfléchissant de siècle en siècle davantage, sera de siècle en siècle mieux adoré en œuvres et en paroles, en esprit et en vérité.

Voilà la politique telle que nous l'entendons, vous, moi, tant d'autres et presque toute cette jeunesse qui est née dans les tempêtes, qui grandit dans les luttes, et qui semble avoir en elle l'instinct des grandes choses qui doivent graduellement et religieusement s'accomplir. Croyez-vous qu'à une pareille époque et en présence de tels problèmes il y ait honneur et vertu à se mettre à part dans le petit troupeau des sceptiques et à dire comme Montaigne : Que sais-je? ou comme l'égoïste : Que m'importe?

Non. Lorsque le divin juge nous fera comparaître devant notre conscience à la fin de notre courte journée d'ici-bas, notre modestie, notre faiblesse ne seront point une excuse pour notre inaction. Nous aurons beau lui répondre : Nous n'étions rien, nous ne pouvions rien, nous n'étions qu'un grain de sable, il nous dira : J'avais mis devant vous, de votre temps, les deux bassins d'une balance où se pesaient les destinées de l'humanité : dans l'un était le bien, dans l'autre était le mal. Vous n'étiez qu'un grain de sable, sans doute, mais qui vous dit que ce grain de sable n'eût pas fait incliner la balance de mon côté? Vous aviez une intelligence pour voir, une conscience pour choisir, vous deviez mettre ce grain de sable dans l'un ou dans l'autre ; vous ne l'avez mis nulle part ; que le vent l'emporte ; il n'a servi ni à vous ni à vos frères.

Je ne veux pas, mon cher ami, me faire en mourant cette triste réponse de l'égoïsme, et voilà pourquoi je termine à la hâte ce griffonnage et je vous dis adieu.

Mais je m'aperçois que cette lettre a vingt pages; tant pis : il est trop tard pour la recommencer.

M. Charles Gosselin me demande un avertissement; si cette lettre est trop longue pour une lettre, faites-en une préface. Cela ne se lit pas.

DE LAMARTINE.

Saint-Point, 1er décembre 1838.

RECUEILLEMENS POÉTIQUES.

I.

CANTIQUE

SUR LA MORT

DE MADAME LA DUCHESSE DE BROGLIE.

Saint-Pont, 15 novembre 1838.

Quand le printemps a mûri l'herbe
Qui porte la vie et le pain,
Le moissonneur liant la gerbe
L'emporte à l'aire du bon grain ;
Il ne regarde pas si l'herbe qu'il enlève
Verdit encore au pied de jeunesse et de sève,
Ou si, sous les épis courbés en pavillon,
Quelques frêles oiseaux à qui l'ombre était douce
Du soleil ou du vent s'abritaient sur la mousse,
    Dans le nid caché du sillon ?

    Que lui fait la fleur bleue ou blanche
    Qui, liée en faisceau doré,
    Sur le bras qui l'emporte, penche
    Son front mort et décoloré.

« Portez les blonds épis sur mon aire d'argile !
« Faites jaillir le blé de la paille fragile !
« La fleur parfumera le froment de son miel,
« Et broyé sous la meule où Dieu fait sa mouture,
« Ce grain d'or deviendra la sainte nourriture
    « Que rompent les enfans du ciel ! »

  Seigneur ! ainsi tu l'as cueillie,
  Aux jours de sa félicité,
  Cette femme qui multiplie
  Ton nom dans sa postérité !
En vain dans le lit d'or dont ses jours étaient l'onde,
On voyait resplendir l'eau limpide et profonde,
En vain sa chevelure à ses pieds ruisselait,
En vain un tendre enfant, dernier fruit de sa couche,
Ouvrait les bras à peine et s'essuyait la bouche
  Teinte encor de son chaste lait.

  Tu vois cette âme printanière,
  Fructifiant avant l'été,
  Répandre en dons, comme en prière,
  Son parfum de maturité.
Et tu dis à la Mort, ministre de ta grâce :
Laisse tomber sur elle un rayon de ma face,
Qu'elle sèche d'amour pour mes biens immortels !
Et la Mort t'obéit et t'apporte son âme,
Comme le vent enlève une langue de flamme
  De la flamme de tes autels !

  O Dieu ! que ta loi nous est rude !
  Que nos cœurs saignent de tes coups !
  Quel vide et quelle solitude
  Fait cette absence autour de nous !
Par quel amour jaloux, par quel cruel mystère,
De tout ce qui l'ornait dépouilles-tu la terre ?
N'avons-nous pas besoin d'exemple et de flambeau ?

Et pour que ton regard sans trop d'horreur s'y pose,
Dieu saint! ne faut-il pas que quelque sainte rose
   Te parfume ce vil tombeau?

   Elle était ce thym des collines
   Que l'aurore semble attirer,
   Que pour embaumer nos poitrines
   Nos lèvres venaient respirer!
Dans cet air froid du monde infecté de nos vices
Ses lèvres de corail étaient deux frais calices
D'où coulait ta parole en célestes accens!
Combien de fois moi-même, embaumé de ses grâces,
Comme en sortant d'un temple, en sortant de ses traces,
   Je sentis mon cœur plein d'encens!

   Oh! qui jamais s'approcha d'elle
   Sans éprouver sur son tourment
   D'une brise surnaturelle
   Le divin rafraîchissement?
Au timbre de sa voix, au jour de sa paupière,
Amis! qui ne sentit fondre son cœur de pierre,
Et ne dit en soi-même, en l'écoutant parler,
Ce que disait l'apôtre au disciple incrédule :
« Ne sens-tu pas, mon cœur, quelque chose qui brûle,
   « Et qui demande à s'exhaler? »

Elle était née un jour de largesse et de fête,
D'une femme immortelle au verbe de prophète;
Le génie et l'amour la conçurent d'un vœu!
On sentait à l'élan que retenait la règle,
Que sa mère l'avait couvée au nid de l'aigle,
   Sous une poitrine de feu!

Les palpitations de l'âme maternelle
Au-delà du tombeau se ressentaient en elle;
Elle aimait les hauts lieux et le libre horizon;

Un élan naturel l'emportait vers les cimes
Où la création donne aux âmes sublimes
    Les vertiges de la raison!

Dès qu'un seul mot rompait le sceau de ses pensées
On les voyait monter vers le ciel élancées,
Jusqu'où monte au Très-Haut la contemplation;
Son œil avait l'éclair du feu sur une armure,
Et le son de sa voix vibrait comme un murmure,
    Des grandes harpes de Sion.

Elle montait ainsi jusqu'où l'on perd de vue
L'âme contemplative à son Dieu confondue,
Perçant avec la foi les voiles de la mort;
Et revenait semblable à l'oiseau du déluge
Rapporter un rameau de paix et de refuge
    Aux faibles qui doutaient du bord!

L'amour qui l'enlevait la ramenait au monde,
Non pas pour s'abreuver comme nous de son onde,
Non pas pour se nourrir du pain qu'il a levé,
Mais pour faire choisir parmi la graine amère
A ces petits enfans, dont elle était la mère,
    Quelques tiges de sénevé!

Ce grain qu'elle cherchait comme la poule gratte
Le froment ou le mil sur une terre ingrate,
C'était, Seigneur, c'était les lettres de ta loi;
C'était le sens caché dans les mots du saint livre
Dont le silence parle et dont l'esprit fait vivre
    Ceux qui se nourrissent de foi!

———

    Au bruit du monde qui l'admire
    Et se pressait pour l'escorter,

Comme l'onde autour du navire
Pour l'engloutir ou le porter,
Aux nœuds d'une gloire importune
Qui l'enchaînait à sa fortune,
Elle, éprise d'autre trésor !
A l'œil de l'amitié ravie
Qui regardait luire sa vie
Humble dans un chandelier d'or !

Aux roulis inconstans de l'onde
Où le souffle orageux des airs
L'agitait sur la mer du monde
A la lueur de nos éclairs ;
A ces foudres, à ces naufrages
Qui jettent sur tous nos rivages
Nos respects avec nos débris,
A ces tempêtes populaires
Qui font sombrer dans leurs colères
Ceux que soulevaient leurs mépris,

Elle échappait rêveuse et tendre
Par ce divin recueillement
Qui fait silence pour entendre
Le vol de l'ange au firmament !
Grâce au bras que son Christ lui prête,
Elle marchait sur la tempête
Sans tremper ses pieds au milieu ;
Et cette figure céleste
Esprit et corps n'étaient qu'un geste
Qui foulait l'onde et montrait Dieu !

Quelle ombre du Très-Haut sur elle !
Quelle auguste et sainte pudeur
Comme un séraphin sous son aile
La vêtissait de sa splendeur !
Comme toute profane idée

Disparaissait intimidée
Sous le rayon de sa beauté !
Comme le vent de pure flamme
Balayait de devant cette âme
Toute cendre de volupté !

———

Ton amour, ô Seigneur ! est dans l'amour suprême !
L'amour de ces enfans en qui le chrétien t'aime !
Sur leurs cœurs ulcérés cette huile de ta foi !
Ces aumônes d'esprit en pages de ta loi !
Ces pains multipliés pour nourrir leurs misères,
Ces conversations la nuit avec ses frères
Pour charmer leur exil en se parlant de toi.
Ces cœurs fertilisés se fondant en prières
      Aux hymnes du prophète-roi !
C'était là de ses nuits les voluptés sévères.
Anges qui les voiliez, ô redites-les moi !

    Dites, oiseaux évangéliques,
    Passereaux du sacré jardin,
    Dont les notes mélancoliques
    Enchantent les flots du Jourdain ?

    Saintes colombes de ces saules
    Qui joignant vos pieds de rubis
    Veniez percher sur les épaules
    Du pasteur des douces brebis !

    Oiseaux cachés parmi les branches
    Sur les bords du sacré vivier,
    Qui couvrez de vos ailes blanches
    Le Térébinthe et l'Olivier !

    Vous qui même à son agonie,

Accourant à sa sainte voix,
Veniez mêler votre harmonie
Aux gémissemens de sa croix!

Dites quels amoureux messages
Ou de tristesse ou de douceur,
Du désert et des saints rivages
Vous apportiez à cette sœur?

Dites quelles saintes pensées
Sous l'arbre de la passion,
Dites quelles larmes versées
Sur la poussière de Sion,

Vous remportiez sur les racines
Du jardin des saintes douleurs,
Et vous versiez dans les piscines
Où Jésus répandit ses pleurs?

Ces colombes un jour aux rives immortelles
Emmenèrent d'ici cette sœur avec elles,
Pour goûter, ô Seigneur, combien ton ciel est doux!
Elle alla se poser sur les rosiers mystiques
Que le Siloé baigne au jardin des cantiques,
  Et ne revint plus parmi nous!

Elle n'est plus! le jour a pâli de sa perte!
Où son cœur comblait tout, que la place est déserte!
Berceau de ses enfans! maison de son époux!
Seuils des temples sacrés où pliaient ses genoux!
Prisons dont sa clé d'or écartait les verroux!
Porte des malheureux par son aumône ouverte!
  Comment vous consolerez-vous?
Et nous, cœurs ténébreux dont la lampe est couverte,
  Nous ses amis, que ferons-nous?

Remplirons-nous les cieux du cri de nos alarmes?
Nous inonderons-nous de cendres et de larmes?
Répandrons-nous notre âme en lamentations,
Comme ceux qui n'ont pas l'espoir dans leurs calices,
Et qui ne mêlent pas le sel des sacrifices
     A l'eau de leurs afflictions?

Non, nos yeux souilleraient d'une tache profane
De l'immortalité la robe diaphane;
Pleurer la mort des saints c'est la déshonorer!
Quand Dieu cueille son fruit mûr sur l'arbre de vie,
A qui donc appartient la douleur ou l'envie?
     Qui donc a le droit de pleurer?

Non! nous élargissons les ailes de notre âme
Pour aimer l'esprit pur où nous aimions la femme;
Époux, enfans, amis, point de pleurs; point d'adieu!
Celle dont ici-bas l'ombre s'est éclipsée
Devient pour nos esprits une sainte pensée
     Par qui notre âme monte à Dieu!

———

    Gloire à Dieu! grâce à la terre!
    Qui s'ornant de si beaux dons,
    Par un terrible mystère
    Te rend ceux que nous perdons
    Gloire à ce morceau d'argile
    Où, dans une chair fragile
    Qu'anime un sacré levain
    Avec un souffle de vie
    Prêtée un jour et ravie
    Tu fais un être divin!

    Frères! qu'elle sera belle
    La société des saints

Où va nous attirer celle
Qui vit encor dans nos seins!
Où s'uniront dans la gloire
Comme dans cette mémoire
Génie, amour et beauté,
Ces trois sublimes images
De tes plus parfaits ouvrages,
Symbolique Trinité!

Là ces âmes fugitives
Qui, sans se poser au sol,
Ne font, cherchant d'autres rives,
Qu'effleurer nos flots du vol;
Là ces natures célèbres
Qui traversent nos ténèbres
En y jetant leur éclair!
Là ces enfans et ces femmes,
Toute cette fleur des âmes
Qui laisse un parfum dans l'air!

Vous y souriez ensemble
A ceux qui cherchent vos pas,
Divins esprits que rassemble
Le cher souci d'ici-bas!
J'y vois ta grâce, ô ma mère!
Et toi goutte trop amère
De mon calice de fiel,
Fleur à ma tige enlevée
Et dans mon cœur retrouvée,
Qui donnez son nom au ciel!

Apparitions célestes,
Disparaissant tour à tour,
Qui d'en haut nous font les gestes
Que fait l'amour à l'amour!
Tendresses ensevelies

CANTIQUE.

    Sous tant de mélancolies
    Qu'un jour doit ressusciter!
    Feux que notre nuit voit poindre!
    Oh! mourons pour les rejoindre!
    Vivons pour les mériter!

Un jour elle disait à celui qui la pleure :
Le monde n'a qu'un son, la gloire n'a qu'une heure,
Suspendez votre harpe aux piliers du saint lieu!
Mélodieux écho des accords prophétiques,
Chantez aux jours nouveaux les éternels cantiques;
    Dieu donc n'est-il pas toujours Dieu?

Je lui jurai, Seigneur! de célébrer ta gloire;
Et le vent de la vie emporta ma mémoire,
Et le courant du monde effaça ses accens;
Et le foyer divin où ta flamme tressaille,
Dans mon cœur oublieux brûla l'herbe et la paille
    Au lieu de brûler ton encens!

Et maintenant je viens comme Marthe et Marie,
Qui portaient à Jésus l'encens de Samarie,
Et trouvèrent ses bras morts et crucifiés,
Acquitter au Seigneur mon denier sur ta tombe,
Et gémir tristement ce cantique qui tombe
    Comme une larme sur tes piés.

II.

A UNE JEUNE FILLE

QUI PLEURAIT SA MÈRE.

Saint-Point, 24 octobre 1838.

Que notre œil l'un dans l'autre pose
Triste, quand nous nous regardons !
Nous manque-t-il donc une chose
Que du cœur nous nous demandons ?

Ah ! je sais la pensée amère
Qui de tes regards monte aux miens !
Dans mes yeux tu cherches ta mère,
Je vois mon ange dans les tiens.

Quoique ta tristesse ait des charmes,
Ne nous regardons plus ainsi :
Hélas ! ce ne sont que des larmes
Que les yeux échangent ici !

La mort nous sevra de bonne heure,
Toi de ton lait, moi de mon miel ;
Pour revoir ce que chacun pleure,
Pauvre enfant, regardons au ciel !

III.

A M. DE GENOUDE

SUR SON ORDINATION.

Monceaux, décembre 1835.

Du sein expirant d'une femme
Qui te montra le ciel du geste de l'adieu,
Une nuit de douleur déracine ton âme,
Et du lit nuptial jette ta vie à Dieu.
Comme un vase où l'enfant distrait se désaltère,
Frappé d'un coup trop fort laisse fuir sa liqueur,
Ton âme laisse fuir les eaux de notre terre
    Et la mort a fêlé ton cœur !

Tu ne boiras plus de notre onde,
Tu ne tremperas plus tes lèvres ni tes mains
A ces courans troublés où les ruisseaux du monde
Versent tant d'amertume ou d'ivresse aux humains ;
L'âme du prêtre en vain à notre air exposée
Est la peau de brebis qu'étendait Gédéon :
On trouvait le matin sèche de la rosée
    La miraculeuse toison !

Dieu seul remplira ton calice
Des pleurs tombés d'en haut pour laver le péché,

De la sueur de sang, et du fiel du supplice,
Et de l'eau de l'égout par l'éponge séché ;
Comme ces purs enfans qu'à l'autel on élève,
Laissent tondre leurs fronts jusqu'au dernier cheveu,
Tu couperas du fer les rejets de ta sève
   Pour jeter ta couronne à Dieu !

  Tu détacheras de nos voies
Tes pieds nus qui suivront leurs sentiers à l'écart,
Dans nos courtes douleurs, dans nos trompeuses joies
De notre pain du jour tu laisseras ta part ;
Tu ne combattras plus sous l'aube et sous l'étole ;
C'est la paix du Seigneur que ta main doit tenir ;
Tu n'élèveras plus en glaive de parole
   La voix qui ne doit que bénir !

  Tu chercheras, le long du fleuve,
Les rencontres du Christ ou du Samaritain ;
L'infirme, le lépreux, l'orphelin et la veuve
Viendront sous ton figuier s'asseoir dès le matin ;
Ton cœur vide de soins se remplira des nôtres.
Ton manteau, si j'ai froid, l'hiver sera le mien,
Et pour prendre et porter tous les fardeaux des autres
   Ton bras déposera le tien !

  Comme le jardinier mystique
Qui suivait d'Emmaüs, en rêvant, le chemin,
Et relevant les fleurs au soleil symbolique,
Marchait en émondant les tiges de la main,
Tu prendras dans chaque âme et dans chaque pensée,
Ce qui la fane aux bords ou la ronge au milieu,
Ce qui l'incline à la terre ou la tient affaissée,
   Et tu lèveras tout à Dieu !

  Cependant trois enfans sans mère
Te suivront du regard et du pied aux autels,

Et se diront entre eux : Ce saint fut notre père
Quand il portait son nom d'homme chez les mortels ;
Et les peuples émus penseront en eux-même,
Voyant leurs bras pendus à tes robes de lins,
De l'amour du Seigneur combien il faut qu'on aime
    Pour laisser ses fils orphelins !

    C'est ainsi que Sion contemple
Le cèdre du Liban, taillé pour le saint lieu,
Qui soutient la charpente et parfume le temple,
Incorruptible appui de la maison de Dieu,
Tandis que les rejets de ses propres racines
Reverdissent aux lieux qu'il ombrageait avant,
Et se multipliant sur les rudes collines,
    Souffrent le soleil et le vent.

    Toi pourtant qui dans ta poitrine
Oses prendre et porter l'aigle des vieilles lois
Comme Paul à Tarsys prit l'œuf de la doctrine
Et le portait éclore aux soleils d'autrefois.
Ses ailes d'aujourd'hui les as-tu regardées ?
Sais-tu si deux mille ans l'oiseau n'a pas grandi ?
Sais-tu quelle heure il est au cadran des idées ?
    Et si l'aurore est le midi ?.,.

    Si l'oiseau retourne à son aire ?
Si l'œuf des vérités qu'il ne peut contenir
N'est pas éclos plus loin et n'a pas changé l'ère
D'où son jour plus parfait datera l'avenir ?
Sais-tu quel vol nouveau son œil divin mesure ?
De quel nuage il veut s'abattre ? et sur quels bords ?
Et jusqu'au soir des temps pour qu'il se transfigure,
    Combien il lui faut de Thabors ?...

    Quand le Fils de l'Homme au Calvaire,
Premier témoin de Dieu, sur sa croix expira,

SUR SON ORDINATION.

Le rideau ténébreux du sombre sanctuaire
Dans le temple ébranlé du coup se déchira,
Le jour entra tout pur dans l'ombre des symboles,
Les fantômes sacrés d'Oreb et de Sina
Pâlirent aux éclairs des nouvelles paroles,
  Et le passé s'illumina!

  O Christ! n'était-ce pas ton signe?
N'était-ce pas pour dire à l'antique maison
Que de voiler le jour nulle arche n'était digne?
Qu'une aube se levait sans ombre à l'horizon?
Que Dieu ne resterait caché dans nul mystère?
Que tout rideau jaloux se fendrait devant toi?
Que ton verbe brûlait son voile? et que la terre
  N'aurait que ton rayon pour foi?

  Nouveaux fils des saintes demeures,
Dieu parle! regardez le signe de sa main,
Des pas, encor des pas pour avancer ses heures;
Le siècle a fait vers vous la moitié du chemin!
Comprenez le prodige! imitez cet exemple,
Déchirez ces lambeaux des voiles du saint lieu!
Laissez entrer le jour dans cette nuit du temple!
  Plus il fait clair, mieux on voit Dieu!

  Voyez se presser à la porte
Cette foule en rumeur d'adorateurs sans voix
Qui court après ses dieux que la raison emporte,
Comme autrefois Laban après ses dieux de bois!
Ne tirez plus les siens de l'arche des symboles,
Mais dites-lui qu'aux sens le temps les a repris,
Que tous ces dieux de chair n'étaient que des idoles,
  Et d'aller au Dieu des esprits!

  Hâtez cette heure fortunée
Où tout ce qui languit de la soif d'adorer

Sous l'arche du Très-Haut, d'astres illuminée,
Pour aimer et bénir viendra se rencontrer !
Que le mystère entier s'éclaire et se consomme !
Le Verbe où s'incarna l'antique vérité
Se transfigure encor ; le Verbe s'est fait homme,
    Le Verbe est fait humanité.

    La foi n'a-t-elle point d'aurore ?
Avant qu'à l'horizon l'astre des cieux ait lui
Dans ces foyers des nuits qu'un jour lointain colore,
On croit le reconnaître à ces feux teints de lui ;
Mais lui-même noyant les phares de ses plages
Dans des flots de splendeur et de sérénité,
Efface en avançant ses multiples images
    Sous sa rayonnante unité !

IV.

A MADAME ***,

QUI FONDAIT UNE SALLE D'ASILE.

12 juin 1836.

Les lionceaux ont des asiles,
Les oiseaux du ciel ont des nids,
Les pauvres mères de nos villes
N'ont point de toits pour leurs petits !

Oh ! rouvrez-leur des bras de mère,
Donnez-leur le lait et le pain,
Et gardez de la graine amère
Le van qui leur épand le grain.

Et vous, venez, timide enfance,
Bénissez Dieu sur leurs genoux ;
Jamais sa tendre Providence
Ne sourit sous des traits plus doux.

V.

A M. WAP,

POÈTE HOLLANDAIS,

EN RÉPONSE A UNE ODE ADRESSÉE A L'AUTEUR

SUR LA MORT DE SA FILLE.

Que le ciel et mon cœur bénissent ta pensée,
Toi qui pleures de loin ce que la mort m'a pris !
Et que par ta pitié cette larme versée
    Devienne une perle sans prix !
Que l'ange de ton cœur devant Dieu la suspende,
Pour la faire briller de la splendeur des cieux,
Et qu'en larmes de joie un jour il te les rende
    Ces pleurs, aumône de tes yeux !

Oh ! quand j'ai lu ce nom qui remplissait naguère
De joie et de clarté mon oreille et mon cœur,
Ce nom que j'ai scellé sur mes lèvres de père
    Comme un mystère de douleur !
Quand je l'ai lu gravé sur ta funèbre page,
Un nuage à mes yeux de mon cœur a monté,
Et j'ai dit en moi-même : Il n'est donc nulle plage
    Où quelque ange ne l'ait porté ?

Et qu'ai-je fait, dis-moi, pour mériter, ô barde !
Que ton front se couvrît de cendre avec le mien ?
Dieu n'avait pas remis cette enfant sous ta garde,
    Mon bonheur n'était pas le tien !

A M. WAP.

Nous parlons ici-bas des langues étrangères,
L'onde de mes torrens n'est pas l'eau que tu bois ;
Mais l'âme comprend l'âme, et la pitié rend frères
    Tous ceux dont le cœur est la voix.

Toute voix qui la nomme entre au fond de mon âme,
Je ne puis sans pâlir en entendre le son,
Et j'adore de l'œil jusqu'aux lettres de flamme
    Qui composaient son divin nom !
Le jour, la nuit, tout haut ma bouche les épelle
Comme si dans leur sens ces lettres l'enfermaient !
Il semble à mon amour que quelque chose d'elle
    Vit dans ces sons qui la nommaient.

Oh ! si comme mon cœur ! si tu l'avais connue !
Si dans le plus divin de tes songes d'amant
Cette forme angélique une heure était venue
    Luire devant toi seulement !
Si le rayon vivant de son regard céleste,
Ce rayon, dont mon œil douze ans fut réjoui,
Eût plongé dans le tien comme un éclair qui reste
    A jamais dans l'œil ébloui !

Si ses cheveux, pareils aux rayons de l'aurore,
Dont sa mère lissait les soyeux écheveaux,
Déployant les reflets du cuivre qui les dore,
    Avaient déroulé leurs anneaux,
Si tu les avais vus en deux ailes de femme,
Sur sa trace en courant après elle voler
Et découvrir ce front où les baisers de l'âme
    Allaient d'eux-mêmes se coller !

Si ton oreille avait entendu l'harmonie
De sa voix où déjà vibraient à l'unisson
L'innocence et l'amour, le cœur et le génie,
    Modulés dans un même son !

Si de ce doux écho ton oreille était pleine,
Et si, passant ton doigt sur ton front incertain,
Comme moi tu sentais encore la tiède haleine
    De ses longs baisers du matin !

Comme moi tu n'aurais qu'un seul nom sur la bouche,
Qu'une blessure au cœur, qu'une image dans l'œil,
Qu'une ombre sur tes pas, qu'un rêve dans ta couche,
    Qu'une lampe au fond du cercueil !
Elle, elle, et toujours elle, elle dans chaque aurore !
Elle dans l'air qui flotte afin d'y respirer !
Elle dans le passé pour s'y tourner encore,
    Elle au ciel pour le désirer.

C'était l'unique fleur de l'Éden de ma vie
Où le parfum du ciel ne se corrompît pas,
Le seul esprit d'en-haut que la mort assouvie
    N'eût point éloigné de mes pas !
C'était de mes beaux jours la plus pure pensée,
Que Dieu d'un vœu d'amour me permit d'animer
Pour que dans ce beau corps mon âme retracée
    Pût se réfléchir et s'aimer !

Je la vois devant moi, la nuit, comme une étoile
Dont la lueur me cherche et vient me caresser ;
Le jour, comme un portrait détaché de la toile
    Qui s'élance pour m'embrasser !
Je la vois, s'enfuyant dans mon sein qui l'adore,
Faire éclater de là son rire triomphant,
Ou du sein de sa mère, à mon baiser sonore
    Apporter ses lèvres d'enfant !

Je la vois, grandissant sous les palmiers d'Asie,
Se mûrir aux rayons de ces soleils nouveaux,
Et rêveuse déjà, lutter de poésie
    Avec le chant de ses oiseaux.

J'entends à son insu se révéler son âme,
Dans ses vagues soupirs d'un cœur qui se pressent,
Préludes enchantés de ces accords de femme
    Où l'âme va donner l'accent !

Oui, pour revivre encore, je vis dans son image :
Le cœur plein d'un objet ne croit pas à la mort ;
Elle est morte pour vous qui cherchez son visage,
Mais pour nous elle est près, elle vit, elle dort ;
Je l'entends, je l'appelle, et je sais que chaque heure
Avance l'heure fixe où je vais la revoir,
Et je dis chaque jour, au penser qui la pleure :
    A demain ! peut-être à ce soir !

Oh ! si de notre amour l'espoir était le rêve !
Si nous ne devions pas retrouver dans les cieux
Ces êtres adorés qu'un ciel jaloux enlève,
Que nous suivons du cœur, que nous cherchons des yeux ;
Si je ne devais plus revoir, toucher, entendre,
Elle ! elle qu'en esprit je sens, j'entends, je vois,
A son regard d'amour encore me susprendre,
    Frissonner encore à sa voix !

Si les hommes, si Dieu me le disait lui-même ;
Lui, le maître, le Dieu, je ne le croirais pas,
Ou je lui répondrais par l'éternel blasphème,
    Seule réponse du trépas !
Oui, périsse et moi-même et tout ce qui respire,
Et ses mondes et lui, lui dans son ciel moqueur !
Plutôt que ce regard, plutôt que ce sourire,
    Que cette image dans mon cœur !

Mais toi qui m'as compris, toi dont la voix mortelle
Rend la voix dans mon sein à des échos si chers !
Toi qui me dis son nom ! toi qui fais parler d'elle
    La langue immortelle des vers !

Que les anges du ciel recueillent ta parole,
Cette parole aida mes larmes à sortir !
Et que le chant du ciel dont ta voix me console
    Dans ta vie aille retentir.

Pour ce tribut pieux, de ta paupière humide,
Puisses-tu, jusqu'au soir de tes jours de bonheur,
Ne voir à ton foyer jamais de place vide,
    D'abîme creusé dans ton cœur !
Et puisse à ton chevet, veillant ton agonie,
Une enfant dans son sein recevoir tes adieux ;
Essuyer ta sueur, et comme un doux génie
    Cacher la mort, et montrer Dieu !

VI.

A MADAME LA DUCHESSE DE R***,

SUR SON ALBUM.

Il est une langue secrète,
Dialecte silencieux,
Que sait l'amant ou le poëte,
Et que les yeux parlent aux yeux.

Qu'importe la langue parlée?
Le langage humain n'est qu'un art,
Mais cette langue révélée
Dieu la fit avec le regard!

Une femme aux cheveux de soie
Qu'on voit marcher sur son chemin;
Et dont le bras nu vous coudoie,
Oh! n'est-ce pas un mot divin!

Il dit ivresse, il dit génie,
Grâce, amour, candeur, pureté,
Les yeux en boivent l'harmonie,
Et le sens en est volupté.

Il retentit longtemps dans l'âme,
Comme dans l'oreille une voix,
Et la belle image de femme
Est comme un air redit cent fois!

A MADAME LA DUCHESSE DE R***.

O noble et suave figure,
Où rayonne ivresse et langueur,
Mot caressant de la nature,
Que ne dis-tu pas dans le cœur?

VII.

A UNE JEUNE MOLDAVE.

Paris, 24 janvier 1837.

Souvent en respirant ces nocturnes haleines
Qui des monts éloignés descendent sur les plaines
Ou des bords disparus sur les vagues des mers,
On croit dans ces parfums, que l'esprit décompose,
Reconnaître l'odeur des lis ou de la rose
      Apporté de loin par les airs.

L'imagination, cet œil de la pensée,
Se figure la tige aux rochers balancée
Exhalant pour vous seul son souffle du matin.
« Je t'aime, lui dit-on, violette ou pervenche,
« O sympathique fleur dont l'urne qui se penche
      « M'adresse ce parfum lointain!

« Comme un amant distingue entre de jeunes têtes,
« Parmi ces fronts charmans qui décorent nos fêtes,
« L'odeur des blonds cheveux dont se souvient son cœur,
« A travers ces parfums mystérieux et vagues
« Que la brise des nuits fait flotter sur les vagues,
      « Je démêle et bois ton odeur! »

A UNE JEUNE MOLDAVE.

Ainsi, fleur du Danube attachée à sa rive,
A travers tes forêts ton doux encens m'arrive,
Et mon cœur enivré se demande pourquoi?
Pourquoi la vierge assise au pied du sycomore,
En murmurant les vers d'un pays qu'elle ignore,
     Rougit-elle en pensant à moi?

C'est que la poésie est l'haleine de l'âme,
Que le vent porte loin aux oreilles de femme,
Et qui leur parle bas comme une voix d'amant :
Que la vierge attentive à la strophe touchante
Croit entre sa pensée et le livre qui chante,
     Sentir un invisible aimant!

Oh! combien de baisers d'une bouche secrète
Sur la page sacrée a reçus le poëte
Sans en avoir senti le délirant frisson!
Oh! qu'il voudrait, semblable aux notes de sa lyre,
Aller boire un regard des yeux qui vont le lire,
     Envieux d'un rêve et d'un son!...

VIII.

RÉPONSE

A UN CURÉ DE CAMPAGNE.

13 novembre 1836.

Doux pasteur du troupeau des âmes,
Qui conduis aux sources de Dieu
Ces petits enfans et ces femmes
Penchés aux coupes du saint lieu.

Semeur des célestes paroles,
Qui sèmes la gerbe du Christ,
Ce sénevé des paraboles
Dont le grain lève dans l'esprit.

Médecin d'intime souffrance
Qui la retourne et qui l'endort,
Qui guéris avec l'espérance
Et vivifie avec la mort.

Poëte à la lyre infinie
Qui, pour chanter dans le grand chœur,
N'a pas besoin d'autre génie
Que des battemens de ton cœur.

RÉPONSE

Eh quoi! tu craindrais que ma porte
A tes accens ne s'ouvrît pas,
Avec les anges pour escorte
Et les prophètes sur tes pas?

Homme d'amour et de prière,
Ah! loin de craindre un froid accueil,
Viens en paix, et que la poussière
De tes pieds s'attache à mon seuil.

Mes chiens, qui devinent leur maître,
D'eux-même iront lécher tes doigts,
Les colombes de ma fenêtre
Ne s'envoleront pas aux toits.

Mes oiseaux même ont l'habitude
De voir monter par le chemin
Ces anges de la solitude,
Et le marteau connaît leur main.

Fils des champs, j'aimai de bonne heure
Ces laboureurs vêtus de deuil,
Dont on voit la pauvre demeure
Entre l'église et le cercueil.

Le jardin qui rit à leur porte
Dans son buisson de noisetiers,
Leur seuil couvert de feuille morte
Où le pauvre a fait des sentiers;

La voix de leur cloche sonore
Qui dit aux vains enfans du bruit:
Que le Seigneur est dans l'aurore!
Que le Seigneur est dans la nuit!

Les longs bords de leur robe blanche,

A UN CURÉ DE CAMPAGNE.

Par des groupes d'enfans suivis,
Qu'on voit balayer le dimanche
La poussière du vieux parvis.

Cette odeur de myrte et de roses
Qui s'exhale autour de leurs pas,
Et leur voix qui parle de choses
Que l'œil des hommes ne voit pas.

Quand le sillon courbe le reste,
Eux seuls travaillent de leur main
A l'œuvre du père céleste
Pour un autre prix que du pain !

L'onde qu'ils versent désaltère
D'autres soifs que la soif des sens,
Et de tous les dons de la terre
Ils ne moissonnent que l'encens.

Viens donc, détachant ta ceinture,
Au foyer des bardes t'asseoir ;
Ils sont l'hymne de la nature,
Et vous en êtes l'encensoir !

Quand l'agneau victime du monde,
Dont la laine a fait tes habits,
Aux flancs des collines sans onde
Paissait lui-même les brebis,

Loin des piscines de son père
Il n'écartait pas de la main
La pauvre brebis étrangère
Trouvée aux ronces du chemin,

Et quand il glanait en exemple
L'épi laissé dans le buisson,

Et portait, humble enfant, au temple,
Les prémices de sa moisson,

Il mêlait, pour grossir la gerbe,
Qu'il offrait au père commun,
Des brins verdoyans de chaque herbe
Et des tiges de tout parfum.

IX.

AMITIÉ DE FEMME.

A MADAME L***, SUR SON ALBUM.

Amitié, doux repos de l'âme,
Crépuscule charmant des cœurs,
Pourquoi, dans les yeux d'une femme,
As-tu de plus tendres langueurs?

Ta nature est pourtant la même;
Dans le cœur dont elle a fait don
Ce n'est plus la femme qu'on aime,
Et l'amour a perdu son nom.

Mais comme en une pure glace
Le crayon se colore mieux,
Le sentiment qui le remplace
Est plus visible en deux beaux yeux.

Dans un timbre argentin de femme
Il a de plus tendres accens,
La chaste volupté de l'âme
Devient presque un plaisir des sens.

De l'homme la mâle tendresse
Est le soutien d'un bras nerveux,
Mais la vôtre est une caresse
Qui frissonne dans les cheveux.

AMITIÉ DE FEMME.

Oh! laissez-moi, vous que j'adore,
Des noms les plus doux tour à tour,
O femmes! me tromper encore
Aux ressemblances de l'amour!

Douce ou grave, tendre ou sévère,
L'amitié fut mon premier bien;
Quelque soit la main qui me serre,
C'est un cœur qui répond au mien.

Non jamais ma main ne repousse
Ce symbole d'un sentiment;
Mais lorsque la main est plus douce,
Je la serre plus tendrement.

X.

ÉPITAPHE DES PRISONNIERS FRANÇAIS

MORTS PENDANT LEUR CAPTIVITÉ EN ANGLETERRE,

ET A QUI DES OFFICIERS ANGLAIS ONT ÉLEVÉ UN MONUMENT
PAR SOUSCRIPTION.

Ici dorment, jetés par le flot de la guerre,
D'intrépides soldats, nés sous un ciel plus beau;
Vivans, ils ont porté les fers de l'Angleterre,
Morts, ce noble pays leur offrit dans sa terre
   L'hospitalité du tombeau.

Là, toute inimitié s'efface sous la pierre,
Le dernier souffle éteint la haine dans les cœurs,
Tout rentre dans la paix de la maison dernière,
Et le vent des vaincus y mêle la poussière
   A la poussière des vainqueurs.

Écoutez! de la terre une voix qui s'élève
Nous dit : Pourquoi combattre et pourquoi conquérir?
La terre est un sépulcre et la gloire est un rêve?
Patience, ô mortels! et remettez le glaive,
   Un jour encor! tout va mourir!

XI.

A UN ANONYME.

Ah! béni soit celui dont l'amitié discrète
Me prodigue ses vœux sans oser se nommer;
Et que ces vœux touchans qu'il adresse au poëte,
Retombent sur son front comme des fleurs qu'on jette
    Retombent pour nous embaumer.

XII.

A M. FÉLIX GUILLEMARDET,

SUR SA MALADIE.

Saint-Point, 15 septembre 1837.

Frère! le temps n'est plus où j'écoutais mon âme
Se plaindre et soupirer comme une faible femme
Qui de sa propre voix soi-même s'attendrit,
Où par des chants de deuil ma lyre intérieure
Allait multipliant comme un écho qui pleure
  Les angoisses d'un seul esprit !

Dans l'être universel au lieu de me répandre,
Pour tout sentir en lui, tout souffrir, tout comprendre,
Je resserrais en moi l'univers amoindri ;
Dans l'égoïsme étroit d'une fausse pensée
La douleur en moi seul, par l'orgueil condensée,
  Ne jetait à Dieu que mon cri !

Ma personnalité remplissait la nature,
On eût dit qu'avant elle aucune créature
N'avait vécu, souffert, aimé, perdu, gémi !
Que j'étais à moi seul le mot du grand mystère,
Et que toute pitié du ciel et de la terre
  Dût rayonner sur ma fourmi !

A M. FÉLIX GUILLEMARDET,

Pardonnez-nous, mon Dieu! tout homme ainsi commence ;
Le retentissement universel, immense,
Ne fait vibrer d'abord que ce qui sent en lui ;
De son être souffrant l'impression profonde,
Dans sa neuve énergie, absorbe en lui le monde,
  Et lui cache les maux d'autrui !

Comme Pygmalion, contemplant sa statue,
Et promenant sa main sous sa mamelle nue
Pour savoir si le marbre enferme un cœur humain ;
L'humanité pour lui n'est qu'un bloc sympathique
Qui, comme la Vénus du statuaire antique,
  Ne palpite que sous sa main.

O honte! ô repentir ! quoi, ce souffle éphémère
Qui gémit en sortant du ventre de sa mère,
Croirait tout étouffer sous le bruit d'un seul cœur ?
Hâtons-nous d'expier cette erreur d'un insecte ;
Et pour que Dieu l'écoute et l'ange le respecte,
  Perdons nos voix dans le grand chœur !

Jeune, j'ai partagé le délire et la faute,
J'ai crié ma misère, hélas! à voix trop haute,
Mon âme s'est brisée avec son propre cri !
De l'univers sensible atome insaisissable,
Devant le grand soleil j'ai mis mon grain de sable,
  Croyant mettre un monde à l'abri.

Puis mon cœur, insensible à ses propres misères,
S'est élargi plus tard aux douleurs de mes frères ;
Tous leurs maux ont coulé dans le lac de mes pleurs,
Et, comme un grand linceul que la pitié déroule,
L'âme d'un seul, ouverte aux plaintes de la foule,
  A gémi toutes les douleurs!

Alors dans le grand tout mon âme répandue,

SUR SA MALADIE.

A fondu, faible goutte au sein des mers perdue
Que roule l'Océan, insensible fardeau !
Mais où l'impulsion sereine ou convulsive,
Qui de l'abîme entier de vague en vague arrive,
  Palpite dans la goutte d'eau.

Alors, par la vertu, la pitié m'a fait homme,
J'ai conçu la douleur du nom dont on le nomme,
J'ai sué sa sueur et j'ai saigné son sang ;
Passé, présent, futur, ont frémi sur ma fibre
Comme vient retentir le moindre son qui vibre
  Sur un métal retentissant.

Alors, j'ai bien compris par quel divin mystère
Un seul cœur incarnait tous les maux de la terre,
Et comment, d'une croix jusqu'à l'éternité,
Du cri du Golgotha la tristesse infinie
Avait pu contenir seul assez d'agonie
  Pour exprimer l'humanité !...

Alors j'ai partagé, bien avant ma naissance,
Ce pénible travail de sa lente croissance
Par qui sous le soleil grandit l'esprit humain,
Semblable au rude effort du sculpteur sur la pierre,
Qui mutile cent fois le bloc dans la carrière
  Avant qu'il vive sous sa main.

Les germinations sourdes de ces idées,
Pareilles à ces fleurs des saisons retardées
Que le pied du faucheur écrase avant leur fruit ;
Cet éternel assaut des vagues convulsives
N'arrachant qu'un rocher par siècles à leurs rives ;
  Ce temps qui ne fait que du bruit !

Cet orageux effort des partis politiques,
Pour rasseoir le saint droit sur les bases antiques,

A M. FÉLIX GUILLEMARDET,

Pyramide impuissante à se tenir debout,
La liberté que l'homme immole ou prostitue
Du peuple qui la souille au tyran qui la tue
  Passant des cachots à l'égout!

Dieu, comme le soleil attirant les nuages,
Le vulgaire incarnant les purs dogmes des sages,
L'erreur mettant sa main entre l'œil et le feu,
Et le sage du ciel, parlant en paraboles,
Obligé d'écarter en tremblant ces symboles,
  De peur de mutiler le Dieu!

Pas un dogme immuable où le doute ne pose,
Le mensonge ou le vide au bout de toute chose,
Et le plus beau destin en trois pas traversé;
La mort, coursier trompeur à qui l'espoir se fie,
S'abattant au milieu de la plus belle vie
  Sur le cavalier renversé!

Ces amours enlacés par mille sympathies
Arrachés du sol tendre ainsi que des orties
A l'heure où de leurs fleurs notre âme embaumerait,
Et le sort choisissant pour but au coup suprême
La minute où le sein bat sous un sein qui l'aime
  Pour percer deux cœurs d'un seul trait.

Ces mères expirant de faim le long des routes,
De leur mamelle à sec pressant en vain les gouttes,
Aux lèvres de leur fils sur leurs genoux gisant;
Le travail arrosant de sa sueur stérile
Du sol ingrat et dur l'insatiable argile
  Qui boit la rosée et le sang!

Et les vents de la mort dont les fortes haleines
Vident dans le tombeau de grandes villes pleines,
Et sèchent en trois jours trois générations,

Et ces grands secoûmens de choses et d'idées,
Qui font monter si haut en vagues débordées
      Les écumes des nations!

Et ces exils qui font à tant d'enfans sans mères
Des fleuves étrangers boire les eaux amères,
Et ces dégoûts d'esprit et ces langueurs du corps,
Et devant ce tombeau que leur misère envie,
Ces infirmes traînant sur les bords de la vie
      Le linceul de leurs longues morts!

Oui, j'ai trempé ma lèvre, homme, à toutes ces peines;
Les gouttes de ton sang ont coulé de mes veines;
Mes mains ont essuyé sur mon front tous ces maux,
La douleur s'est faite homme en moi pour cette foule,
Et comme un océan où toute larme coule;
      Mon âme a bu toutes ces eaux!

Les tiens surtout, ami! jeune ami dont la lèvre,
Que le fiel a touché, de sourire se sèvre!
Qui, sous la main de Dieu, penches ton front pâli,
Ton front que tes deux mains supportant comme une urne
Soutiennent tout pesant de sa fièvre nocturne,
      Où la veille a laissé son pli!

Oh! les tiennes surtout, âme que Dieu condamne,
A penser sans parler, à sentir sans organe;
A subir des vivans les mille impressions
Sans pouvoir t'y mêler du regard ou du geste,
Comme cette ombre assise au banquet et qui reste
      Sans voix, mais non sans passions!

Au milieu des vivans dont la part t'est ravie,
Tu t'asseois seul devant les flots morts de ta vie,
Sans pouvoir en prendre un dans le creux de ta main
Pour tromper en courant ta soif à ces délices,

Et savoir seulement sur le bord des calices
    Quel goût a le breuvage humain?

O fils de la douleur! frère en mélancolie!
Oh! quand je pense à toi, moi-même je m'oublie;
L'angoisse de tes nuits glace mes membres morts,
Je déchire des mains mes blessures pansées,
Et je sens dans mon front l'assaut de tes pensées
    Battre l'oreiller que je mords!

Et j'élève au Seigneur mes deux mains vers la voûte,
En lui criant tout haut ton nom pour qu'il l'écoute;
J'entoure ton chevet et j'y veille du cœur,
Et je compte les coups de ta lente insomnie,
Et je lave des yeux, après ton agonie,
    Le suaire de ta langueur!

Et prenant tes deux pieds froids contre ma poitrine,
Je les chauffe en mon sein sous mon front qui s'incline,
Et le barde se change en femme de douleurs,
Et ma lyre devient l'urne de Madeleine
Alors qu'elle embaumait le corps sous son haleine,
    Dans l'aromate de ses pleurs!

XIII.

FRAGMENT BIBLIQUE.

MICOL, JONATHAS.

MICOL, dans l'obscurité, sans voir Jonathas.

L'astre des nuits à peine a fini sa carrière !
Et déjà le sommeil a fui de ma paupière !
O nuit ! ô doux sommeil ! tout ressent vos bienfaits !
Hélas ! et mes yeux seuls ne les goûtent jamais !

Elle tombe à genoux près de l'arche.

Toi que j'invoque en vain, toi dont la main puissante
A semé de ces feux la voûte éblouissante,
Toi ! de qui la parole a formé les humains,
Pour servir de jouet à tes divines mains,
O Dieu ! si de ce trône, ardent, inaccessible,
Où se cache à nos yeux ta majesté terrible,
Tu daignes abaisser tes regards jusqu'à nous,
Vois une amante en pleurs tombant à tes genoux !
Vois ce cœur déchiré qui tremble et qui t'implore
Au pied du tabernacle où tu veux qu'on t'adore,
T'offrir, sans se lasser de tes cruels refus,
Des vœux toujours soumis et jamais entendus !
Vois en pitié ce peuple accablé de misère,
Vois en pitié ce roi que poursuit ta colère !
A ce peuple abattu rends ta gloire, Seigneur !

Rends ta force à Saül! et David à mon cœur!

Elle se relève.

Quoi! le ciel aurait-il écouté ma prière?
Ma prière a rendu ma douleur moins amère!
Il semble qu'en mon cœur une invisible main
Verse un baume inconnu qui rafraîchit mon sein!
Quel pouvoir assoupit le feu qui me dévore?
Est-ce un premier regard de ce Dieu que j'implore?
Est-ce un rayon d'espoir qui descend dans mon cœur?
Mais pour moi l'espérance, hélas! n'est qu'une erreur.

Avec plus d'abattement.

O David! que fais-tu? Dans quel climat barbare
Gémis-tu, loin de moi, du sort qui nous sépare?
Quels monts ou quels rochers cachent tes tristes jours?
Dans quels déserts languit l'objet de mes amours?
Seul, au fond des forêts, peut-être à la même heure,
Il lève au ciel ses mains, il m'appelle, il me pleure!
Il pleure! et nos soupirs, autrefois confondus,
Emportés par les vents, ne se répondent plus,
Ah! pour moi, jusqu'au jour où la main de mon père
Aura fermé mes yeux, lassés de la lumière,
Redemandant David, et lui tendant les bras,
Mes yeux de le pleurer ne se lasseront pas!

JONATHAS, *s'avançant vers Micol.*

Épouse de David! que le Dieu de nos pères
Vous comble dans ce jour de ses bontés prospères!

MICOL.

Pourquoi me parlez-vous des bontés du Seigneur?
Je n'ai depuis longtemps connu que sa rigueur!

JONATHAS.

Le Seigneur est sévère, et n'est pas inflexible :
Aux cris de l'innocence il se montre sensible,
Il abat, il relève, il console, il punit;

FRAGMENT BIBLIQUE.

Tel aujourd'hui l'accuse et demain le bénit.

MICOL.

J'adore sa justice et ne puis la comprendre.
La voix d'un cœur brisé n'a pu se faire entendre;
Il m'a ravi ma joie, et la tombe aujourd'hui
Est le dernier bienfait que j'attende de lui.

JONATHAS.

Mais, si ce Dieu, ma sœur, lassé de sa colère,
Jetait sur Israël un regard moins sévère?
S'il désarmait son bras! s'il ramenait à nous
Le vengeur de Juda, mon espoir, votre époux?
Si David!...

MICOL.

Ah! cruel! quel est donc ce langage!
Pourquoi d'un tel bonheur me rappeler l'image?
Arraché de mes bras depuis un si long temps,
David est-il encore au nombre des vivans?

JONATHAS.

Eh bien! apprenez donc le sujet de ma joie,
Il vit!...

MICOL.

Il vit! ô ciel!

JONATHAS.

Et Dieu vous le renvoie!

MICOL.

Est-il vrai? quoi? David? — Ne me trompez-vous pas?
Je reverrais David?

DAVID, s'élançant du bosquet où il était caché.

David est dans tes bras!

MICOL, après un moment d'égarement.

Dieu! n'est-ce point un songe? Est-il vrai que je veille?

David! quoi! c'est sa voix qui frappe mon oreille?
Je le vois, je le touche?—Oh! Dieu qui me le rends,
Ah! laisse-moi mourir dans ses embrassemens!

DAVID.

Une seconde fois, s'il faut que je la pleure!
Dieu qui vois mon délire, ô Dieu! fais que je meure!

JONATHAS, à David.

Non, rien ne saurait plus l'arracher de tes bras!

MICOL, à David.

Non : nous mourrons ensemble, ou je suivrai tes pas!
Mais parle! qu'as-tu fait? dans quel climat sauvage
As-tu caché tes jours pendant ce long veuvage?
Quel Dieu te protégea? quel Dieu t'a ramené?

DAVID.

Hélas! traînant partout mon sort infortuné,
Quels bords n'ont pas été témoins de ma misère?
J'ai porté ma fortune aux deux bouts de la terre;
D'abord, loin des humains, seul avec ma douleur,
J'ai cherché les déserts et j'aimais leur horreur;
Des profondes forêts j'aimais les vastes ombres;
Les monts et les rochers et leurs cavernes sombres
M'ont vu pendant deux ans troubler leur triste paix,
Disputer un asile aux monstres des forêts,
Arracher aux lions leur dépouille sanglante,
Et me nourrir comme eux d'une chair palpitante.
Du moins lorsque la nuit enveloppait les cieux,
Je gravissais les monts qui dominaient ces lieux,
Et, parcourant de loin cette immense étendue,
Je revoyais la terre à mes yeux si connue;
La lune, me prêtant ses paisibles clartés,
Me montrait ces vallons par mon peuple habités,
La plaine où tant de gloire illustra mon jeune âge,
Et du fleuve sacré le paisible rivage;

Sur son cours fortuné j'attachais mes regards,
Et mes yeux de Sion distinguaient les remparts!
— Voilà Sion! disais-je. Et voilà la demeure
Où soupire Micol, où Jonathas me pleure!
Tout ce qui me fut cher habite dans ces lieux!
Et je ne pouvais plus en détacher mes yeux.
Enfin, las de traîner ma honteuse existence,
Dans mes oisives mains je ressaisis ma lance,
Et brûlant de trouver un illustre trépas,
J'allai chercher la mort au milieu des combats!
J'allai chercher la mort, je rencontrai la gloire!
Je volai, comme ici, de victoire en victoire;
Plus d'un peuple étonné me demanda pour roi :
J'ai préféré mourir à régner loin de toi!
Et je reviens enfin, à mes sermens fidèle,
Vaincre pour ma patrie ou tomber avec elle!

MICOL.

Mais sais-tu?...

DAVID.

Je sais tout et ne redoute rien :
Ce bras est votre appui, mon Dieu sera le mien.

MICOL.

Mais Saül?

DAVID.

Ses malheurs l'auront changé peut-être.

JONATHAS.

Fuis, les momens sont chers et le roi va paraître;
Que ce bocage épais te dérobe à ses yeux!

David se retire.

MICOL.

Après tant d'infortune, attendons tout des cieux!

MICOL, JONATHAS, SAÜL.

SAUL, sortant de ses tentes.

L'ombre fuit, et la terre a salué l'aurore.
Quand le Dieu d'Israël me regardait encore,
Chaque jour m'annonçait un bienfait du Seigneur.
Chaque jour maintenant m'apporte son malheur !
Quand le flambeau des cieux va finir sa carrière,
Je crains l'ombre : il revient, et je hais sa lumière !
Mais qui cache aujourd'hui son disque pâlissant ?
O ciel ! il s'est voilé d'un nuage sanglant !
D'une clarté livide il couvre la nature !
Voyez les eaux ! le ciel ! les rochers ! la verdure !
Tout ne se peint-il pas d'une horrible couleur ?
— Soleil, je te comprends et je frémis d'horreur !

MICOL.

Mon père, calmez-vous ! jamais sur la nature,
L'aurore n'a paru plus sereine et plus pure.

JONATHAS.

O mon roi ! quel prestige a fasciné vos yeux ?
Jamais un jour plus beau n'a brillé dans les cieux.

SAUL.

Qui me soulagera du poids de ma vieillesse ?
Hélas ! qui me rendra les jours de ma jeunesse ?
Aux plaines de Gessen qui conduira mes pas ?
Qui me rendra ma force au milieu des combats ?
Qui me rendra ces jours où ma terrible épée
Brillait comme l'éclair au fort de la mêlée ?
Où, comme un vil troupeau dispersé devant nous,
Le superbe étranger embrassait nos genoux ?
Autrefois tous mes jours se levaient sans nuage !
Tel qu'un jeune lion amoureux du carnage,

Chaque jour j'attaquais un ennemi nouveau,
Chaque jour m'apportait un triomphe plus beau ;
Israël reposait à l'ombre de mes tentes;
Je chargeais ses autels de dépouilles sanglantes !
Et le peuple de Dieu couronnant son vengeur,
Disait : Gloire à Saül ! et moi : Gloire au Seigneur !

Un moment de silence.

Et maintenant, qui suis-je? une ombre de moi-même :
Un roi qu'on abandonne à son heure suprême!
Combattant vainement cette fatalité,
Ce pouvoir inconnu dont je suis agité,
Persécuté, puni, sans connaître mon crime,
Par une main de fer entraîné dans l'abîme,
Triste objet de pitié, de mépris ou d'effroi,
L'esprit du Dieu vivant s'est séparé de moi!

MICOL.

O mon père! éloignez cette horrible pensée!

JONATHAS.

Rappelez, ô mon roi! votre vertu passée!
Soyez toujours Saül! qu'Israël aujourd'hui
Retrouve en vous son roi, son vengeur, son appui.
Ramenez la fortune, au bruit de votre gloire.

SAUL.

Malheureux ! Est-ce à moi de parler de victoire?
Va! loin des cheveux blancs la victoire s'enfuit !
Des bonheurs d'ici-bas la vieillesse est la nuit !
Ce bras est impuissant à sauver ma couronne ;
Dieu la mit sur mon front, mais ce Dieu m'abandonne;
Et partout un abîme est ouvert sous mes pas.

JONATHAS.

Nous fléchirons le ciel !

SAUL.

On ne le fléchit pas.

Inexorable au gré de son ordre suprême,
Il conduit les mortels, les peuples, les rois même ;
Aveugles instrumens de ses secrets desseins,
Tout tremble devant nous ; nous tremblons dans ses mains.
Sous les doigts du potier, l'argile est moins soumise,
Et Dieu, quand il lui plaît, nous rejette et nous brise ;
Il m'a brisé, mon fils ! j'ai régné, j'ai vécu !
Bientôt ma race et moi, nous aurons disparu !

JONATHAS.

D'où vous vient, ô mon roi ! cet effrayant augure ?

SAUL.

Ah ! je lis mon arrêt sur toute la nature !
Un fantôme implacable agite mon sommeil,
Un fantôme implacable assiége mon réveil :
Mille songes affreux, sans liaison, sans suite,
Sont présens à toute heure à mon âme interdite ;
— Un jeune homme expirant sous un coup inhumain !
— Un vieillard malheureux se perçant de sa main !
Un trône en poudre, — un roi dont le destin s'achève,
— Un autre qui s'éteint, — Un autre qui se lève,
— De la joie et du sang ! — un triomphe ! — un cercueil !
— Et des chants de victoire ! et des accens de deuil !
Ce désordre confus et ces sombres images,
Peut-être du sommeil sont-ils les vains ouvrages ?
J'ai fait, pour les lier, des efforts superflus :
Mon fils, depuis longtemps Dieu ne m'éclaire plus !

JONATHAS.

Demandez-lui, Seigneur, sa force et sa lumière,
Espérez tout de lui !

SAUL.

      Que veux-tu que j'espère ?
Où sont mes défenseurs ? où sont mes compagnons ?
Le glaive a moissonné leurs vaillans bataillons,

FRAGMENT BIBLIQUE.

Au milieu des combats ils sont tombés sans vie :
Je foule leur poussière et je leur porte envie !
Ils sont morts sans leur frère en vengeant leur pays !
C'est moi qu'il faut pleurer, puisque je leur survis !
Quel appui, Dieu puissant, reste-t-il à ta cause ?
Sur quel héros faut-il que mon bras se repose ?
Un vieillard, un enfant, une femme et des pleurs,
Voilà donc mon espoir ! voilà donc tes vengeurs !

MICOL.

Il en restait un autre !

SAUL.

Et qui donc ?

JONATHAS.

O mon père,
N'aviez-vous pas deux fils ? n'avais-je pas un frère ?

SAUL.

Que dites-vous ? ô ciel ! oh ! regrets superflus !
Oui, David fut mon fils, hélas ! il ne l'est plus,
David n'est plus mon fils ! ah ! s'il l'était encore !
S'il entendait la voix du vieillard qui l'implore !
Si le Seigneur pour nous armait encor sa main
De la foudre sacrée ou d'un glaive divin !
Il rendrait à mes sens la force et la lumière,
Et l'ennemi tremblant, couché dans la poussière,
Sous nos coups réunis tomberait aujourd'hui !
Car David est ma force et Dieu marche avec lui.
Mais j'ai brisé moi-même un appui si fidèle,
C'est par des attentats que j'ai payé son zèle ;
David n'est plus mon fils ! je l'ai trop outragé !
Si mon malheur le venge, il est assez vengé !

JONATHAS.

A ce héros, Seigneur, rendez plus de justice !
Ah ! s'il savait son prince au bord du précipice,

Ce héros généreux viendrait, n'en doutez pas,
Se venger de vos torts en vous offrant son bras!

SAUL.

Ah! tu dis vrai, peut-être; oui, ce cœur magnanime
Est fait pour concevoir un dessein si sublime.
Mais séparé de nous, au fond de ses déserts,
Il n'a point entendu le bruit de nos revers?
Il ne reviendra pas me ramener ma gloire?

JONATHAS.

Eh bien! Seigneur, eh bien! ce que vous n'osez croire,
Ce fils reconnaissant pour vous l'a déjà fait.

SAUL.

Oh ciel!

JONATHAS.

Oui, de ces lieux s'approchant en secret,
David, humble et tremblant, attend dans le silence
Que son père et son roi l'admette en sa présence.

SAUL.

Quoi! David?

JONATHAS.

Oui, David, en ce danger pressant,
Veut vous offrir sa tête, ou vous donner son sang.

SAUL.

Ah! béni soit le ciel qui vers nous le renvoie!
David! où donc es-tu? courez que je le voie!
Je brûle de serrer dans mes bras attendris
Le salut d'Israël, mon vengeur et mon fils!

Micol et Jonathas se retirent.

SAUL, seul.

Je vais donc le revoir! jour heureux et terrible!
Pour un cœur grand et fier, oh! Dieu! qu'il est pénible
De s'offrir dans l'opprobre et dans l'adversité
Aux regards d'un héros qu'on a persécuté!
Mais que dis-tu, Saül? Dans ce moment suprême,
Sois juste, et tu seras plus grand qu'il n'est lui-même!
. . . .
. . . .

XIV.

TOAST

PORTÉ DANS UN BANQUET NATIONAL

DES GALLOIS ET DES BRETONS, A ABERGAVENNY

DANS LE PAYS DE GALLES *.

Saint-Point, 25 septembre 1838.

Quand ils se rencontraient sur la vague ou la grève
En souvenir vivant d'un antique départ,
Nos pères se montraient les deux moitiés d'un glaive
Dont chacun d'eux gardait la symbolique part ;
Frère! se disaient-ils, reconnais-tu la lame?
Est-ce bien là l'éclair, l'eau, la trempe et le fil?
Et l'acier qu'a fondu le même jet de flamme
   Fibre à fibre se rejoint-il?

Et nous, nous vous disons : O fils des mêmes plages!
Nous sommes un tronçon de ce glaive vainqueur,
Regardez-nous aux yeux, aux cheveux, aux visages,
Nous reconnaissez-vous à la trempe du cœur?....

---

* On sait que les Gallois et les Bretons, d'origine celtique, se reconnaissent comme une seule famille, et célèbrent de temps en temps la commémoration de cette communauté de race.

TOAST.

N'est-ce pas cet œil bleu comme la mer profonde
Qui brise entre nos caps sur des écueils pareils ?
Où notre ciel brumeux réfléchit dans son onde
  Plus de foudres que de soleils !

Le vent ne fait-il pas battre sur vos épaules
Au branle de vos pas ces forêts de cheveux,
Crinière aux nœuds dorés du vieux lion des Gaules,
Où le soleil sanglant fait ondoyer ses feux ?
Ne résonnent-ils pas au souffle des tempêtes
Comme ce crin épars par les lances porté,
Étendards naturels que font flotter nos têtes
  Sur les clans de la liberté ?

De nos robustes mains quand la paume vous serre,
Ce langage muet n'est-il pas un serment
Qui jure l'amitié, l'alliance ou la guerre,
Que nul revers ne lasse et nul jour ne dément ?
Nos langues, où le bruit de nos grèves domine,
Ne vibrent-elles pas, rudes du même son,
Ainsi que deux métaux nés dans la même mine
  Rendent l'accord à l'unisson ?

Ne nous jouons-nous pas où le dauphin se joue ?
N'entrelaçons-nous pas, comme d'humbles roseaux,
Le pin durci du pôle au chêne qui le noue
Pour nous bercer aux vents dans les vallons des eaux ?
N'emprisonnons-nous pas dans la toile sonore
L'aile de la tempête, et, sur les flots amers,
N'aimons-nous pas à voir le jour nomade éclore
  De toutes les vagues des mers ?

Le coursier aux crins noirs, trône vivant des braves,
Ne nous nomme-t-il pas dans ses hennissemens ?
Nos bardes n'ont-ils pas des chants tristes et graves,
Des harpes de Morven vieux retentissemens ?

N'en composent-ils pas les cordes les plus douces
Avec les pleurs de l'homme et le sang des héros,
Le vent plaintif du nord qui siffle sur les mousses,
    Le chien qui hurle aux bords des flots?

Le poli de l'acier, l'éclair de l'arme nue,
Ne caressent-ils pas nos mains et nos regards?
Est-il un horizon plus doux à notre vue
Qu'un soleil de combats sur des épis de dards?
Le passé dans nos cœurs n'a-t-il pas des racines
Qu'on ne peut extirper ni secouer du sol,
Et ne restons-nous pas rochers sous les ruines
    Quand la poussière a pris son vol?...

Reconnaissons-nous donc, ô fils des mêmes pères!
Le sang de nos aïeux là-haut nous avoûra.
Que l'hydromel natal écume dans nos verres,
Et poussons dans le ciel trois sublimes hourra!
Hourra pour l'Angleterre et ses falaises blanches!
Hourra pour la Bretagne aux côtes de granit!
Hourra pour le Seigneur qui rassemble les branches
    Au tronc d'où tomba le vieux nid!

Que ce cri fraternel gronde sur nos montagnes
Comme l'écho joyeux d'un tonnerre de paix!
Que l'Océan le roule entre les deux Bretagnes!
Que le vaisseau l'entende entre ses flancs épais!
Et qu'il fasse tomber dans la mer qui nous baigne,
Avec l'orgueil jaloux de nos deux pavillons,
L'aigle engraissé de mort, dont le bec encor saigne
    De la chair de nos bataillons*!

L'esprit des temps rejoint ce que la mer sépare,
Le titre de famille est écrit en tout lieu.

* A Waterloo.

TOAST.

L'homme n'est plus français, anglais, romain, barbare,
Il est concitoyen de l'empire de Dieu !
Les murs des nations s'écroulent en poussières,
Les langues de Babel retrouvent l'unité,
L'Évangile refait avec toutes ses pierres
    Le temple de l'humanité !

Réjouissons-nous donc dans le jour qu'il nous prête,
L'aube des jours nouveaux fait poindre ses rayons,
Vous serez dans les temps, monts à la verte crête,
Un Sinaï de paix entre les nations !
Sous nos pas cadencés faisons sonner la terre,
Jetons nos gants de fer et donnons-nous la main :
C'est nous qui conduisons aux conquêtes du père
    Les colonnes du genre humain !

Dans le drame des temps nous avons deux grands rôles.
A nous les champs d'argile, à vous les champs amers !
Pour répandre de Dieu la semence aux deux pôles,
Creusons-nous deux sillons sur la terre et les mers !
Dans toute glèbe humaine où sa race fourmille
Premiers nés d'Occident, à la neuve clarté,
Marchons, distribuant à l'immense famille
    Dieu, la paix et la liberté.

Dans notre coupe pleine où l'eau du ciel déborde,
Désaltérés déjà buvons aux nations !
Iles, ou continens ! que l'onde entoure ou borde,
Ayez part sous le ciel à nos libations !
Oui, buvons, et passant notre coupe à la ronde
Aux convives nouveaux du festin éternel,
Faisons boire après nous tous les peuples du monde
    Dans le calice fraternel !

XV.

A UNE JEUNE FILLE POËTE*.

Saint-Point, 24 août 1838.

Quand assise le soir au bord de ta fenêtre
Devant un coin du ciel qui brille entre les toits,
L'aiguille matinale a fatigué tes doigts,
Et que ton front comprime une âme qui veut naître ;
Ta main laisse échapper le lin brodé de fleurs
Qui doit parer le front d'heureuses fiancées,
Et de peur de tacher ses teintes nuancées
      Tes beaux yeux retiennent leurs pleurs.

Sur les murs blancs et nus de ton modeste asile,
Pauvre enfant! d'un coup d'œil tout ton destin se lit,
Un crucifix de bois au-dessus de ton lit,
Un réséda jauni dans un vase d'argile,
Sous tes pieds délicats la terre en froids carreaux,
Et près du pain du jour que la balance pèse
Pour ton festin du soir le raisin ou la fraise
      Que partagent tes passereaux.

Tes mains sur tes genoux un moment se délassent,

---

* Ces vers furent adressés à mademoiselle Antoinette Quarré, jeune ouvrière de Dijon, qui avait envoyé à l'auteur plusieurs pièces de vers, imprimées depuis, qui ont vivement excité l'étonnement et l'admiration du public.

A UNE JEUNE FILLE POETE.

Puis tu vas t'accouder sur le fer du balcon
Où le pampre grimpant, le lierre au noir flocon
A tes cheveux épars, amoureux s'entrelacent ;
Tu verses l'eau de source à ton pâle rosier,
Tu gazouilles son air à ton oiseau fidèle
Qui becquète ta lèvre en palpitant de l'aile
    A travers les barreaux d'osier.

Tu contemples le ciel que le soir décolore,
Quelque dôme lointain de lumière écumant,
Ou plus haut, seule au fond du vide firmament
L'étoile, comme toi que Dieu seul voit éclore ;
L'odeur des champs en fleurs monte à ton haut séjour,
Le vent fait ondoyer tes boucles sur ta tempe,
La nuit ferme le ciel, tu rallumes ta lampe,
    Et le passé t'efface un jour !...

Cependant le bruit monte et la ville respire,
L'heure sonne appelant tout un monde au plaisir,
Dans chaque son confus que ton cœur croit saisir
C'est le bonheur qui vibre ou l'amour qui soupire.
Les chars grondent en bas et font frissonner l'air ;
Comme des flots pressés dans le lit des tempêtes,
Ils passent emportant les heureux à leurs fêtes,
    Laissant sous la roue un éclair.

Ceux-là versent au seuil de la scène ravie
Cette foule attirée au vent des passions,
Et qui veut aspirer d'autres sensations
Pour oublier le jour et pour doubler la vie ;
Ceux-là rentrent des champs, sur de plians aciers,
Berçant les maîtres las d'ombrage et de murmure,
Des fleurs sur les coussins, des festons de verdure
    Enlacés aux crins des coursiers.

La musique du bal sort des salles sonores,

A UNE JEUNE FILLE POETE.

Sous les pas des danseurs l'air ébranlé frémit,
Dans des milliers de voix le chœur chante ou gémit;
La ville aspire et rend le bruit par tous les pores.
Le long des murs dans l'ombre on entend retentir
Des pas aussi nombreux que des gouttes de pluie,
Pas indécis d'amant où l'amante s'appuie
  Et pèse pour le ralentir.

Le front dans tes deux mains, pensive tu te penches,
L'imagination te peint de verts coteaux
Tout résonnans du bruit des forêts et des eaux,
Où s'éteint un beau soir sur des chaumières blanches.
Des sources aux flots bleus voilés de liserons,
Des prés où quand le pied dans la grande herbe nage,
Chaque pas, aux genoux fait monter un nuage
  D'étamine et de moucherons.

Des vents sur les guérets, ces immenses coups d'ailes
Qui donnent aux épis leurs sonores frissons,
L'aubépine neigeant sur les nids des buissons,
Les verts étangs rasés du vol des hirondelles;
Les vergers allongeant leur grande ombre du soir,
Les foyers des hameaux ravivant leurs lumières,
Les arbres morts couchés près du seuil des chaumières
  Où les couples viennent s'asseoir.

Ces conversations à voix que l'amour brise,
Où le mot commencé s'arrête et se repent,
Où l'avide bonheur que le doute suspend
S'envole après l'aveu que lui ravit la brise :
Ces danses où l'amant prenant l'amante au vol,
Dans le ciel qui s'entr'ouvre elle croit fuir en rêve
Entre le bond léger qui du gazon l'enlève,
  Et son pied qui retombe au sol!

Sous la tente de soie ou dans ton nid de feuille

A UNE JEUNE FILLE POETE.

Tu vois rentrer le soir, altéré de tes yeux,
Un jeune homme au front mâle, au regard studieux.
Votre bonheur tardif dans l'ombre se recueille.
Ton épaule s'appuie à celle de l'époux.
Sous son front déridé ton front nu se renverse,
Son œil luit dans ton œil pendant que ton pied berce
      Un enfant blond sur tes genoux!

De tes yeux dessillés quand ce voile retombe,
Tu sens ta joue humide et tes mains pleines d'eau;
Les murs de ce réduit où flottait ce tableau
Semblent se rapprocher pour voûter une tombe;
Ta lampe y jette à peine un reste de clarté,
Sous tes beaux pieds d'enfant tes parures s'écoulent,
Et tes cheveux épars et les ombres déroulent
      Leurs ténèbres sur ta beauté.

Cependant le temps fuit, la jeunesse s'écoule,
Tes beaux yeux sont cernés d'un rayon de pâleur,
Des roses sans soleil ton teint prend la couleur,
Sur ton cœur amaigri ton visage se moule,
Ta lèvre a replié le sourire, ta voix
A perdu cette note où le bonheur tressaille;
Des airs lents et plaintifs mesurent maille à maille
      Le lin qui grandit sous tes doigts.

Eh quoi! ces jours passés dans un labeur vulgaire
A gagner miette à miette un pain trempé de fiel,
Cet espace sans air, cet horizon sans ciel,
Ces amours s'envolant au son d'un vil salaire,
Ces désirs refoulés dans un sein étouffant,
Ces baisers, de ton front chassés comme une mouche
Qui bourdonne l'été sur les coins de ta bouche,
      C'est donc là vivre, ô belle enfant!

Nul ne verra briller cette étoile nocturne?

A UNE JEUNE FILLE POETE.

Nul n'entendra chanter ce muet rossignol ?
Nul ne respirera ces haleines du sol
Que la fleur du désert laisse mourir dans l'urne ?
Non, Dieu ne brise pas sous ses fruits immortels
L'arbre dont le génie a fait courber la tige ;
Ce qu'oublia le temps, ce que l'homme néglige,
  Il le réserve à ses autels !

Ce qui meurt dans les airs, c'est le ciel qui l'aspire :
Les anges amoureux recueillent flots à flots
Cette vie écoulée en stériles sanglots,
Leur aile emporte ailleurs ce que ta voix soupire.
De ces langueurs de l'âme où gémit ton destin,
De tes pleurs sur ta joue, hélas ! jamais cueillies,
De ces espoirs trompés, de ces mélancolies
  Qui pâlissent ton pur matin,

Ils composent tes chants, mélodieux murmure
Qui s'échappe du cœur par le cœur répondu ;
Comme l'arbre d'encens que le fer a fendu
Verse en baume odorant le sang de sa blessure !
Aux accords du génie, à ces divins concerts,
Ils mêlent étonnés ces pleurs de jeune fille
Qui tombent de ses yeux et baignent son aiguille,
  Et tous les soupirs sont des vers !

Savent-ils seulement si le monde l'écoute ?
Si l'indigence énerve un génie inconnu ?
Si le céleste encens au foyer contenu
Avec l'eau de ses yeux dans l'argile s'égoutte ?
Qu'importe aux voix du ciel l'humble écho d'ici-bas ?
Les plus divins accords qui montent de la terre
Sont les élans muets de l'âme solitaire
  Que le vent même n'entend pas.

Non, je n'ai jamais vu la pâle giroflée,

Fleurissant au sommet de quelque vieille tour
Que bat le vent du nord ou l'aile du vautour,
Incliner sur le mur sa tige échevelée;
Non, je n'ai jamais vu la stérile beauté,
Pâlissant sous ses pleurs sa fleur décolorée,
S'exhaler sans amour et mourir ignorée,
      Sans croire à l'immortalité!

Passe donc tes doigts blancs sur tes yeux, jeune fille!
Et laisse évaporer ta vie avec tes chants;
Le souffle du Très-Haut sur chaque herbe des champs
Cueille la perle d'or où l'aurore scintille;
Toute vie est un flot de la mer de douleurs;
Leur amertume un jour sera ton ambroisie!
Car l'urne de la gloire et de la poésie
      Ne se remplit que de nos pleurs!

XVI.

CANTIQUE SUR UN RAYON DE SOLEIL.

Je suis seul dans la prairie
Assis au bord du ruisseau ;
Déjà la feuille flétrie,
Qu'un flot paresseux charrie,
Jaunit l'écume de l'eau.

La respiration douce
Des bois au milieu du jour
Donne une lente secousse
A la vague, au brin de mousse,
Au feuillage d'alentour.

Seul et la cime bercée,
Un jeune et haut peuplier
Dresse sa flèche élancée
Comme une haute pensée
Qui s'isole pour prier!

Par instans le vent qui semble
Couler à flots modulés
Donne à la feuille qui tremble
Un doux frisson qui ressemble
A des mots articulés.

L'azur où sa cime nage
A balayé son miroir

Sans que l'ombre d'un nuage
Jette au ciel une autre image
Que l'infini qu'il fait voir.

Ruisselant de feuille en feuille
Un rayon répercuté
Parmi les lis que j'effeuille,
Filtre, glisse, et se recueille
Dans une île de clarté.

Le rayon de feu scintille
Sous cette arche de jasmin,
Comme une lampe qui brille
Aux doigts d'une jeune fille
Et qui tremble dans sa main.

Elle éclaire cette voûte,
Rejaillit sur chaque fleur,
La branche sur l'eau l'égoutte,
L'aile d'insecte et la goutte
En font flotter la lueur.

A ce rayon d'or qui perce
Le vert grillage du bord,
La lumière se disperse
En étincelle, et traverse
Le cristal du flot qui dort.

Sous la nuit qui les ombrage,
On voit, en brillans réseaux,
Jouer un flottant nuage
De mouches au bleu corsage
Qui patinent sur les eaux.

Sur le bord qui se découpe,
De rossignols frais éclos

CANTIQUE

Un nid tapissé d'étoupe
Se penche comme une coupe
Qui voudrait puiser ses flots.

La mère habile entrecroise
Au fil qui les réunit,
Les ronces et la framboise,
Et tend, comme un toit d'ardoise,
Ses deux ailes sur son nid.

Au bruit que fait mon haleine,
L'onde ou le rameau pliant,
Je vois son œil qui promène
Sa noire prunelle pleine
De son amour suppliant !

Puis refermant, calme et douce,
Ses yeux, sous mes yeux amis,
On voit à chaque secousse
De ses petits sur leur mousse
Battre les cœurs endormis.

Ce coin de soleil condense
L'infini de volupté.
O charmante providence !
Quelle douce confidence
D'amour, de paix, de beauté !

Dans un moment de tendresse,
Seigneur, on dirait qu'on sent
Ta main douce qui caresse
Ce vert gazon qui redresse
Son poil souple et frémissant !

Tout sur terre fait silence
Quand tu viens la visiter,

SUR UN RAYON DE SOLEIL.

L'ombre ne fuit ni n'avance,
Mon cœur même qui s'élance
Ne s'entend plus palpiter !

Ma pauvre âme ensevelie
Dans cette mortalité
Ouvre sa mélancolie,
Et comme un lin la déplie
Au soleil de ta bonté.

S'enveloppant tout entière
Dans les plis de ta splendeur,
Comme l'ombre à la lumière
Elle ruisselle en prière,
Elle rayonne en ardeur !

Oh ! qui douterait encore
D'une bonté dans les cieux,
Devant un brin de l'aurore,
Qui s'égare et fait éclore
Ces ravissemens des yeux?

Est-il possible, ô nature !
Source dont Dieu tient la clé,
Où boit toute créature,
Lorsque la goutte est si pure,
Que l'abîme soit troublé?

Toi qui dans la perle d'onde,
Dans deux brins d'herbe pliés,
Peux enfermer tout un monde
D'un bonheur qui surabonde
Et déborde sur tes pieds,

Avare de ces délices,
Qu'entrevoit ici le cœur,

Peux-tu des divins calices
Nous prodiguer les prémices
Et répandre la liqueur?

Dans cet infini d'espace,
Dans cet infini de temps,
A la splendeur de ta face,
O mon Dieu! n'est-il pas place
Pour tous les cœurs palpitans?

Source d'éternelle vie,
Foyer d'éternel amour,
A l'âme à peine assouvie
Faut-il que le ciel envie
Son étincelle et son jour?

Non, ces courts momens d'extase
Dont parfois nous débordons,
Sont un peu de miel du vase,
Écume qui s'extravase
De l'océan de tes dons!

Elles y nagent, j'espère,
Dans les secrets de tes cieux,
Ces chères âmes, ô père!
Dont nous gardons sur la terre
Le regret délicieux!

Vous, pour qui mon œil se voile
Des larmes de notre adieu,
Sans doute dans quelque étoile
Le même instant vous dévoile
Quelque autre perle de Dieu!

Vous contemplez assouvies,
Des champs de sérénité,

SUR UN RAYON DE SOLEIL.

Ou vous écoutez ravies,
Murmurer la mer des vies
Au lit de l'éternité !

Le même Dieu qui déploie
Pour nous un coin du rideau,
Nous enveloppe et nous noie,
Vous dans une mer de joie,
Moi dans une goutte d'eau !

Pourtant mon âme est si pleine,
O Dieu ! d'adoration,
Que mon cœur la tient à peine,
Et qu'il sent manquer l'haleine
A sa respiration !

Par ce seul rayon de flamme,
Tu m'attires tant vers toi,
Que si la mort, de mon âme
Venait délier la trame,
Rien ne changerait en moi !

Sinon qu'un cri de louange
Plus haut et plus solennel,
En voix du concert de l'ange
Changerait ma voix de fange,
Et deviendrait éternel !

Oh ! gloire à toi qui ruisselle
De tes soleils à la fleur !
Si grand dans une parcelle !
Si brûlant dans l'étincelle !
Si plein dans un pauvre cœur !

XVII.

ÉPITRE A M. ADOLPHE DUMAS.

18 septembre 1838.

Musa pedestris.

Dans les plis d'un coteau j'étais assis à terre,
Le soleil inondant l'horizon solitaire,
Une brise des bois jouant dans mes cheveux,
Paix, lumière et chaleur, servi dans tous mes vœux;
Mon jeune chien, quêtant parmi les sillons fauves,
Effeuillait à mes pieds les bluets et les mauves,
Faisant lever joyeux l'alouette du sol,
Dont le rire en partant l'insultait dans son vol :
Et tout était sourire et grâces sur mes lèvres;
Et semblable au berger qui rappelle ses chèvres,
Et rassemble au bercail les petits des troupeaux,
Tous mes sens rappelaient mon esprit au repos,
Je bénissais celui dont l'immense nature
Prête place au soleil à chaque créature,
Et la terre de Dieu qui, du val au coteau,
A pour nous cacher tous un coin de son manteau;
Et je ne savais pas, dans ma paisible extase,
Si quelque ver rongeur piquait au cœur ma phrase,

Si l'encre à flots épais distillait du flacon
Pour faire sur la feuille une tache à mon nom ;
Ou si quelque journal aux doctrines ridées,
Comme les factions enrôlant les idées,
Condamnait ma pensée à tenir dans l'esprit
Et dans l'étroit pathos de *l'orateur inscrit*,
Et jetait sur mon vers ou sur ma prose indigne
L'ombre de ces grands noms qu'un *gérant* contresigne ;
Le *Courrier* m'eût privé de feu, de sel et d'eau,
Que le jour sur mon front n'eût pas brillé moins beau.

Oh ! nous sommes heureux parmi les créatures,
Nous à qui notre mère a donné deux natures,
Et qui pouvons, au gré de nos instincts divers,
Passer d'un monde à l'autre et changer d'univers !
Lorsque nos pieds saignant dans les sentiers de l'homme
Ont usé cette ardeur que le soleil consomme,
Notre âme, à ces labeurs disant un court adieu,
Prend son aile et s'enfuit dans les œuvres de Dieu ;
La contemplation qui l'enlève à la terre
Lui découvre la source où l'eau la désaltère,
Puis quand la solitude a rafraîchi ses sens,
Son courage l'appelle et lui dit : Redescends !

Ainsi quand le pêcheur, fatigué de la rame,
Dans les replis d'une anse a rattaché sa prame,
Il ressaisit la bêche, et du terrain qu'il rompt
Fend la glèbe humectée avec l'eau de son front ;
Et quand la bêche échappe à sa main qu'elle brise,
Il rehisse sa voile au souffle de la brise,
Et regarde, en fendant la mer d'un autre soc,
La poudre de la vague écumer sous son foc ;
Pour son double élément il semble avoir deux âmes,
Taureau dans le sillon, mouette sur les lames.
Poëte ! âme amphibie aux élémens divers,

ÉPITRE

Ta vague ou ton sillon, c'est ta prose ou tes vers !

J'étais ainsi plongé dans cet oubli des choses,
Quand le vent du midi, parmi l'odeur des roses,
M'apporta cette épître où ton cœur parle au mien
En vers entrecoupés comme un libre entretien ;
Billet où tant de sens parle avec tant de grâce,
Que Virgile l'eût pris pour un billet d'Horace,
Pour un de ces oiseaux du Béranger romain,
Qui, prenant au hasard leur doux vol de sa main,
Les pieds encor trempés des ondes de Blanduse,
Allaient porter au loin les saluts de sa muse,
Et dont plusieurs, volant vers la postérité,
S'égarèrent pour nous dans l'immortalité !
Celui qui m'apporta tes vers sur ma fenêtre,
Ami ! ressemblait tant aux colombes du maître
Que, promenant ma main sur l'oiseau familier,
Je cherchai si son cou n'avait pas de collier,
Croyant lire en latin l'exergue de sa bague :
« Je viens du frais Tibur ; » mais il venait d'*Eyrague* *.
Je les ai lus trois fois, ces vers consolateurs,
Sans me laisser surprendre à leurs philtres flatteurs ;
Sur ce nectar du cœur j'ai promené la loupe ;
J'ai vidé le poison, mais j'ai gardé la coupe,
Cette coupe où la main a ciselé dans l'or
Ton amitié pour moi que j'y veux lire encor !
. . . .
Il est doux au roulis de la mer où l'on nage
De voir un feu lointain luire sur le rivage ;
De sentir au milieu des pierres de l'affront
La feuille d'oranger vous tomber sur le front ;
Pour rendre à cet ami l'odorante pensée
On cherche avec amour la main qui l'a lancée,
Et l'on éprouve un peu ce que Job éprouva

* Village de Provence, d'où la lettre de M. Dumas était datée.

Lorsque de son fumier son ange le leva.
Au plus noir de l'absinthe à mes lèvres versée
C'est là l'impression du miel de ta pensée.
Je me dis : Ce vent doux parmi tant de frimas,
N'est pas né, je le sens, dans les mêmes climats;
Mais, venu d'Orient, son souffle que j'aspire
A l'odeur d'un laurier et le son d'une lyre!...

Ce n'est pas cependant que mon esprit enflé
De l'orgueilleux chagrin d'un grand homme sifflé,
Jugeant avec mépris le siècle qui le juge,
Cherche à sa vanité ce sublime refuge
Où le Tasse et Milton, loin de leurs détracteurs,
Ont, leur gloire à la main, attendu leurs lecteurs.
Lorsque dans l'avenir un siècle ingrat l'exile,
Oui, l'immortalité du génie est l'asile,
Mais pour chercher comme eux l'ombre de ses autels,
Il faut avoir commis leurs livres immortels;
D'un grand forfait de gloire il faut être coupables;
L'ostracisme n'écrit que des rois sur ses tables.
Pour nous, sujets obscurs du jour qui va finir,
Laissons aux immortels leur foi dans l'avenir,
Buvons sans murmurer le nectar ou la fange,
Et ne nous flattons pas que le siècle nous venge.

Nous venger! l'avenir? lui? gros d'un univers!
Lui, dans ses grandes mains peser nos petits vers?
Lui, s'arrêter un jour dans sa course éternelle
Pour revoir ce qu'une heure a broyé sous son aile?
Pour exhumer du fond de l'insondable oubli
La page où du lecteur le doigt a fait un pli?
Pour décider au nom de la race future
Si l'hémistiche impie offensa la césure?
Ou si d'un feuilleton les arrêts en lambeaux
Ont fait tort d'une rime aux morts dans leurs tombeaux?

Quoi qu'en disent là-haut les scribes dans leurs sphères,
L'avenir, mes amis, aura d'autres affaires,
Il aura bien assez de sa tâche au soleil
Sans venir remuer nos vers dans leur sommeil.
Jamais le lit trop plein de l'océan des âges
De flots plus débordans ne battit ses rivages,
Jamais le doigt divin à l'éternel torrent
N'imprima dans sa fuite un plus fougueux courant :
On dirait qu'amoureux de l'œuvre qu'il consomme
L'esprit de Dieu, pressé, presse l'esprit de l'homme,
Et trouvant l'œuvre longue et les soleils trop courts,
Dans l'œuvre qu'il condense accumule les jours.
Que d'œuvres à finir ! que d'œuvres commencées
Lèguent au lendemain nos mourantes pensées !
Quelle route sans fin nous traçons à ses pas !
Que sera ce chaos s'il ne l'achève pas ?
Qu'il lui faudra de mains pour élever ces pierres
Que nous taillons à peine au fond de leurs carrières !
Qui donnera le plan, la forme, le dessin ?
Quel effort convulsif contractera son sein ?
Un monde à soulever couché dans ses vieux langes,
L'homme, image tombée, à dépouiller de fanges,
Comme on dresse au soleil du limon de l'oubli
Dans le sable du Nil un sphinx enseveli !
Sous mille préjugés dans la honte abattue,
Refaire un piédestal à la sainte statue,
Et sur son front levé rendre à l'humanité,
Les rayons disparus de sa divinité !
Réveiller l'homme enfant emmaillotté de songes,
Des instincts éternels séparer nos mensonges,
Des nuages obscurs qui couvrent l'horizon
Dégager lentement le jour de la raison,
De chaque vérité dont la lumière est flamme,
Du genre humain croissant féconder la grande âme ;
Des peuples écoulés dépassant les niveaux,
Le faire déborder en miracles nouveaux.

Asservir à l'esprit les élémens rebelles,
Prendre au feu sa fumée, à l'aquilon ses ailes,
Sur des fleuves d'acier faire voguer les chars,
Multiplier ses sens par les sens de nos arts ;
De ces troupeaux humains que la verge fait paître,
Parqués, marqués au flanc par les ciseaux du maître,
Fondre les nations en peuple fraternel
Marqués au front par Dieu de son chiffre éternel ;
Au lieu de mille lois qu'une autre loi rature,
Dans le code infaillible écrire la nature,
Déshonorer la force, et sur l'esprit dompté,
Faire du ciel en nous régner la volonté !
Comme du lit des mers les vagues débordées,
Voir les faits s'écrouler sous le choc des idées,
Porter toutes les mains sur l'arche des pouvoirs,
Combiner d'autres droits avec d'autres devoirs,
Parlant en vérités et plus en paraboles,
Arracher Dieu visible à l'ombre des symboles,
Dans l'esprit grandissant où sa foi veut grandir,
Au lieu de le voiler, le faire resplendir,
Et lui restituant l'univers qu'il anime,
Faire l'homme pontife et le culte unanime !
Écouter les grands bruits que feront en croulant
L'autel renouvelé, le trône chancelant,
Les voix de ces tribuns ameutant les tempêtes,
Artistes, orateurs, penseurs, bardes, prophètes,
Vaste bourdonnement des esprits en émoi,
Dont chacun veut son jour et crie au temps : A moi !

Voilà de l'avenir l'œuvre où la peine abonde.
Et tu veux qu'au milieu de ce travail d'un monde
Le siècle des six jours, sur sa tâche incliné,
Se retourne pour voir quelle âme a bourdonné ?
C'est l'erreur du ciron qui croit remplir l'espace.
Non : pour tout contenir le temps n'a que sa place ;
La gloire a beau s'enfler, dans les siècles suivans

Les morts n'usurpent pas le soleil des vivans ;
La même goutte d'eau ne remplit pas deux vases ;
Le fleuve en s'écoulant nous laisse dans ses vases,
Et la postérité ne suspend pas son cours
Pour pêcher nos orgueils dans le vieux lit des jours.

Quoi ! faut-il en pleurer ? le doux chant du poëte
Ne le charme-t-il donc qu'autant qu'on le répète ?
Le son mélodieux du bulbul de tes bois
Est-il donc dans l'écho plutôt que dans la voix ?
N'entends-tu pas en toi de célestes pensées,
Par leur propre murmure assez récompensées ?
Le génie est-il donc extase ou vanité ?
N'écouterais-tu pas pendant l'éternité
Le bruit mélodieux de ces ailes de flamme,
Que fait l'aigle invisible en traversant ton âme ?
Le cœur a-t-il besoin que dans ses sentimens
Tout l'univers palpite avec ses battemens ?
Eh ! qu'importe l'écho de ta voix faible ou forte,
N'est-il pas aussi long que le vent qui l'emporte ?
Ne se confond-il pas dans cet immense chœur
Que la vie et l'amour tirent de chaque cœur ?

N'as-tu pas vu souvent aux jours pâles d'automne,
Le vent glacé du nord, dont l'aile siffle et tonne,
Fouetter en tourbillons, dans son fougueux courant,
Les dépouilles du bois en liquide torrent ?
Du fleuve où roule à sec sa gerbe amoncelée,
Le bruit des grandes eaux monte sur la vallée,
Bien qu'un gémissement sorte de chaque pli,
Notre oreille n'entend qu'un immense rouli ;
Mais l'oreille de Dieu, qui plus haut les recueille,
Distingue dans ce bruit la voix de chaque feuille,
Et du brin d'herbe mort le plus léger frisson
Dont ce bruit collectif accumule le son.

A M. ADOLPHE DUMAS.

C'est ainsi, mon ami, que dans le bruit terrestre,
Dont le génie humain est le confus orchestre,
Et qu'emporte en passant l'esprit de Jéhova,
Le faible bruit de l'homme avec l'homme s'en va;
A l'oreille de Dieu ce bruit pourtant arrive;
Chaque âme est une note, hélas! bien fugitive,
Chaque son meurt bientôt; mais l'hymne solennel
S'élève incessamment du temps à l'Éternel!
Notre voix qui se perd dans la grande harmonie
Va retentir pourtant à l'oreille infinie!
Eh quoi! n'est-ce donc rien que d'avoir en passant
Jeté son humble strophe au concert incessant?
Et d'avoir parfumé ses ailes poétiques
De ces soupirs notés dans les divins cantiques?
Faut-il pour écouter ce qui mourra demain
Imposer à jamais silence au genre humain?

Elle vole plus haut l'âme du vrai poëte!
De toute ma raison, ami, je te souhaite
Le dédain du journal, l'oubli de l'univers,
Le gouffre du néant pour ta prose ou tes vers;
Mais au fond de ton cœur une source féconde
Où l'inspiration renouvelle son onde
Et dont le doux murmure, en berçant ton esprit,
Coule en ces vers muets qu'aucune main n'écrit;
Une âme intarissable en sympathique extase
Où l'admiration déborde et s'extravase;
Ces saints ravissemens devant l'œuvre de Dieu,
Qui font pour le poëte un temple de tout lieu;
Ces conversations en langue intérieure
Avec l'onde qui chante ou la brise qui pleure,
Avec l'arbre, l'oiseau, l'étoile au firmament
Et tout ce qui devient pensée ou sentiment;
Une place au soleil contre un mur où l'abeille,
Nageant dans le rayon, bourdonne sous la treille;
Sous les verts parasols de tes pins du midi,

Une pente d'un pré par le ciel attiédi,
D'où le regard glissant voit à travers la brume
La mer bleue au rocher jeter sa blanche écume,
Et la voile lointaine à l'horizon mouvant
Comme un arbre des flots s'incliner sous le vent,
Et d'où le bruit tonnant des vagues élancées,
Donnant une secousse à l'air de tes pensées,
Te fait rêver pensif à ce vaste miroir
Où Dieu peint l'infini pour le faire entrevoir!..
Un reflet de ton ciel toujours sur ton génie;
Des cordes de ton cœur la parfaite harmonie!
La conscience en paix sommeillant dans ton sein
Comme une eau dont nul pied n'a troublé le bassin;
Au flanc d'une colline où s'étend ton royaume,
Un toit de tuile rouge ou d'ardoise ou de chaume,
Dont l'ombre soit ton monde, et dont le pauvre seuil
Ne rende après cent ans son maître qu'au cercueil.
Là, des sommeils légers que l'alouette éveille,
Pour reprendre gaîment le sillon de la veille :
Une table frugale où la fleur de tes blés
Éclate auprès des fruits que ta greffe a doublés;
Sur le noyer luisant dont ton chanvre est la nappe,
Un vin dont le parfum te rappelle sa grappe;
Un platane en été; dans l'hiver un foyer
Où ta main jette au feu le noyau d'olivier ;
Aux flambeaux dont ta ruche a parfumé la cire,
Des livres cent fois lus que l'on aime à relire,
Phares consolateurs que pour guider notre œil
Les tempêtes du temps ont laissés sur l'écueil,
Dont nos vents inconstans n'agitent plus la flamme,
Mais qui luisent bien haut au firmament de l'âme!...
Pour que le fond du vase ait encor sa douceur,
Jusqu'au soir de la vie une mère, une sœur,
Un ami des vieux jours, voisin de solitude,
Exact comme l'aiguille et comme l'habitude,
Et qui vienne le soir, de son mot régulier,

Reprendre au coin du feu l'entretien familier.

Avec cela, mon cher, que l'ongle des critiques
Marque du pli fatal nos pages poétiques,
Heureux à nos soleils qu'on nous siffle à Paris,
La gloire me plairait;... pour la vendre à ce prix!

XVIII.

A UNE JEUNE FILLE

QUI ME DEMANDAIT DE MES CHEVEUX.

Des cheveux! mais ils sont blanchis sous les années!
Des cheveux! mais ils vont tomber sous les hivers!
Que feraient tes beaux doigts de leurs boucles fanées?
Pour tresser la couronne il faut des rameaux verts.

Crois-tu donc, jeune fille, aux jours d'ombre et de joie
Qu'un front d'homme, chargé de quarante printemps,
Germe ces blonds anneaux et ces boucles de soie,
Où l'espérance joue avec tes dix-sept ans?

Crois-tu donc que la lyre où notre âme s'accorde
Chante au fond de nos cœurs, toujours pleine de voix,
Sans que de temps en temps il s'y rompe une corde
Qui laisse en se taisant un vide sous nos doigts?

Pauvre naïve enfant! que dirait l'hirondelle
Si, quand l'hiver l'abat aux débris de sa tour,
Ta voix lui demandait les plumes de son aile
Qu'emporte la tempête ou sème le vautour?

Demande, dirait-elle, au nuage, à l'écume,
A l'épine, au désert, aux ronces du chemin :
A tous les vents du ciel j'ai laissé quelque plume,
Et pour me réchauffer, je n'ai plus que ta main!

Ainsi te dit mon cœur, jeune et tendre inconnue,
Mais quand dans ces cheveux vos souffles passeront,
Je sentirai longtemps, malgré ma tempe nue,
La sève de vingt ans battre encor dans mon front.

XIX.

A ANGELICA.

Saint-Point, 25 septembre 1834.

Jeune voix que Dieu fit éclore
Comme un hymne au matin du jour,
Chaque âme en ce triste séjour
Pour toi fut un temple sonore
Que tu remplis de sons, de délire et d'amour.

Bulbul ainsi que toi ne chante qu'une aurore ;
Mais il revient souvent au bois qu'il a quitté,
Écouter si du roc la source coule encore,
En soupirs aussi purs si le son s'évapore,
Si la rosée y tombe aux tièdes nuits d'été.

Ah ! reviens comme lui, bel oiseau qui t'envole !
Tu trouveras toujours un écho dans nos bois,
Un désert dans nos cœurs qu'aucun bruit ne console,
Et des pleurs dans nos yeux pour tomber à ta voix.

XX.

A AUGUSTA.

Bulbul enivre toute oreille
De sons, de musique et de bruit;
Sa voix éclatante réveille
Les échos charmés d'une nuit;

La douce et blanche tourterelle
N'a qu'une note dans la voix,
Mais cette note est éternelle,
Et ne dort jamais sous les bois;

C'est un souffle qu'amour agite,
Un soupir qui pleure en sortant,
C'est un cœur ému qui palpite,
Une âme sans voix qu'on entend.

Plus on écoute et plus on rêve;
En vain ce soupir n'a qu'un son,
L'oreille attend, devine, achève,
Et l'âme vibre à l'unisson.

Celui qu'un double charme attire
Entre l'ivresse et la langueur,
Écoute, hésite, et ne peut dire
Lequel est l'oiseau de son cœur!

XXI.

LE TOMBEAU DE DAVID A JÉRUSALEM.

A M. DARGAUD*.

I.

O harpe qui dors sur la tête
Immense du poëte-roi,
Veuve immortelle du prophète,
Un jour encore, éveille-toi !
Quoi ! dans cette innombrable foule
Des races dont le pied te foule
Il n'est plus une seule main
Qui te remue et qui t'accorde,
Et qui puisse un jour sur ta corde
Faire éclater l'esprit humain ?

Es-tu comme le large glaive
Dans les tombes de nos aïeux,
Qu'aucun bras vivant ne soulève
Et que l'on mesure des yeux ?
Harpe colossale es-tu comme
Ces immenses ossemens d'homme

---

* M. Dargaud, jeune écrivain du plus haut talent, vient de donner une nouvelle traduction des Psaumes. Ces vers furent inspirés à M. de Lamartine par l'impression que fit sur lui la lecture de cette traduction, où le génie de la langue hébraïque et l'éclat des images orientales sont pour ainsi dire palpables à travers tant de siècles et une autre langue.

Que le soc entraîne avec lui,
Grands débris d'une autre nature
Qui, pour animer leur stature,
Voudraient dix âmes d'aujourd'hui?

Est-ce que l'haleine divine,
Qui souffla mille ans sur ces bords,
Ne soulève plus de poitrine
Assez mâle pour tes accords?
Cordes muettes de Solyme
Que faut-il pour qu'un Dieu ranime
Ces ferventes vibrations?
Viens sur mon sein, harpe royale,
Écoute, si ce cœur égale
Tes larges palpitations?

N'y sens-tu pas battre cette âme
Qui lutte avec des sens mortels?
Et qui jette au milieu du drame
Des cris qui fendent les autels?
N'y sens-tu pas dans son cratère
Comme des laves sous la terre
Gronder les fibres de douleurs?
N'entends-tu pas sous leurs racines
Comme un Cédron sous ses ravines
Filtrer le sourd torrent des pleurs?

Faut-il avoir dans son enfance,
Gardien d'onagre et de brebis,
Brandi la fronde pour défense,
Porté leurs toisons pour habits?
Faut-il avoir sur les collines,
Errant du rocher aux épines,
Déchiré ses pieds au buisson?
La nuit épiant solitaire

Les soupirs du cœur de la terre
Monté son âme à l'unisson ?

Faut-il d'une pieuse femme,
A la mamelle de ta foi,
Avoir bu ce saint lait de l'âme
Où s'allume la soif de toi ?
Faut-il, enfant des sacrifices,
Avoir transvasé les prémices
Dans les corbeilles du saint lieu,
Et retenu ce doux bruit d'ailes
Que font les prières mortelles
En s'abattant aux pieds de Dieu ?

Faut-il avoir aimé son frère
Jusqu'à l'exil, jusqu'au trépas,
Et persécuté par son père,
Versé son cœur sur Jonathas ?
Coupable d'amours insensées,
Faut-il avoir dans ses pensées
Retourné cent fois le remord,
Meurtri ses membres sur sa couche,
Et déjà vieux, collé sa bouche
Aux pieds glacés de son fils mort ?

Sur l'abîme de ta justice,
Où toute raison se confond,
Comme du haut d'un précipice
Faut-il avoir plongé sans fond ?
Avec les ruisseaux de sa joue
Faut-il avoir pétri la boue
Dont fut formé l'insecte humain,
Et serré des deux bras la terre
Comme le guerrier mort qui serre
L'herbe sanglante avec sa main ?

II.

Tout cela je l'ai fait, ô funèbre génie
Qui mesure à nos pleurs tes torrens d'harmonie !
Tout cela je l'ai bu dans la coupe où je bois !
Dans le sang de mon cœur, dans le lait de ma mère,
Dans l'argile où du sort l'eau n'est pas moins amère
    Que les larmes des yeux des rois !

Crois-tu qu'en vieillissant sur ce globe des larmes,
Le mal ait émoussé la pointe de ses armes ;
Que le cœur du sujet soit d'un autre élément ;
Que la fibre royale ait une autre nature,
Et que notre humble chair sèche sous la torture
    Sans rendre de gémissement ?

III.

Non ! de tous ces grands cris j'ai parcouru la gamme,
De la plainte des sens jusqu'aux langueurs de l'âme ;
Chaque fibre de l'homme au cœur m'a palpité,
Comme un clavier touché d'une main lourde et forte
Dont la corde d'airain se tord, brisée et morte,
    Et que le doigt emporte
    Avec le cri jeté !

Pourquoi donc, sous mon souffle et sous mes doigts rebelles,
O harpe ! languis-tu comme un aiglon sans ailes ?
Tandis qu'un seul accord du barde d'Israël
Fait après deux mille ans dans les chœurs de nos fêtes
Ondoyer tout un peuple aux accens des prophètes,
    Flamboyer les tempêtes,
    Et se fendre le ciel ?

Ah ! c'est que la douleur et son brûlant délire
N'est pas le feu du temple et la clé de la lyre !
C'est que de tout foyer ton amour est le feu !
C'est qu'il t'aimait, Seigneur, sans mesure et sans doute,
Que son âme à tes pieds s'épanchait goutte à goutte,
    Et qu'on ne sait quand on l'écoute
S'il parle à son égal ou s'il chante à son Dieu !

Jamais l'amour divin qui soulève le monde
Comme l'astre des nuits des mers soulève l'onde,
Ne permit au limon où son image a lui
De s'approcher plus près pour contempler sa face,
Et de combler jamais d'une plus sainte audace
    L'immensurable espace
    De la poussière à lui !

IV.

    Louanges, élans, prières,
    Confidences familières,
    Battemens d'un cœur de feu ;
    Tout ce qu'amour à peine ose,
    Pieds qu'il presse et qu'il arrose,
    Front renversé qui repose
    Couché sur le sein de Dieu !

    Soupirs qui fendent les roches,
    Colères, tendres reproches,
    Sur un ingrat abandon ;
    Retours de l'âme égarée,
    Et qui revient altérée
    Baiser la main retirée,
    Sûre du divin pardon !

    Larmes que Dieu même essuie

A JÉRUSALEM.

Ruisselant comme une pluie
Sur qui son courroux s'abat;
Bruyant assaut de pensées,
Apostrophes plus pressées
Que mille flèches lancées
Par une armée au combat!

Toutes les tendres images
Des plus amoureux langages
Trop tièdes pour tant d'ardeurs!
De toute chose animée
Sur ses collines semée
La terre entière exprimée
Pour faire un faisceau d'odeurs!

Le lis noyé de rosée,
La perle des nuits posée
Sur les roses de Sârons;
L'ombre du jour sous la grotte,
L'eau qui filtre et qui sanglote,
La splendeur du ciel qui flotte
Sur l'aile des moucherons!

L'oiseau que la flèche frappe,
Qui vient becqueter la grappe
Dans les vignes d'Engaddi;
La cigale infatigable,
De l'homme émiettant la table;
Hymne vivant que le sable
Darde au rayon du midi!

Toutes les langueurs de l'âme;
Le cerf altéré qui brame
Pour l'eau que le désert boit,
L'agneau broutant les épines,
Le chameau sur les collines,

Le lézard dans les ruines,
Le passereau sur le toit!

La mendiante hirondelle,
Dont le vautour plume l'aile,
Brisée aux pieds de sa tour :
Sont la note tendre et triste
De la harpe du psalmiste
Par qui notre oreille assiste
A ces mystères d'amour.

V.

Aussi, tu le comblais de tes miséricordes;
Ton nom, ô Jéhova, sanctifiait ses cordes,
Sa prière à ta droite arrachait don sur don.
Il pouvait s'endormir dans d'impures mollesses,
Tu poursuivais son cœur, au fond de ses faiblesses,
    De ton impatient pardon !

Fautes, langueurs, oubli, défaillances, blasphème,
Adultères sanglans, trahisons, forfaits même,
Ta grâce couvrait tout du flux de tes bontés ;
Et comme l'Océan dévore son écume,
Son âme, engloutissant le mal qui la consume,
    Dévorait ses iniquités.

Quel crime n'eût lavé cette larme sonore
Qui tomba sur la lyre et qui résonne encore?
Tes pieds divins, Seigneur, en gardent la senteur!
Tu défendis aux vents d'en sécher nos visages,
Et tu dis aux vivans : Roulez-la dans les âges!
Humectez tous vos yeux, mouillez toutes vos pages
    Des larmes de mon serviteur!

Et la terre entendit l'ordre de Jéhova,
Et cette eau fut un fleuve où tout cœur se lava!

VI.

J'ai vu blanchir sur les collines
Les brèches du temple écroulé,
Comme une aire d'aigle en ruines
D'où l'aigle au ciel s'est envolé!
J'ai vu sa ville devenue
Un blanc monceau de cendre nue
Qui volait sous un vent de feu;
Et le guide des caravanes
Attacher le pied de ses ânes
Sur les traces du pied de Dieu.

Le chameau, las, baissant la tête
Pour s'abriter des cieux brûlans,
Dans le royaume du prophète
N'avait que l'ombre de ses flancs;
Siloé qui le désaltère
N'était qu'une sueur de terre
Suant sa malédiction,
Et l'Arabe en sa main grossière,
Ramassant un peu de poussière,
Se disait : C'est donc là Sion!...

Des fondemens de l'ancien temple
Un nouveau temple était sorti,
Que sous sa coupole plus ample
Un troisième avait englouti.
Trois dieux avaient vieilli ; leur culte
S'écroulant sur ce sol inculte,
S'était renouvelé trois fois,
Comme un tronc qui toujours végète

Brise son écorce et projette
De jeunes rameaux du vieux bois!

Le passereau sous la muraille
Dont le temps blanchit le granit,
Cherchait en vain le brin de paille
Pour bâtir seulement son nid!
On ne voyait que des colombes
Voler sur les turbans des tombes,
Et se cachant sous ses débris,
Quelques âmes contemplatives
Sortir leurs figures craintives
Par les fentes de leurs abris.

Sous les pas cette solitude
N'avait que des bruits creux et sourds,
Le désert avait l'attitude
Qu'il aura le dernier des jours!
Traînant les pieds, baissant la tête,
Je cherchais ta tombe, ô prophète!
Sous les ronces de ton palais,
Et je ne voyais que trois pierres,
Qu'un soleil dur à mes paupières,
Incendiait de ses reflets.

Tout à coup, au tocsin des heures
Qui sonnent l'adoration,
Sortit de ces mornes demeures
Ta voix souterraine, ô Sion!
Des hommes de tous les visages,
Des langues de tous les langages,
Venus des quatre vents du ciel,
Multipliant l'écho des psaumes,
Convoquèrent tous les royaumes
A la prière d'Israël!

A JÉRUSALEM.

Les tombes ouvrirent leur porte
Aux accens du barde des rois,
Le vent roula vers la mer Morte
L'écho triomphant de sa voix,
Le palmier secoua sa poudre,
Le ciel serein de foudre en foudre
Jeta le nom d'Adonaï,
L'aigle effrayé lâcha sa proie,
Et l'on vit palpiter de joie
Deux ailes sur le Sinaï.

VII.

Est-ce là mourir, ô prophète?
Quoi! pendant une éternité
Sentir le souffle qu'on lui prête
Respirer dans l'humanité!
Quoi! donner le vent de son âme
A toute chose qui s'enflamme!
Être le feu de cet encens!
Et partout où le jour se couche
Avoir son cri sur toute bouche,
Son accent dans tous les accens!

Est-ce là mourir? Non! c'est vivre,
Plus vivant dans le verbe écrit!
Par chaque œil qui s'ouvre au saint livre,
C'est multiplier son esprit!
C'est imprimer sa sainte trace
Sur chaque parcelle d'espace
Où peuvent prier deux genoux!
Et nous, bardes au vain délire,
Dont les doigts sèchent sur la lyre,
Dites-moi : Pourquoi mourrons-nous?

Ah! c'est que ta haute pensée,
Pur vase de délection,
N'était qu'une langue élancée
D'un foyer d'inspiration!
C'est que l'amour sous son extase
Donnait au parfum de ce vase
Leur sainte volatilité,
Et que partout où Dieu se pose
Il laisse à l'homme quelque chose
De sa propre immortalité!

XXII.

A M. LE COMTE DE VIRIEU

APRÈS LA MORT D'UN AMI COMMUN

LE BARON DE VIGNET

MORT A NAPLES EN 1838.

Aimons-nous! nos rangs s'éclaircissent,
Chaque heure emporte un sentiment;
Que nos pauvres âmes s'unissent
Et se serrent plus tendrement!

Aimons-nous! notre fleuve baisse;
De cette coupe d'amitié
Que se passait notre jeunesse,
Les bords sont vides à moitié!

Aimons-nous! notre beau soir tombe;
Le premier des deux endormi
Qui se couchera dans la tombe,
Laissera l'autre sans ami!

O Naples! sur ton cher rivage,
Lui, déjà ses yeux se sont clos,
Comme au lendemain d'un voyage;
Il a sa couche au bord des flots!

Son âme, harmonieux cantique,

Son âme, où les anges chantaient,
De sa tombe entend la musique
De ces mers qui nous enchantaient.

Comme un cygne à la plume noire,
Sa pensée aspirait au ciel,
Soit qu'enfant le sort l'eût fait boire
Quelque goutte amère de fiel,

Soit que d'infini trop avide,
Trop impatient du trépas,
Toute coupe lui parût vide
Tant que Dieu ne l'emplissait pas !

Il était né dans des jours sombres,
Dans une vallée au couchant,
Où la montagne aux grandes ombres
Verse la nuit en se penchant.

Les pins sonores de Savoie
Avaient secoué sur son front
Leur murmure, sa triste joie,
Et les ténèbres de leur tronc.

Ainsi que ces arbres sublimes,
Sur les Alpes multipliés,
Qui portent l'aube sur leurs cimes
En couvant la nuit à leurs piés,

Son âme nuageuse et sombre,
Trop haute pour ce vil séjour,
Laissant tout le reste dans l'ombre,
Du ciel seul recevait le jour !

Il aimait leurs mornes ténèbres

A M. LE COMTE DE VIRIEU.

Et leur muet recueillement,
Et du pin dans leurs nuits funèbres
L'âpre et sourd retentissement.

Il goûtait les soirs gris d'automne,
Les brouillards du vent balayés,
Et le peuplier monotone
Pleuvant feuille à feuille à ses piés.

Des lacs déserts de sa patrie
Son pas distrait cherchait les bords,
Et sa plaintive rêverie
Trouvait sa voix dans leurs accords.

Puis, comme le flot du rivage
Reprend ce qu'il avait roulé,
Son dédain effaçait la page
Où son génie avait coulé!

Toujours errant et solitaire,
Voyant tout à travers la mort,
De son pied il frappait la terre
Comme on pousse du pied le bord.

Et la terre a semblé l'entendre.
O mon Dieu! lasse avant le soir,
Reçois cette âme triste et tendre:
Elle a tant désiré s'asseoir!

Ames souffrantes d'où la vie
Fuit comme d'un vase fêlé,
Et qui ne gardent que la lie
Du calice de l'exilé.

Nous, absens de l'adieu suprême,

A M. LE COMTE DE VIRIEU.

Nous qu'il plaignit et qu'il a fui,
Quelle immense part de nous-même
Est ensevelie avec lui!

Combien de nos plus belles heures,
De tendres serremens de mains,
De rencontres sous nos demeures,
De pas perdus sur les chemins!

Combien de muettes pensées
Que nous échangions d'un regard,
D'âmes dans les âmes versées,
De recueillemens à l'écart!

Que de rêves éclos en foule
De ce que l'âge a de plus beau,
Le pied du passant qui le foule
Presse avec lui sur son tombeau!

Ainsi nous mourons feuille à feuille,
Nos rameaux jonchent le sentier;
Et quand vient la main qui nous cueille,
Qui de nous survit tout entier?

Ces contemporains de nos âmes,
Ces mains qu'enchaînait notre main,
Ces frères, ces amis, ces femmes,
Nous abandonnent en chemin.

A ce chœur joyeux de la route
Qui commençait à tant de voix,
Chaque fois que l'oreille écoute
Une voix manque chaque fois.

Chaque jour l'hymne recommence

A M. LE COMTE DE VIRIEU.

Plus faible et plus triste à noter :
Hélas ! c'est qu'à chaque distance
Un cœur cesse de palpiter.

Ainsi, dans la forêt voisine,
Où nous allions près de l'enclos,
Des cris d'une voix enfantine
Éveiller des milliers d'échos,

Si l'homme, jaloux de leur cime,
Met la cognée au pied des troncs,
A chaque chêne qu'il décime
Une voix tombe avec leurs fronts ;

Il en reste un ou deux encore,
Nous retournons au bord du bois
Savoir si le débris sonore
Multiplie encor notre voix.

L'écho décimé d'arbre en arbre,
Nous jette à peine un dernier cri,
Le bûcheron au cœur de marbre
L'abat dans son dernier abri.

Adieu les voix de notre enfance,
Adieu l'ombre de nos beaux jours ;
La vie est un morne silence
Où le cœur appelle toujours !

XXIII.

VERS

ÉCRITS DANS LA CHAMBRE DE J.-J. ROUSSEAU

A L'ERMITAGE.

———

A l'Ermitage de J.-J. Rousseau, le 7 juin 1833.

Toi, dont le siècle encore agite la mémoire,
Pourquoi dors-tu si loin de ton lac, ô Rousseau?
Un abîme de bruit, de malheur et de gloire,
Devait-il séparer ta tombe et ton berceau?

De ce frais ermitage aux coteaux des Charmettes,
Par quels rudes sentiers ton destin t'a conduit?
Hélas! la terre ainsi traîne tous ses poëtes
De leur berceau de paix à leur tombeau de bruit.

O forêt de Saint-Point! oh! cachez mieux ma cendre!
Sous le chêne natal de mon obscur vallon,
Que l'écho de ma vie y soit tranquille et tendre;
Ah! c'est assez d'un cœur pour enfermer un nom.

XXIV.

UTOPIE.

A M. BOUCHARD*.

Saint-Point, 21 et 22 août 1837.

« *Enfant des mers, ne vois-tu rien là-bas ?* »

Frère ! ce que je vois, oserai-je le dire,
Pour notre âge avancé, raisonner c'est prédire ;
Il ne faut pas gravir un foudroyant sommet,
Voir sécher ou fleurir la verge du prophète,
Des cornes du bélier diviniser sa tête,
Ni passer sur la flamme au vent de la tempête
      Le pont d'acier de Mahomet.

Il faut plonger ses sens dans le grand sens du monde ;
Qu'avec l'esprit des temps notre esprit s'y confonde !
En palper chaque artère et chaque battement,
Avec l'humanité s'unir par chaque pore,

---

* M. Bouchard, jeune poëte de grande espérance et de haute philosophie, avait adressé à l'auteur une ode sur l'avenir politique du monde, dont chaque strophe finissait par ce vers :

    Enfant des mers, ne vois-tu rien là-bas ?

Cette ode et une autre pièce de vers adressée par M. Bouchard à M. de Lamartine, sur son voyage en Orient, ont été ajoutées à ce volume par l'éditeur.

Comme un fruit qu'en ses flancs la mère porte encore,
Qui vivant de sa vie éprouve avant d'éclore
  Son plus obscur tressaillement!

Oh! qu'il a tressailli, ce sein de notre mère!
Depuis que nous vivons, nous son germe éphémère,
Nous, parcelle sans poids de sa vaste unité,
Quelle main créatrice a touché ses entrailles?
De quel enfantement, ô Dieu! tu la travailles!
Et toi, race d'Adam, de quels coups tu tressailles
  Aux efforts de l'humanité!

Est-ce un stérile amour de sa décrépitude?
Un monstrueux hymen qu'accouple l'habitude?
Embryon avorté du doute et du néant!
Est-ce un germe fécond de jeunesse éternelle
Que pour éclore à temps l'amour couvait en elle,
Et qui doit en naissant suspendre à sa mamelle
  L'homme dieu d'un monde géant?

Frère du même lait, que veux-tu que je dise?
Que suis-je à ses destins, pour que je les prédise?
Moi qui sais sourdement que son sein a gémi!
Moi qui ne vois de jour que celui qu'elle allume,
Moi qu'un atome ombrage et qu'un éclair consume,
Et qui sens seulement au frisson de ma plume
  Que l'onde où je nage a frémi!

Écoute, cependant! Il est dans la nature
Je ne sais quelle voix sourde, profonde, obscure,
Et qui révèle à tous ce que nul n'a conçu.
Instinct mystérieux d'une âme collective,
Qui pressent la lumière avant que l'aube arrive,
Lit au livre infini sans que le doigt écrive,
  Et prophétise à son insu!

UTOPIE.

C'est l'aveugle penchant des vagues oppressées
Qui reviennent sans fin, de leur lit élancées,
Battre le roc miné de leur flux écumant,
C'est la force du poids qui dans le corps gravite,
La sourde impulsion des astres dans l'orbite,
Ou sur l'axe de fer l'aiguille qui palpite
      Vers les pôles où dort l'aimant!

C'est l'éternel soupir qu'on appelle chimère,
Cette aspiration qui prouve une atmosphère,
Ce dégoût du connu, cette soif du nouveau,
Qui semblent condamner la race qui se lève
A faire un marchepied de ce que l'autre achève,
Jusqu'à ce qu'au niveau des astres qu'elle rêve
      Son monde ait porté son niveau !

Il se trompe, dis-tu. Quoi donc! se trompe-t-elle
L'eau qui se précipite où sa pente l'appelle ?
Se trompe-t-il le sein qui bat pour respirer,
L'air qui veut s'élever, le poids qui veut descendre,
Le feu qui veut brûler tant que tout n'est pas cendre,
Et l'esprit que Dieu fit sans bornes pour comprendre,
      Et sans bornes pour espérer ?

Élargissez, mortels, vos âmes rétrécies!
O siècle! vos besoins ce sont vos prophéties!
Votre cri de Dieu même est l'infaillible voix !
Quel mouvement sans but agite la nature ?
Le possible est un mot qui grandit à mesure,
Et le temps qui s'enfuit vers la race future
      A déjà fait ce que je vois...

UTOPIE.

La mer dont les flots sont les âges,
Dont les bords sont l'éternité,
Voit fourmiller sur ses rivages
Une innombrable humanité !
Ce n'est plus la race grossière
Marchant, les yeux vers la poussière,
Disputant l'herbe aux moucherons :
C'est une noble et sainte engeance
Où tout porte l'intelligence
Ainsi qu'un diadème aux fronts.

Semblables aux troupeaux serviles
Sur leurs pailles d'infections,
Ils ne vivent pas dans des villes,
Ces étables des nations ;
Sur les collines et les plaines,
L'été, comme des ruches pleines,
Les essaims en groupe pareil,
Sans que l'un à l'autre l'envie,
Chacun a son arpent de vie
Et sa large place au soleil.

Les élémens de la nature,
Par l'esprit enfin surmontés,
Lui prodiguant la nourriture
Sous l'effort qui les a domptés,
Les nobles sueurs de sa joue
Ne vont plus détremper la boue
Que sa main doit ensemencer,
La sainte loi du labeur change,
Son esprit a vaincu la fange,
Et son travail est de penser.

Il pense, et de l'intelligence
Les prodiges multipliés

Lui font de distance en distance
Fouler l'impossible à ses piés.
Nul ne sait combien de lumière
Peut contenir notre paupière,
Ni ce que de Dieu tient la main,
Ni combien de mondes d'idées,
L'une de l'autre dévidées,
Peut contenir l'esprit humain.

Elle a balayé tous les doutes
Celle qu'en feux le ciel écrit,
Celle qui les éclaire toutes :
L'homme adore et croit en esprit.
Minarets, pagodes et dômes
Sont écroulés sur leurs fantômes,
Et l'homme, de ces dieux vainqueur,
Sous tous ces temples en poussière,
N'a ramassé que la prière
Pour la transvaser dans son cœur !

Un seul culte enchaîne le monde
Que vivifie un seul amour :
Son dogme où la lumière abonde,
N'est qu'un évangile au grand jour ;
Sa foi, sans ombre et sans emblème,
Astre éternel que Dieu lui-même
Fait grandir sur notre horizon,
N'est que l'image immense et pure
Que le miroir de la nature
Fait rayonner dans la raison.

C'est le verbe pur du Calvaire,
Non tel qu'en terrestres accens
L'écho lointain du sanctuaire
En laissa fuir le divin sens,
Mais, tel qu'en ses veilles divines

Le front du couronné d'épines
S'illuminait d'un jour soudain :
Ciel incarné dans la parole,
Dieu dont chaque homme est le symbole,
Le songe du Christ au jardin !

Cette loi qui dit à tous « Frère »,
A brisé ces divisions
Qui séparaient les fils du père
En royaumes et nations.
Semblable au métal de Corinthe
Qui, perdant la forme et l'empreinte
Du sol ou du rocher natal
Quand sa lave fut refroidie,
Au creuset du grand incendie
Fut fondu dans un seul métal !

Votre tête est découronnée,
Rois, césars, tyrans, dieux mortels
A qui la terre prosternée
Dressait des trônes pour autels.
Quand l'égalité fut bannie,
L'homme inventa la tyrannie
Pour qu'un seul exprimât ses droits;
Mais au jour de Dieu qui se lève
Le sceptre tombe sur le glaive,
Nul n'est esclave, et tous sont rois !...

La guerre, ce grand suicide,
Ce meurtre impie à mille bras,
Ne féconde plus d'homicide
Ce sol engraissé de trépas.
Leur soif de morts est assouvie :
Sève de pourpre de la vie,
L'homme a sacré le sang humain;
Il sait que Dieu compte ses gouttes,

UTOPIE.

Et vengeur les retrouve toutes
Ou dans la veine... ou sur la main !

Avec les erreurs et les vices
S'engendrant éternellement,
Toutes les passions factices
Sont mortes faute d'aliment.
Pour élargir son héritage
L'homme ne met plus en otage
Ses services contre de l'or;
Serviteur libre et volontaire,
Une demande est son salaire
Et le bienfait est son trésor.

L'égoïsme, étroite pensée,
Qui hait tout pour n'adorer qu'un,
Maudit son erreur insensée,
Et jouit du bonheur commun;
Au lieu de resserrer son âme,
L'homme immense en étend la trame
Aussi loin que l'humanité,
Et, sûr de grandir avec elle,
Répand sa vie universelle
Dans l'indivisible unité !

. . . .
. . . .

―――

« Oh ! dis-tu, si ton âme a vu toutes ces choses,
« Si l'humanité marche à ces apothéoses,
« Comment languir si loin ? comment croupir si bas ?
« Comment, rentrant au cœur sa colère indignée,
« Suivre dans ses sillons la brute résignée
« Et ne pas soulever la hache et la cognée
  « Pour lui faire presser ses pas ?

« Honte à nous! honte à toi, faible et timide athlète!
« Allume au ciel ta torche! » Ami, dit le poëte,
Nul ne peut retenir, ni briser les instans;
Dieu, qui dans ses trésors, les puise en abondance,
Pour ses desseins cachés, les presse ou les condense;
Les hâter c'est vouloir hâter sa Providence :
   Les pas de Dieu sont ceux du temps!

Eh! que sert de courir dans la marche sans terme?
Le premier, le dernier, qu'on l'ouvre ou qu'on la ferme,
La mort nous trouve tous et toujours en chemin!
Le paresseux s'assied, l'impatient devance,
Le sage, sur la route où le siècle s'avance,
Marche avec la colonne au but qu'il voit d'avance,
   Au pas réglé du genre humain!

Il est dans les accès des fièvres politiques
Deux natures sans paix de cœurs antipathiques;
Ceux-là dans le roulis, niant le mouvement,
Pour végétation prenant la pourriture,
A l'immobilité condamnant la nature,
Et mesurant, haineux, à leur courte ceinture
   Son gigantesque accroissement!

Ceux-ci voyant plus loin sur un pied qui se dresse,
Buvant la vérité jusqu'à l'ardente ivresse,
Mêlant au jour divin l'éclair des passions,
Voudraient pouvoir ravir l'étincelle à la foudre,
Et que le monde entier fût un monceau de poudre,
Pour faire d'un seul coup tout éclater en poudre,
   Lois, autels, trônes, nations!

Nous, amis! qui plus haut fondons nos confiances,
Marchons au but certain sans ces impatiences :
La colère consume et n'illumine pas;
La chaste vérité n'engendre pas la haine.

UTOPIE.

Si quelque vil débris barre la voie humaine,
Écartons de la main l'obstacle qui la gêne,
  Sans fouler un pied sous nos pas!

Dieu saura bien sans nous accomplir sa pensée.
Son front dort-il jamais sur l'œuvre commencée?
Homme! quand il attend, pourquoi t'agites-tu?
Quel trait s'est émoussé sur le but qu'il ajuste?
N'étendons pas le Temps sur le lit de Procuste!
La résignation est la force du juste!
  La patience est sa vertu!

Ne devançons donc pas le lever des idées,
Ne nous irritons pas des heures retardées,
Ne nous enfermons pas dans l'orgueil de nos lois!
Du poids de son fardeau, si l'humanité plie,
Prêtons à son rocher notre épaule meurtrie,
Servons l'humanité, le siècle, la patrie :
  Vivre en tous c'est vivre cent fois!

C'est vivre en Dieu, c'est vivre avec l'immense vie
Qu'avec l'être et les temps sa vertu multiplie,
Rayonnement lointain de sa divinité!
C'est tout porter en soi comme l'âme suprême,
Qui sent dans ce qui vit et vit dans ce qu'elle aime,
Et d'un seul point du temps c'est se fondre soi-même
  Dans l'universelle unité!

Ainsi quand le navire aux épaisses murailles
Qui porte un peuple entier, bercé dans ses entrailles,
Sillonne au point du jour l'océan sans chemin,
L'astronome chargé d'orienter la voile
Monte au sommet des mâts où palpite la toile,
Et promenant ses yeux de la vague à l'étoile,
  Se dit : Nous serons là demain!

Puis quand il a tracé sa route sur la dune
Et de ses compagnons présagé la fortune,
Voyant dans sa pensée un rivage surgir,
Il descend sur le pont où l'équipage roule,
Met la main au cordage et lutte avec la houle :
Il faut se séparer, pour penser, de la foule,
    Et s'y confondre pour agir !

XXV.

LA FEMME.

A M. DECAISNE,

APRÈS AVOIR VU SON TABLEAU DE LA CHARITÉ.

———

Paris, 10 décembre 1838.

O femme! éclair vivant dont l'éclat me renverse!
O vase de splendeur qu'un jour de Dieu transperce!
Pourquoi nos yeux ravis fondent-ils sous les tiens!
Pourquoi mon âme en vain sous sa main comprimée
S'élance-t-elle à toi comme une aigle enflammée
Dont le feu du bûcher a brisé les liens?

Déjà l'hiver blanchit les sommets de ma vie
Sur la route au tombeau que mes pieds ont suivie;
Ah! j'ai derrière moi bien des nuits et des jours!
Un regard de quinze ans, s'il y daignait descendre,
Dans mon cœur consumé, ne remûrait que cendre,
Cendre de passions qui palpitent toujours!

Je devrais détourner mon cœur de leur visage,
Me ranger en baissant les yeux sur leur passage,
Et regarder de loin ces fronts éblouissans,

Comme l'on voit monter de leur urne fermée
Les vagues du parfum et de sainte fumée
Dont les enfans de chœur vont respirer l'encens !

Je devrais contempler avec indifférence
Ces vierges, du printemps rayonnante espérance,
Comme l'on voit passer sans regret et sans pleurs,
Au bord d'un fleuve assis, ces vagues fugitives
Dont le courant rapide emporte à d'autres rives
Des flots où des amans ont effeuillé des fleurs !

Cependant plus la vie au soleil s'évapore,
O filles de l'Éden ! et plus on vous adore !
L'odeur de vos soupirs nous parfume les vents !
Et même quand l'hiver de vos grâces nous sèvre,
Non ! ce n'est pas de l'air qu'aspire votre lèvre :
L'air que vous respirez, c'est l'âme des vivans !

Car l'homme éclos un jour d'un baiser de ta bouche,
Cet homme dont ton cœur fut la première couche,
Se souvient à jamais de son nid réchauffant,
Du souffle où de sa vie il puisa l'étincelle,
Des étreintes d'amour au creux de ton aisselle,
Et du baiser fermant sa paupière d'enfant !

Mais si tout regard d'homme à ton visage aspire,
Ce n'est pas seulement parce que ton sourire
Embaume sur tes dents l'air qu'il fait palpiter,
Que sous le noir rideau des paupières baissées
On voit l'ombre des cils recueillir des pensées,
Où notre âme s'envole et voudrait habiter ;

Ce n'est pas seulement parce que de sa tête
La lumière glissant, sans qu'un angle l'arrête,
Sur l'ondulation de tes membres polis,
T'enveloppe d'en haut dans ses rayons de soie

LA FEMME.

Comme une robe d'air et de jour qui te noie
Dans l'éther lumineux d'un vêtement sans plis !

Ce n'est pas seulement parce que tu déplies
Voluptueusement ces bras dont tu nous lies,
Chaîne qui d'un seul cœur réunit les deux parts,
Que ton cou de ramier sur l'aile se renverse,
Et que s'enfle à ton sein cette coupe qui verse
Le nectar à la bouche et l'ivresse aux regards !

Mais c'est que le Seigneur, ô belle créature !
Fit de toi le foyer des feux de la nature,
Que par toi tout amour a son pressentiment,
Que toutes voluptés dont le vrai nom est femme,
Traversent ton beau corps ou passent par ton âme,
Comme toutes clartés tombent du firmament !

Cette chaleur du ciel, dont ton sein surabonde,
A deux rayonnemens pour embraser le monde
Selon que son foyer fait ondoyer son feu ;
Lorsque sur un seul cœur ton âme le condense,
L'homme est roi, c'est l'amour ! Il devient providence
Quand il s'épand sur tous et rejaillit vers Dieu.

Alors on voit l'enfant renversé sur ta hanche,
Effeuiller le bouton que ta mamelle penche,
Comme un agneau qui joue avec le flot qu'il boit ;
L'adolescent qu'un geste à tes genoux rappelle,
Suivre de la pensée au livre qu'il épelle
La sagesse enfantine écrite sous tes doigts !

L'orphelin se cacher dans les plis de ta robe,
L'indigent savourer le regard qu'il dérobe,
Le vieillard à tes pieds s'asseoir à ton soleil,
Le mourant dans son lit retourné sans secousse

Sur ce bras de la femme où la mort même est douce,
S'endormir dans ce sein qu'il pressait au réveil !

Amour et charité, même nom dont on nomme
La pitié du Très-Haut et l'extase de l'homme !
Oui ! tu les a compris, peintre aux langues de feu !
La beauté sous ta main, par un double mystère,
Unit ces deux amours du ciel et de la terre.
Ah ! gardons l'un pour l'homme, et brûlons l'autre à Dieu.

XXVI.

LA CLOCHE DU VILLAGE.

Oh! quand cette humble cloche à la lente volée
Épand comme un soupir sa voix sur la vallée,
Voix qu'arrête si près le bois ou le ravin,
Quand la main d'un enfant qui balance cette urne
En verse à sons pieux dans la brise nocturne
      Ce que la terre a de divin!

Quand du clocher vibrant l'hirondelle habitante
S'envole au vent d'airain qui fait trembler sa tente,
Et de l'étang ridé vient effleurer les bords,
Ou qu'à la fin du fil qui chargeait sa quenouille
La veuve du village, à ce bruit s'agenouille
      Pour donner leur aumône aux morts :

Ce qu'éveille en mon sein le chant du toit sonore
Ce n'est pas la gaîté du jour qui vient d'éclore,
Ce n'est pas le regret du jour qui va finir,
Ce n'est pas le tableau de mes fraîches années
Croissant sur ces coteaux parmi ces fleurs fanées
      Qu'effeuille encor mon souvenir;

Ce n'est pas mes sommeils d'enfant sous ces platanes,
Ni ces premiers élans du jeu de mes organes,
Ni mes pas égarés sur ces rudes sommets,
Ni ces grands cris de joie en aspirant vos vagues
O brises du matin pleines de saveurs vagues
      Et qu'on croit n'épuiser jamais!

LA CLOCHE DU VILLAGE.

Ce n'est pas le coursier atteint dans la prairie,
Pliant son cou soyeux sous ma main aguerrie
Et mêlant sa crinière à mes beaux cheveux blonds,
Quand le sol sous ses pieds sonnant comme une enclume
Sa croupe m'emportait et que sa blanche écume
  Argentait l'herbe des vallons!

Ce n'est pas même, amour! ton premier crépuscule,
Au mois où du printemps la sève qui circule
Fait fleurir la pensée et verdir le buisson,
Quand l'ombre où seulement les jeunes voix lointaines
Des vierges rapportant leurs cruches des fontaines
  Laissaient sur ma tempe un frisson.

Ce n'est pas vous non plus, vous que pourtant je pleure,
Premier bouillonnement de l'onde intérieure,
Voix du cœur qui chantait en s'éveillant en moi,
Mélodieux murmure embaumé d'ambroisie
Qui fait rendre à sa source un vent de poésie!...
  O gloire, c'est encor moins toi!

De mes jours sans regret que l'hiver vous remporte
Avec le chaume vide, avec la feuille morte,
Avec la renommée, écho vide et moqueur!
Ces herbes du sentier sont des plantes divines
Qui parfument les pieds; oui! mais dont les racines
  Ne s'enfoncent pas dans le cœur!

Guirlandes du festin que pour un soir on cueille,
Que la haine empoisonne ou que l'envie effeuille,
Dont vingt fois sous les mains la couronne se rompt,
Qui donnent à la vie un moment de vertige,
Mais dont la fleur d'emprunt ne tient pas à la tige
  Et qui sèche en tombant du front.

LA CLOCHE DU VILLAGE.

C'est le jour où ta voix dans la vallée en larmes
Sonnait le désespoir après le glas d'alarmes,
Où deux cercueils passant sous les coteaux en deuil,
Et bercés sur des cœurs par des sanglots de femmes,
Dans un double sépulcre enfermèrent trois âmes
  Et m'oublièrent sur le seuil !

De l'aurore à la nuit, de la nuit à l'aurore,
O cloche ! tu pleuras comme je pleure encore,
Imitant de nos cœurs le sanglot étouffant ;
L'air, le ciel, résonnaient de ta complainte amère,
Comme si chaque étoile avait perdu sa mère
  Et chaque brise son enfant !

Depuis ce jour suprême où ta sainte harmonie
Dans ma mémoire en deuil à ma peine est unie,
Où ton timbre et mon cœur n'eurent qu'un même son,
Oui ! ton bronze sonore et trempé dans la flamme,
Me semble, quand il pleure, un morceau de mon âme
  Qu'un ange frappe à l'unisson !

Je dors lorsque tu dors, je veille quand tu veilles,
Ton glas est un ami qu'attendent mes oreilles ;
Entre la voix des tours je démêle ta voix,
Et ta vibration encore en moi résonne
Quand l'insensible bruit qu'un moucheron bourdonne
  Te couvre déjà sous les bois !

Je me dis : Ce soupir mélancolique et vague
Que l'air profond des nuits roule de vague en vague,
Ah ! c'est moi, pour moi seul, là-haut retentissant !
Je sais ce qu'il me dit, il sait ce que je pense,
Et le vent qui l'ignore, à travers ce silence,
  M'apporte un sympathique accent.

Je me dis : Cet écho de ce bronze qui vibre,

Avant de m'arriver au cœur de fibre en fibre,
A frémi sur la dalle où tout mon passé dort ;
Du timbre du vieux dôme il garde quelque chose ;
La pierre du sépulcre où mon amour repose
    Sonne aussi dans ce doux accord !

———

Ne t'étonne donc pas, enfant, si ma pensée,
Au branle de l'airain secrètement bercée,
Aime sa voix mystique et fidèle au trépas,
Si dès le premier son qui gémit sous sa voûte,
Sur un pied suspendu, je m'arrête et j'écoute
    Ce que la mort me dit tout bas.

Et toi, saint porte-voix des tristesses humaines
Que la terre inventa pour mieux crier ses peines,
Chante ! des cœurs brisés le timbre est encor beau !
Que ton gémissement donne une âme à la pierre,
Des larmes aux yeux secs, un signe à la prière,
    Une mélodie au tombeau !

———

Moi, quand des laboureurs porteront dans ma bière
Le peu qui doit rester ici de ma poussière ;
Après tant de soupirs que mon sein lance ailleurs,
Quand des pleureurs gagés, froide et banale escorte,
Déposeront mon corps endormi sous la porte
    Qui mène à des soleils meilleurs,

Si quelque main pieuse en mon honneur te sonne,
Des sanglots de l'airain, oh ! n'attriste personne,
Ne va pas mendier des pleurs à l'horizon,
Mais prends ta voix de fête et sonne sur ma tombe

LA CLOCHE DU VILLAGE.

Avec le bruit joyeux d'une chaîne qui tombe
    Au seuil libre d'une prison !

Ou chante un air semblable au cri de l'alouette
Qui s'élevant du chaume où la bise la fouette,
Dresse à l'aube du jour son vol mélodieux,
Et gazouille ces chants qui font taire d'envie
Ses rivaux attachés aux ronces de la vie
    Et qui se perd au fond des cieux !

ENVOI.

Mais sonne avant ce jour, sonne doucement l'heure
Où quelque barde ami, dans mon humble demeure,
Vient de mon cœur malade éclairer le long deuil,
Et me laisse en partant, charitable dictame,
Deux gouttes du parfum qui coule de son âme
    Pour embaumer longtemps mon seuil.

XXVII.

A MON AMI AIMÉ MARTIN,

SUR SA BIBLIOTHÈQUE.

Paris, 27 mars 1840.

O philosophe, ô solitaire
Sur la montagne retiré,
Qui répands de là sur la terre
La chaleur d'un cœur inspiré !

Quand je m'asseois dans ces retraites
Pleines de générations,
Où tu ranges sur deux tablettes
La sagesse des nations ;

Dans ces catacombes des âges,
En un volume reliés,
Quand je vois dans deux ou trois pages
Tenir cent peuples oubliés ;

Quand je vois ces feuilles lancées
Aux vents par le temps ennemi,
Cette poussière de pensées
Que le ver broie à la fourmi ;

A MON AMI AIMÉ MARTIN.

Quand je vois ces lettres qu'efface
Au regard le texte incertain,
S'évanouir comme la trace
Du voyageur dans un lointain,

Je dis dans mon orgueil qui doute
Sur tant d'orgueil enseveli :
Quoi ! je serai donc une goutte
De ce grand océan d'oubli ?

Le comble de mes destinées
Sera qu'à mille ans parvenu,
Des langues qui ne sont pas nées
Épellent mon nom inconnu ;

Que dans un coin de sa mémoire
Un œil curieux du néant
Range ma poussière de gloire,
Jeu d'osselets du fainéant ;

Que l'oiseau porte à sa couvée,
Avec les brins du papyrus,
Quelque syllabe retrouvée
De mes *Monumens* disparus.

Graver ses pas sur cette arène,
A ce lointain jeter sa voix,
Être immortel, folie humaine,
Ah ! ce n'est que mourir deux fois !

Ne remplaçons pas par nos pages
Ces pages que nous balayons ;
Car Dieu fit la langue des sages
De deux mots : Aimons et prions !

XXVIII.

A M. BEAUCHESNE.

Si tu cherches la paix et l'abri pour ton rêve,
Pourquoi bâtir ton nid si près du grand écueil?
J'aime mieux la maison du pêcheur sur la grève,
Dont la vague en hurlant vient caresser le seuil.

J'aime mieux la maison du pâtre sous la neige
D'une alpe qui blanchit sous un soleil levant,
Où l'on entend sonner le givre qui l'assiége
Dont la solive craque et tremble aux coups du vent.

J'aime mieux cet esquif, maison frêle et flottante
De ces navigateurs étrangers en tout lieu,
Que ces palais minés moins stables qu'une tente,
Où le bruit des humains couvre ces bruits de Dieu!

XXIX.

A REGALDI.

Tes vers jaillissent, les miens coulent :
Dieu leur fit un lit différent ;
Les miens dorment et les tiens roulent.
Je suis le lac, toi le torrent !

NOTE DE L'ÉDITEUR.

Les deux Odes qui suivent sont celles auxquelles répond M. de Lamartine dans la pièce intitulée *Utopie*.

L'AVENIR POLITIQUE EN 1837.

A M. DE LAMARTINE

PAR M. BOUCHARD.

Comme un vaisseau qui marche sans boussole,
L'humanité flotte au sein de la nuit,
Cherchant des yeux le phare qui console
A l'horizon où nul flambeau ne luit ;
Et l'équipage épouvanté, répète
Au mousse assis à la pointe des mâts :
Toi dont l'œil perce à travers la tempête,
Enfant des mers, ne vois-tu rien là-bas ?

Interrompant la chanson qu'il commence,
Le mousse alors répond au matelot :
Je ne vois rien qu'un océan immense
Où chaque siècle est perdu comme un flot ;
Gouffre sans fond qu'un ciel d'airain surplombe,
Tombeau des mois, des cités, des états.
— L'arche du monde attend une colombe ;
Enfant des mers, ne vois-tu rien là-bas ?

— Je vois au loin lutter contre l'orage
Sur un radeau d'infortunés proscrits,
Lambeaux sacrés d'un immortel naufrage,
De la Pologne héroïques débris ;

Peuple qui vient, la poitrine meurtrie,
A nos foyers raconter ses combats.
— Aux exilés Dieu rendra la patrie !
Enfant des mers, ne vois-tu rien là-bas ?

— Je vois le Nord fondre comme un corsaire
Sur l'Orient, vieillard sans avenir,
Qui dans le sang du fougueux janissaire
Baigna ses pieds et crut se rajeunir.
— Quel bruit semblable à la foudre qui roule
A notre oreille éclate avec fracas ?
— Sur l'Alcoran c'est le sérail qui croule.
—Enfant des mers, ne vois-tu rien là-bas ?

— Je vois encore une terre féconde,
Où l'oranger fleurit près des jasmins,
Terre d'amour qu'un soleil pur inonde
Et que ses fils déchirent de leurs mains.
C'est le démon de la discorde infâme.,.
Mais Dieu sur lui vient d'étendre son bras :
Il tombe et meurt sous les pieds d'une femme.
—Enfant des mers, ne vois-tu rien là-bas ?

Quels sont ces bords ? — C'est la belle Ausonie ;
De l'étranger j'y vois fumer les camps :
Le despotisme enchaîne son génie,
Et dort tranquille au pied de ses volcans.
Mais le Vésuve, indigné d'être esclave,
Brise ses flancs et vomit des soldats :
La liberté bouillonne dans sa lave..
— Enfant des mers, ne vois-tu rien là-bas ?

D'un monde usé pourquoi parler sans cesse ?
Signale-nous ce monde généreux,
Frais d'avenir, d'amour et de jeunesse,
Des cœurs aimans doux espoir, rêve heureux.

Mille parfums enivrent cette terre :
Des fruits partout! des fleurs à chaque pas!
De l'avenir, toi qui sais le mystère,
Enfant des mers, ne vois-tu rien là-bas?

— Oui, le voilà! je l'entrevois dans l'ombre ;
Nul pas humain n'a profané ses bords :
Courage, amis! en vain la nuit est sombre,
En vain l'éclair embrase nos sabords.
De ce vieux monde oublions les mensonges,
Les noirs fléaux et les soleils ingrats :
Dieu va semer le bonheur sur nos songes.
Marchons toujours, le bonheur est là-bas.

Ainsi toujours sur la mer éternelle
L'humanité promène un œil hagard :
Ce jeune mousse, ardente sentinelle,
C'est toi, poëte au dévorant regard.
Quand l'équipage à genoux pleure et prie,
Quand matelots et pilote sont las,
Prophète aimé, Dieu par ta voix leur crie :
Marchez toujours! le bonheur est là-bas!

A M. DE LAMARTINE

SUR SON VOYAGE EN ORIENT EN 1833,

PAR M. BOUCHARD.

Sous le vent frais qui déroulait sa voile
Il est parti vers ces bords éclatans,
Terre promise où brille son étoile
Et que son âme espéra si longtemps.
Brise des mers, sois douce et parfumée !
Flots, calmez-vous ; ciel, sois toujours serein !
Reverdissez, cèdres de l'Idumée ;
Dieu soit en aide au pieux pèlerin !

Sur cette Grèce au brûlant territoire
Jette, ô poëte, un rayon d'avenir.
Là, chaque pierre est un feuillet d'histoire ;
Là, chaque pas presse un grand souvenir.
On reconnaît les descendans d'Alcide
Dans son vieux klephte et son brave marin :
Des champs d'Argos aux monts de la Phocide,
Dieu soit en aide au pieux pèlerin !

Ta mission dans les cieux est écrite :
Cours promener ta vie aux rêves d'or
Dans ces déserts où l'Arabe s'abrite
Aux sphinx de Thèbe, au palais de Luxor.
Tu rediras, en voyant sous le sable
Ces dieux, géans de granit et d'airain :

Vous seul, Seigneur, êtes impérissable !
Dieu soit en aide au pieux pèlerin !

Transports sacrés, religieux délire,
Enthousiasme, aigle aux ailes de feu,
Électrisez le croisé de la lyre
Dans la Sion où souffrit l'homme-Dieu.
Écho du ciel, ton hymne va descendre
Sur cette veuve au front pâle et chagrin :
Jérusalem va secouer sa cendre.
Dieu soit en aide au pieux pèlerin !

Tu les verras, ces rivages d'Asie
Que l'œil compare à des jardins flottans,
Où tout est fleurs, lumière et poésie,
Où le zéphyr éternise un printemps ;
Et la Stamboul, reine aux mille coupoles,
Sous le soleil éblouissant écrin :
Mon cœur te suit aux bords où tu t'envoles.
Dieu soit en aide au pieux pèlerin !

Va, jeune cygne à l'accent prophétique,
Va sous le ciel d'un monde plus riant,
Pour agrandir ton essor poétique,
Tremper ton aile aux parfums d'Orient ;
Puis verse-nous ces trésors d'harmonie
Qu'attend ma muse au modeste refrain ;
Dieu que j'implore a béni ton génie ;
Dieu soit en aide au pieux pèlerin !

FIN DU TOME TROISIÈME.

TABLE

DU TOME TROISIÈME.

	Pages.
A Maria-Anna-Éliza.	3
Avertissement de la première édition.	5
Post-scriptum des nouvelles éditions.	11
Nouvelle préface.	13

JOCELYN.

ÉPISODE.

Prologue.	23
Première époque.	29
Deuxième époque.	47
Troisième époque.	73
Quatrième époque.	107
Cinquième époque.	149
Sixième époque.	177
Lettre à sa sœur.	187
Suite de la lettre à sa sœur.	194
Suite des lettres à sa sœur.	197
Suite des lettres à sa sœur.	198
Septième époque.	203
Huitième époque.	217
Stances à Laurence.	228
Neuvième époque.	235
Les Laboureurs.	244
Épilogue.	297
Nouvel Épilogue.	303

TABLE DES MATIÈRES.

Des Devoirs civils du curé. 313

Vers improvisés à la Grande-Chartreuse. 321

A M. A. de Lamartine, après la lecture de son poëme de Jocelyn, par M. Jules de Rességuier. 323

Réponse de M. A. de Lamartine à M. Jules de Rességuier. 325

RECUEILLEMENS POÉTIQUES.

Lettre à M. Léon Bruys d'Ouilly, servant de préface. 329
I. — Cantique sur la mort de madame la duchesse de Broglie. . . . 344
II. — A une jeune fille qui pleurait sa mère. 351
III. — A M. de Genoude, sur son ordination. 352
IV. — A madame ***, qui fondait une salle d'asile. 357
V. — A M. Wap, poëte hollandais, en réponse à une ode adressée à l'auteur sur la mort de sa fille. 358
VI. — A madame la duchesse de R***, sur son album. 363
VII. — A une jeune Moldave. 365
VIII. — Réponse à un curé de campagne. 367
IX. — Amitié de femme. A madame L***, sur son album.. 371
X. — Epitaphe des prisonniers français morts pendant leur captivité en Angleterre, et à qui des officiers anglais ont élevé un monument par souscription. 373
XI. — A un anonyme. 374
XII. — A M. Félix Guillemardet, sur sa maladie. 375
XIII. — Fragment biblique. 381
XIV. — Toast porté dans un banquet national des Gallois et des Bretons, à Abergavenny dans le pays de Galles. 392
XV. — A une jeune fille poëte. 396
XVI. — Cantique sur un Rayon de soleil. 402
XVII. — Épître à M. Adolphe Dumas. 408
XVIII.— A une jeune fille qui me demandait de mes cheveux. 418
XIX. — A Angelica. 420
XX. — A Augusta.. 421
XXI. — Le Tombeau de David à Jérusalem. A M. Dargaud.. 422
XXII.— A M. le comte de Virieu, après la mort d'un ami commun, le baron de Vignet, mort à Naples en 1838. 433
XXIII.— Vers écrits dans la chambre de J.-J. Rousseau, à l'Ermitage. 438
XXIV.— Utopie. A M. Bouchard 439
XXV.— La Femme. A M. Decaisne, après avoir vu son tableau de la Charité 449

TABLE DES MATIÈRES.

XXVI. — La Cloche du village. 453
XXVII. — A mon ami Aimé Martin, sur sa bibliothèque 458
XXVIII. — A M. Beauchesne. 460
XXIX. — A Regaldi. 461

Note de l'éditeur. 462

L'Avenir politique en 1837. A M. de Lamartine, par M. Bouchard. . . . 463

A M. de Lamartine, sur son Voyage en Orient en 1833, par M. Bouchard. 466

FIN DE LA TABLE DU TOME TROISIÈME.

LAGNY. — Imprimerie de VIALAT et Cie.

www.ingramcontent.com/pod-product-compliance
Lightning Source LLC
Chambersburg PA
CBHW050248230426
43664CB00012B/1877